# Tage des Grauens

# Tage des Grauens

Frankreichs "Humanität" gegenüber
seinen deutschen Gefangenen im
Ersten Weltkrieg

Karl Wilke

The Scriptorium

**Erstauflage:** Karl Wilke, *Tage des Grauens. Frankreichs "Humanität",* Berlin, Verlag für Kulturpolitik Otto Schaffer, ©1940.

**Nachdruck:** Karl Wilke, *Tage des Grauens. Frankreichs "Humanität" gegenüber seinen deutschen Gefangenen im Ersten Weltkrieg,* ©2022 by The Scriptorium, Alliston ON Kanada.
wintersonnenwende.com
versandbuchhandelscriptorium.com

Unser Einband zeigt ein französisches Kriegsgefangenenlager in Montazin, Frankreich, um 1917. Aufnahme von Jacques Moreau. Archives Larousse, Paris, Frankreich.

Print edition ISBN 978-1-7775436-8-6
ebook ISBN 978-1-7775436-9-3

**Anm. d. Scriptorium an den Leser:** bitte entschuldigen Sie die gelegentliche falsche Silbentrennung am Zeilenumbruch. Die Buchdrucksoftware, mit dem dieses Buch hergestellt wird, setzt diese Trennstriche automatisch ein und manuelle Korrekturen sind fast unmöglich.

# CONTENTS

# 1

## Einleitung

Beim Ausbruch des Weltkrieges rief der französische Sozialist Gustave Hervé: "Alles, was dazu beitragen mag, zu dieser Zeit Zorn und Haß gegen Deutschland von neuem zu entzünden, muß getan werden!"

Auf welche Weise das geschah, lehrten später die Enthüllungen eines Pariser Chefredakteurs, der in seinem Buche *Hinter den Kulissen des französischen Journalismus* das Leben und Treiben im *"Maison de la Presse"*, Paris, Françoisstraße 5, schilderte. Dort wurden die deutschen "Greuel" erfunden, raffiniert gestellt, photographiert und von hieraus verbreitet, um die ganze Welt damit zu vergiften. Die Noten der französischen Regierung waren voll von Klagen über den deutschen "Barbarismus". Eine von ihnen schloß mit den heuchlerisch bewegten Worten: "So ist diese Liste der Verbrechen die entsetzlichste, die je zur Schande ihrer Urheber veröffentlicht wurde!"

Es ist auch wenig bekannt, daß in der Mantelnote zum Versailler Vertrag als eine seiner wichtigsten Stützen die Behauptung enthalten ist: "Die Deutschen sind es gewesen, die sich eine Behandlung der Kriegsgefangenen zuschulden kommen lassen haben, vor der Völker unterster Kulturstufen zurückgeschreckt wären!"

Den Beweis dafür glaubte die französische Regierung selbst erbringen zu können. In seinem nach dem Weltkrieg erschienenen Buche *Les Prisonniers de Guerre 1914–1918* (Payot, Paris), das die Behandlung der Kriegsgefangenen hüben und drüben schilderte, gab der Leiter des Kriegsgefangenenressorts im Pariser Kriegsministerium, Cahen-Salvador, die Fälle bekannt, über die Frankreich gegenüber Deutschland zu klagen hatte. Daß in dem Lager Minden den Gefangenen die Kantine verboten gewesen sei, daß sie im Lager Darmstadt nicht rauchen durften, sich in Merseburg von Kanonenmündungen, in Lechstedt und Friedrichsfeld von elektrisch geladenem Stacheldraht (10- bis 12.000 Volt!) umgeben sahen; daß sie in einer Reihe von Lägern anfangs auf dem nackten Boden liegen mußten, und daß in anderen die sanitären Anlagen, Duschen, Bäder und dergleichen nicht in Ordnung gewesen seien, war im wesentlichen alles, was er vorzubringen hatte.

Die schwerste Anklage betraf das Lager Kassel-Niederzwehren, wo 2000 fremde Kriegsgefangene an Flecktyphus zugrunde gingen. Sie beschäftigte später auch das Reichsgericht. Man warf den verantwortlichen Generälen vor, sie hätten absichtlich Flecktyphusbazillen unter den ihnen anvertrauten Leuten verbreitet. Die Haltlosigkeit dieser Anklage erwies sich schnell und die Offiziere wurden freigesprochen.

Am Schluß seines Buches erklärte Cahen-Salvador dann in heuchlerischem Tone: "Frankreich ist immer besorgt gewesen, bei seinen Kriegsgefangenen unnütze Quälereien zu vermeiden und ihnen das Exil so erträglich wie möglich zu machen. Selbst im Feuer der Schlacht hat Frankreich stets die Gesetze der Menschlichkeit respektiert!"

Wer die französische Auffassung von den Gesetzen der Menschlichkeit je am eigenen Leibe zu spüren bekommen hat, wird vor Empörung die Faust ballen bei diesen Worten. Auch der Krieg 1939/40, wo Rundfunk und Presse täglich voll waren von Berichten über die niederträchtige Behandlung unserer Kriegsgefangenen durch die französische Soldateska und die in ihr eingereihten schwarzen Horden, hat wieder den Beweis erbracht, daß Frankreich nicht das Recht hat, sich zu den zivilisierten Nationen zu zählen. Es ist noch weit davon entfernt, und der im Versailler Schandvertrag enthaltene ungeheuerliche Vorwurf Clemenceaus gegen Deutschland fällt im vollsten Maße auf Frankreich selbst zurück. Er ist, was Deutschland betrifft, nicht erwiesen und wird auch nie erwiesen werden können. Dagegen ist heute notwendig, wenn auch der Schandvertrag durch den Führer Adolf Hitler zerrissen und unsere Rechnung quitt gemacht ist, die wir mit Frankreich hatten, diesem noch einmal den Spiegel vorzuhalten, was das linksgerichtete Bonzentum in Deutschland vor der Machtergreifung nicht zuließ.

Das Manuskript dieses Buches wurde schon vor zehn Jahren verfaßt und manchem deutschen Verlag angeboten. Man wagte es damals nicht zu veröffentlichen, um Frankreich nicht zu verstimmen. Heute setzt sich das nationalsozialistische Reichsministerium für Volksaufklärung und Propaganda dafür ein und sichert sich den Dank der deutschen Volksgenossen. Auf uns allen, die wir damals in Frankreich geschmachtet haben, hat es immer wie ein Druck gelastet, daß so wenig über die Qualen, die deutsche Kriegsgefangene im angeblich humanen Frankreich erleiden mußten, in der Öffentlichkeit bekanntgegeben worden ist.

Das Buch bringt im allgemeinen eine Zusammenstellung von Erlebnissen deutscher Kriegs- und Zivilgefangener in Frankreich während des Weltkrieges. Die Berichte stützen sich auf einwandfreie amtliche deutsche Veröffentlichungen und Akten und auf beeidigte Aussagen deutscher Heimkehrer vor Behörden. Soweit dieses letztere nicht der Fall ist, werden sie bestätigt durch ähnlich gelagerte Fälle, die amtlich festgestellt wurden. Ein Teil der Berichte ist der nach dem Weltkrieg erschienenen Kriegsgefangenenliteratur entnommen, von der mir die meisten Bücher durch die Verfasser selbst für diesen Zweck zur Verfügung gestellt wurden.

Eine wesentliche Mithilfe bei der Zusammenstellung der anfänglich sehr umfangreichen Arbeit, die aus technischen Gründen heute gekürzt werden mußte, bot das von den *Süddeutschen Monatsheften* im Jahre 1921 herausgegebene und von dem Münchener Arzt **Dr. August Gallinger** verfaßte Heft *Gegenrechnung,* ferner die Mitarbeit des um die Völkerrechtsfragen im Weltkrieg verdient gewordenen Geheimrats **Prof. Dr. Meurer** aus Würzburg, der die Herausgabe dieses Buches besonders begrüßte. Er hat sie leider nicht mehr erleben können. Außerdem gebührt der Dank für die Mitarbeit der früheren Reichsvereinigung ehemaliger Kriegsgefangener und nicht zuletzt den vielen Einsendern persönlicher Erlebnisse selbst, die aus Platzmangel leider nur zu einem geringen Teil aufgenommen werden konnten. Verdient hätten sie es alle ohne Ausnahme.

Geheimrat Meurer war Sachverständiger im Dritten Parlamentarischen Untersuchungsausschuß über Verletzungen des Kriegsgefangenenrechts. Sein Gegenspieler und vor dem Kriege von ihm sehr geschätzter Kollege auf französischer Seite war der Pariser Völkerrechtslehrer **Louis Renault.** Von ihm stammte das Buch *Le régime des prisonniers de guerre en France et en Allemagne au regard des conventions internationales,* das Prof. Meurer mit den enttäuschten Worten ablehnte: "Renaults Buch ist eine Tendenzschrift. Daß er sich seinen Inhalt vollständig zu eigen gemacht hat, konnte nur unter schwerer Schädigung seines wissenschaftlichen Rufes geschehen." Und der Holländer **Wilhelm Doegen,** der im Auftrage einer Sprachstudiengesellschaft mehr als 70 deutsche Kriegsgefangenenlager besucht hat, urteilte über Renaults *Régime:* "Der Verfasser zeigt, wie man es nicht machen soll; er hebt die dunkelsten Punkte aus den deutschen Gefangenenlagern hervor und stellt ihnen in Wort und Bild die schönsten und wirkungsvollsten aus den französischen gegenüber, deren Echtheit noch nicht einmal erwiesen ist."

Lassen wir die nackten Zahlen der Bilanz des traurigen Kapitels der Gefangenschaft hüben und drüben sprechen.

In Deutschland, dessen Bewohner durch Hungerblockade und Kälte zugrunde gingen, gab es unter den französischen Gefangenen knapp vier Prozent Todesfälle. In Frankreich dagegen starben weit über fünf Prozent Deutsche in der Gefangenschaft. Dazu aber kamen in Frankreich noch 43 000 deutsche Kriegs- und Zivilgefangene, über deren Verbleib die französische Verwaltung später keine Rechenschaft ablegen konnte. Sie galten als "vermißt".

Sie sind von der französischen "Humanität" hingemordet! **Durch sie erhöhte sich die Zahl der nicht heimgekehrten Deutschen** aus Frankreich so wesentlich, daß der Prozentsatz der Toten auf über 16 Prozent stieg. Das waren fünfmal mehr, als Franzosen in Deutschland starben.

Geben wir nun den "Ehemaligen" das Wort, den Kriegs- und Zivilgefangenen, den Kolonialdeutschen, Offizieren wie Mannschaften, und nicht zuletzt den Neutralen und Franzosen selbst zu unserem Thema:

**Tage des Grauens,**
**Frankreichs "Humanität" im Weltkrieg.**

*Karl Wilke*

# 2

# Der Ausbruch des Weltkrieges offenbart die "Humanität" der "Grande Nation" an den Zivilgefangenen

Im Altertum galt jeder Angehörige des Feindstaates unbedingt als Feind und wurde danach behandelt. Rousseau, ein Franzose, war es, der den Grundsatz aufstellte, daß ein Krieg nur auf die Kämpfenden selbst beschränkt bleiben solle. Aber sein eigenes Land fiel im Weltkrieg als erstes in die Methoden des Altertums zurück.

Man konnte begreifen, daß die fortgesetzten Niederlagen der Feinde Deutschlands im Anfang des Kriegs zu einer wüsten Spionenjagd auch in Frankreich führen mußten. Daß man dann aber alles, was deutschen Namen trug, auch Wickelkinder, Greise und hoffende Frauen einfing und einpferchte wie das Vieh, war doch im Grunde die Folge einer systematischen und maßlosen Hetze, die schon jahrzehntelang gegen die Deutschen getrieben wurde, ja ihre Anfänge bereits nach dem verlorenen Kriege 1870 hatte. Die Schuld also trugen die Leiter der französischen Politik, nicht das französische Volk selber.

Im März 1915 veröffentlichten die *Süddeutschen Monatshefte* die Schilderung der Erlebnisse einer deutschen Lehrerin, die lange in Frankreich gelebt und gewirkt hatte und bei Kriegsausbruch gefangengenommen wurde. Sie wurde nach ihrer Rückkehr in die Heimat auf die Wahrheit ihrer Angaben hin vom Auswärtigen Amt vereidigt.

## Hundert Tage Gefangene in Frankreich
*Von Fanny Hoeßl in München.*

Wohl hatten die Bomben, die in Sarajevo geworfen wurden, auch in München die Herzen erbeben gemacht, doch – "das sollen die da unten unter sich ausmachen", dachte ich wie die anderen und schnürte sorglos mein Bündel zur lange ersehnten Ferienreise nach dem Süden Frankreichs, begleitet von meiner Schwester. Am 24. Juli traf ich in Lyon ein. Am nächsten Sonntag nachmittag blickte ich von Fourvière aus, dem berühmten römischen Hügel, hinunter auf das herrliche Stadtbild.

In dieser Nacht erlebte ich die erste große Kundgebung gegen die Deutschen, die sich nun Nächte hindurch wiederholen sollte. Ich wohnte zwar in einer Vorstadt, und doch hörte ich mit klopfendem Herzen die gellenden Verwünschungen Stunden und Stunden hindurch: *"Conspuez Guillaume! Guillaume à mort! A bas Berlin!"* So heulte es ununterbrochen. Die Lampen schwangen mit der ungeheuren Tonwelle, die Saiten der Instrumente zitterten mit, im Telephon klang es nach: *"Guillaume à mort!"* So müssen die Verdammten in der Hölle fluchen. Scharfer Brandgeruch zog durch das Fenster und als ich es schloß, glühte es rot herunter vom Hügel la Croix Rousse, dem Viertel der *canuts*, wie man hier die Seidenarbeiter heißt. Da brannten wohl die deutschen, die elsässischen Firmen lichterloh und ihre Besitzer verkrochen sich in irgendeinem dunklen Winkel.

In den nächsten Tagen wurden beruhigende Plakate angeschlagen, auch die deutschen Sozialisten forderten ja die französischen Brüder auf, Frieden zu halten. Aber dann kam die Ermordung von Jaurès, dem Urheber dieser Plakate.

Ich zögerte noch immer zu fliehen und meinte, wie alle, es würde noch alles anders werden. Am 29. Juli speiste ich abends voll froher

Hoffnung in angesehener Gesellschaft mit mir zum Teil bekannten Mitgliedern der Akademie der Wissenschaften, über deren Unwissenheit in politischen Sachen ich mich jedoch entsetzte. Ich stritt mir mit ihnen den Kopf rot – zu meinem eigenen Schaden, denn keiner dieser Herren hielt es später der Mühe wert, meine flehentlichen Bitten um eine warme Decke, um ein bißchen Wäsche, um eine kräftige Empfehlung zu beantworten.

Nun packte ich aber mein Köfferchen. Über die Grenze waren wir ja gleich im Notfalle. – Aber die Rechnung war ohne den Wirt gemacht. Am Samstag, dem 1. August, war die Mobilmachung angeschlagen und zugleich in Riesenlettern die Aufforderung an alle Fremden, die Stadt zu verlassen. Beim Morgengrauen stand ich am Bahnhof mit meiner Schwester, nur mit einer kleinen Handtasche, denn jetzt war mir doch bang geworden. Hundertmal schon hatte ich rechts, links, von allen Seiten murmeln hören: *"Les Boches à la lanterne!"* Vergebens wollte ich mich durchdrängen und in den Gepäckwagen kriechen. Man faßte mich ab und ein höherer Beamter knirschte: *"Il fallait pendre l'avis au sérieux et partir avant!"* "Quel avis?* Welche Warnung? Will Frankreich den Krieg? Wer sonst?" – *"Assez!* Sie kommen nicht fort!" – Ich ahnte mein Schicksal, floh zu meinen Akademikern, die gerade von einem Zeppelin erzählten, der – man höre und staune – schon am 2. August über Lyon geflogen und von einem Blériot angegriffen war. Ein Ingenieur der l'École Centrale versicherte, der Zeppelin wäre glatt durchgeschnitten worden wie mit einem Federmesser, *"comme avec un canif* – ohne Kante". Ich wartete, ob einer der Herren da nicht widerspräche. Ich sah nur triumphierende Blicke. – Der Präfekt, intimer Freund dieser Herren, verkündete durch das Telephon den ersten Zug Gefangener. Und dies mit voller Wahrheit: Am ersten August hatte man in den Grenzdepartements der Vogesen alle Deutschen und Elsässer gefangengenommen, Männer, Greise, schwangere Frauen und Kinder, zwölfhundert an der Zahl, und nach Lyon verladen, wo sie bis zum 6. August hungernd und frierend in den Wartesälen liegen mußten, bis sie mit uns fortgeschleppt wurden. – Die Herren gaben mir für den Präfekten eine Karte, die mein Sesam sein sollte. Doch zunächst eilte ich am nächsten Morgen, dem inhaltsschweren dritten August, zu unserm Konsul. Der war geflohen, nur sein junger Sekretär ist noch da und versucht den Ansturm der verzweifelten Leute zu beschwichtigen. "Noch ist es Zeit, zu entkommen", meinte er, "aber machen Sie schnell, jede Minute kann Ihnen das Leben kosten. Um elf Uhr geht der nächste Zug nach Genf. Paris gibt eine Frist bis sechs Uhr abends." – Ich eilte zum Präfekten, und mit mürrischer Miene war er daran, mir einen Paß über die Grenze auszustellen, als Verwandte der Herren Lumière. Da kommt der Sekretär herein, und ich – die ich schon aufatmete – höre bestürzt folgendes Gespräch, leise getuschelt: "Soeben kommt Depesche von Paris. Alle Deutschen ohne Ausnahme beider Geschlechter werden verhaftet. Aber die Erklärung soll doch erst heute abend erfolgen?" – "Strenger Befehl! Hier sehen Sie!" – Man studiert die Depesche und der Präfekt sagt: "Und wenn Sie meine eigene Verwandte wären, Sie bleiben als Geisel. Doch ängstigen Sie sich nicht, es wird Ihnen ganz gut gehen."

Heimgekommen, erblicke ich an der Apotheke, die unter meinem Zimmer liegt, eine Riesenaufschrift an dem gesperrten Laden: "Schließung der Apotheke wegen des Krieges. Wiedereröffnung am Tage des Kongresses von Berlin am 14. September."

Am 4. August abends sind Plakate angeschlagen, daß die Fremden sich bei dem zuständigen Kommissariat zu melden haben. Mit meiner Empfehlung brauche ich nicht wie die anderen Landsleute stundenlang im strömenden Regen mich von der wütenden, teilweise trotz der Morgenstunde schon betrunkenen Menge höhnen zu lassen. Ich werde als erste gerufen. Der Kommissar bedeutet mir brutal, wie er meinen *sauf-conduit* unterschreibt: "Meinen Sie nur ja nicht, daß Sie in die Schweiz kommen. O nein, Sie bleiben als Geisel in der Auvergne. Übrigens geht es Ihnen dort besser als unseren Gefangenen in Deutschland, denen man Beine und Arme abschneidet." (Schon!) "Das glaube ich nicht", behaupte ich fest. *"Vous l'avez voulu!"* schreit er da und wirft den Stempel so heftig hin, daß er in meinen offenen Schirm kollert. Das bemerken wir aber in unserer Aufregung nicht. Ich finde den Stempel erst später, als ich schon weit weg bin. Dieses *corpus delicti* hätte mir die Anklage des Hochverrats eintragen können.

Verzweifelt patsche ich fort, rufe noch einmal alle hochangesehenen Persönlichkeiten zu Hilfe. Hatte ich doch vierzehn Jahre lang die Erziehung der Töchter aus vornehmen Kreisen beendet, ja sogar junge Offiziere auf **Saint-Cyr** vorbereitet. "Wir können Sie nicht retten", hieß es furchtsam und feige. Da packt mich der Galgenhumor. Die letzten Stunden der Freiheit will ich ausgenießen und die französische Stimmung studieren. Am nächsten Morgen, dem 6. August, um acht Uhr zwanzig Minuten, sollten die ersten Gefangenen abgeschoben werden. Der bestellte Träger ist um sechs Uhr da und versichert mir hoch und teuer, es ginge in die Schweiz, er habe es überall gehört. Man hat mich genarrt, denke ich in überquellender Freude, wie konntest du glauben, daß Frankreich so niederträchtig an harmlosen Reisenden handeln könnte? – Im Fluge ging es zum Bahnhof, dort packt mich eine Frau am Rocke. Sie führt ein junges achtzehnjähriges Mädchen an der Hand: "Sie gehen in die Schweiz? Bitte, nehmen Sie sich dieser Waise an." Ich nicke zustimmend und schließe mich den anderen an, die daherhuschen von allen Ecken und Enden, viele mit zerschundenen Gesichtern und zerfetzten Kleidern, doch jetzt mit frohen Augen: "In der Schweiz würde man sich schon durchschlagen." Dennoch teile ich die Bemerkung des Beamten mit. Da sitzen wir nun in den Viehwagen und spähen durch die Ritzen hindurch, achtlos des Johlens, des Pfeifens, des Gezisches der tausendköpfigen Menge, die auf dem Bahnsteig sich drängt. – Bei St. Chamond macht die Bahn einen Bogen, rechts geht es in die Schweiz, links – woanders hin. Man atmet nicht mehr, bebend reckt man sich auf den Zehenspitzen, um durch die Spalten den Bogen zu erspähen. "Rechts", keucht einer. – Nein, es war links, und nun – "Gott verläßt keinen Deutschen", hört man eine Stimme vom dunkelsten Winkel des Wagens rufen. Man beruhigt die zitternden Frauen, schiebt eine Türe auf und vorsichtig läßt man die Kinderchen Luft schöpfen. Ach, da stehen an den Fenstern, an den Türen, hunderte von kleinen französischen Spielkameraden und jedes macht ein Fäustchen, so winzig auch das Händlein ist, das die Mutter zusammenballt. Überall dasselbe Bild, nur einmal, vor einem armen Pfarrhaus, zog tief den Schlapphut der greise Priester und grüßte die armen Gefangenen, die nicht wußten, wohin es ging. "Aber Gott verläßt keinen Deutschen nicht", wiederholte unser lustiger Sachse. Mit diesem Spruche schließt er jeden seiner Witze. Zu anderer Zeit hätten wir das wohl unpassend gefunden, aber nun beschwichtigt er die nicht zu bannende Sorge mit kühlendem Hauche von oben.

Der Zug hält von Zeit zu Zeit. Schweigsam steigen neue Gefangene ein, den Hut tief über der Stirn, lesen die Namen der Stationen. An den meisten hängt in Kreide gezeichnet der Totenkopf Wilhelms oder er baumelt am Galgen zusammen mit Franz Josef. Endlich, endlich, nach zehnstündiger Fahrt, verläuft sich der Zug im Gleise. Unsere Männer rollen selbst die Türen auf, über Gepäckstücke hinweg nehmen sie die Frauen und Kinder auf die Arme und lassen sie vorsichtig die hohe Böschung heruntergleiten. Soldaten stehen da, unbeweglich, mit finsteren, verbissenen Gesichtern. Wir sind in der Stadt Le Puy, an der Quelle des lieblichsten Flusses Frankreichs, der Loire. Auf dem Hügel rechts streckt die Riesenfigur des heiligen Josef wie beschwichtigend die Hand in die stille Bläue des Himmels; von einer anderen Bergesspitze lächelt Notre Dame de France, ihr segnendes Kind auf dem Arm, zu uns herab. Trotz des schrecklichen Augenblicks sehen wir staunend in die Gebirgspracht hinaus. –

"Anstellen!" schrie es nun. Die ansässigen Fremden hatten Gepäck bis fünfzig Kilo mitnehmen dürfen. Ein einziger Wagen ist dafür da, die Frauen nehmen die Kinder auf den Arm, die Männer, von denen viele der harten Arbeit ungewohnt sind, schleppen Taschen, Bündel, Schachteln, oft nur schlecht geschnürt in der Eile der Flucht. Über eine Brücke geht es. Und – da steht uns das Herz still! Über die Ecke müssen wir biegen, wo der Abschaum der Menschheit sich staut. Es ist dasselbe Gesindel, das später unsere Gefangenen so tierisch roh behandeln wird. Mit Hohngelächter wird jeder einzelne von uns gemustert, ein paar besonders Witzige verhängen schon jetzt raffinierte Todesstrafen über die Vorüberwankenden. Glücklich, wer da die Landessprache nicht versteht. "Warte nur, du mit deinem zarten weißen Fleisch, du wirst uns schmecken, wenn wir da oben Schweinskoteletten aus dir braten! – Der da sieht so kitzlich aus, den legen wir in einen Ameisenhaufen! – Wir zünden ihnen das Kloster an zur Freudenfeier über den ersten Sieg! Und diesmal siegen wir, *hein, pioupiou?*" "Sicher", ruft der Soldat und stößt mit dem Kolben auf, *"surtout que nous sommes bien appuyés!"* – Stolzes Frankreich, ist die einzige Hoffnung gegen deinen Feind die Hilfe der anderen?

Wie in jeder Minute der Aufregung sind meine Sinne geschärft. Für immer sehe ich vor meinen Augen die gedunsenen Gesichter dieser Männer, die wahnsinnigen Gebärden dieser frechen Weiber, und Wort für Wort gellen ihre schamlosen Reden in meinen Ohren wider. Ach, deutsche Soldaten, rettet eure Frauen und Kinder vor solchen Bestien! – Die Gruppe verschwindet, wir erklimmen den steilen Hügel. Ich atme auf, der müde Arm wechselt das Gepäck, ein Herr stützt mich einen Augenblick, dann nimmt er einer blutjungen Mutter das Kindchen ab, so lange, bis sie sich den Schweiß und die Tränen vom Gesicht getrocknet hat. Sieben Tage ist das Würmchen alt. Heute morgen noch lag die Wöchnerin im Spital, nach einer schweren Geburt, die eine Operation benötigte. Um sieben Uhr trat der Arzt an ihr Lager. Er schneidet ihr die Fäden der Wunde ab, impft sie und das Kind und zeigt auf die Straße. "Helfen Sie mir wenigstens das Kleine einwickeln und das Nötigste zusammenraffen", bat sie den Wärter, der verweigert es, bis er sieht, daß sie sich in der Verzweiflung mit dem Kind zum Fenster hinausstürzen will. Das erzählt mir die blasse Frau, während der Offizier eine Pause kommandiert.

Wir sind so müde von dem Aufstieg, daß wir uns mitten auf dem Wege niederkauern, auf irgendein Gepäckstück, auf einen Stein am Weg. Neben mir weint herzzerbrechend eine totenbleiche Frau, auch ein ganz kleines Kindchen auf dem Arm, zwanzig Tage alt, mit dem sie in der Nacht, von wütenden Bauern verfolgt, vierundzwanzig Kilometer weit laufen mußte. Doch nun, nach zwei Stunden Wanderns, machen wir endlich halt vor einer hohen Mauer. Der Kopf einer alten Hexe wird sichtbar darüber. Man verlangt ihr die Schlüssel zum Tore ab. Sie findet sie nicht gleich, sie wußte nicht, daß Leute kämen. Die Ruine sei doch seit Jahren unbewohnt. – Die Tore klirren. Einen kleinen Hof durchschreiten wir, dann rasselt ein rostiges Gitter, wir treten in den zweiten Hof, in dessen Hintergrund uns ein mächtiger, fensterloser Bau entgegengähnt. –

"In die Mitte", kommandiert der Offizier. Wir drängen uns zusammen – siebenhundert sind wir, wie ich später erfahre. Die Soldaten bilden mit aufgepflanztem Bajonett einen engen Kreis um uns. – Nun werden wir niedergemacht, denkt wohl zitternd ein jeder von uns. – Lautlose, bange Minuten. Dann tönt wieder scharf die Stimme des Offiziers: *"Et surtout point de pitié, au premier mouvement tuez les tous!"* Unversöhnlicher Haß blitzt aus den Augen des Mannes, man sieht es ihm an, das Niederstoßen wäre ihm eine Lust gewesen. Doch das kommt vielleicht später. –

Der Abend ist herabgesunken und man tappt sich in die Schlafsäle hinauf, im zweiten Stock, wo Frauen und Kinder einquartiert werden. Die Soldaten finden im Seitengebäude noch altes Stroh, denn das Kloster, eine Chartreuse, wurde manchmal bei Manövern benutzt, auch haben die vertriebenen Mönche die zerbrochenen Matratzengestelle zurückgelassen. Man drängt sich durcheinander in dem dunkeln Saal, hie und da flammt ein Zündhölzchen auf, eine vorsorgliche Mutter hat ein Stümpfchen Kerze mitgenommen, das erhellt nur spärlich den düsteren, unsäglich schmutzigen Raum. Die Kinder fingen zu weinen an, eine Frau windet sich am Boden in Geburtswehen, junge Mädchen flüchten in dunkle Ecken, denn schon haften gierige Blicke der Soldaten auf ihnen. Ich suche mit den Augen meinen Schützling, der mit tränenverschwollenem Gesicht neben mir herstolperte. Die Kleine lasse ich fürsorglich neben mich lagern. In der Nacht wird sie mit Gewalt weggeholt von den Soldaten, sie und manche andere.

Obwohl man in den Kleidern liegt, hat der scharfe Morgenwind, der durch die fensterlosen Rahmen ungehindert streicht, die Glieder blau und starr gefroren, die Kinder haben die ganze Nacht geweint und geschluchzt, eins weckte das andere, ein Säugling ist aber fast nicht mehr wach zu bringen. Mit blauen Lippen liegt er da, bleich und starr wie im Todesschlummer. Doch schon in den ersten Morgenstunden drängten sich die angsterfüllten Männer herein, nach ihren Frauen, ihren Kindern zu suchen und einer der Herren hat Rum bei sich, mit dem er das Kleine reibt und belebt. Warmes Morgensüppchen bekommt keines, ja, es fehlt an Trinkwasser und die Latrinen sind verstopft. Verschimmelte Brotlaibe liegen im Hofe auf schmutziger Erde, und beim Tageslichte gewahrt man so recht, in welch unheimliche Räume man uns gepfercht hat. Ein Nagel ist ein Schatz, ein Bund Stroh ein schwellendes Lager, wer gar eine Reisedecke besitzt, ist ein Fürst. Überall, wohin man sieht, das furchtbarste Elend, Hunger und Tränen. Und doch blicken diese armen Menschen heute froher als gestern. Das nackte Leben wurde gerettet, die tobenden Verwünschungen einer zügellosen Menschenrotte gellen nicht mehr an die Ohren, man darf in die Sonne schauen und kein blankes Messer droht in geballter Faust. Man lebt, man drückt die geretteten Kinder an die Brust und jeder Mitgefangene wird ein Freund. Alle sind wir gleich. Jeder hat eine schreckliche Geschichte zu erzählen, jeder wäre fast um ein Haar noch entkommen. Auf den kleinen Höfen flutet es durcheinander, denn wer nur konnte, flüchtete vor dem Gestank und dem Schmutz hinunter ins Freie.

Unser *juge de paix* kommt an; von jetzt an soll er unser Herrscher sein. Wir haben viele französische Frauen unter uns, Gattinnen von Deutschen und Österreichern, und ihr erstes ist es, dem Amtsrichter zu berichten über die schamlosen Auftritte der Nacht, deren Anblick sogar den reinen Augen ihrer Kinder nicht erspart wurde. Der Amtsrichter wirft sich in die Brust und ruft, *"Un Français est incapable de ces choses!"* Er selbst soll sich unseren Frauen und Mädchen gegenüber empörend benommen haben.

Auch bei uns verging der erste Tag, der zweite, und noch hatten wir keinen Bissen im Magen, ausgenommen vom faulenden Brot dort in der Schmutzlache. Den Soldaten, es sind hundertfünfzig an der Zahl, wird ihre *gamelle* gebracht, Schweinefleisch mit Erbsen. Die Mütter schleichen heran, näher und näher. Hier der Soldat kann nicht alles essen; der eine meint wohl, ein *bébé allemand* brauche nur eine Kugel, aber die anderen lassen sich rühren von den blauen Guckaugen, und die Fingerlein lecken die Töpfe so blank, wie nie ein französisches Geschirr es war. Die Männer sehen heißhungrig zu von der Ferne. Am Abend kommt eine Kantine, die eine elende Wassersuppe um 25 Cents das Schüsselchen verkauft. Mir will sie trotz des Hungers nicht schmecken, denn ich habe meinen Bleistift verloren, der mit meinem wohlverborgenen Tagebuch mein größter Schatz ist. Ein Nachbar schenkt mir einen frischgespitzten, und glückselig kritzele ich noch beim letzten Tagesschimmer. Viele der Gefangenen haben mir bedeutsame Dinge erzählt, die ich frisch von ihren Lippen notiere, ehe die Zeit sie verwischt oder verrückt. Die Leute haben schnell mein Notizbuch bemerkt, sind so ängstlich wie ich selber, daß ich es gut hüte, alles Merkwürdige teilen sie mir eifrig mit, damit ich es ja in Deutschland erzähle. Wir sind felsenfest überzeugt, daß wir Frauen freikommen, sobald die Mobilmachung vorüber ist, und vielleicht – ja, gewiß auch die Männer, denn Deutschland wird nicht dulden, daß man das Völkerrecht so verletze. Immer noch habe man vierundzwanzig Stunden Zeit gegeben, aber was für Deutschland eine unsühnbare Hunnentat wäre, für Frankreich ist es *"une mesure nécéssaire"*.

Der vierte Tag unseres Aufenthaltes ist ein Sonntag, der 9. August. Da kommt durch den Torbogen ein Karren mit Decken, ganz dünnen freilich, und der Fuhrmann will nur denen eine geben, die *"Vive la France!"* rufen. Tschechen und Welsche tun es auch. "Vive Hanswurst!" schreien die unseren, sie wissen schon, sie werden nun monatelang auf ein wenig Stroh oder auf dem Boden liegen müssen, und wenn sie klagen, wird man ihnen antworten: "Schiebt euch zusammen, das gibt warm." Und sie kriechen zusammen, hundert bis hundertzwanzig in einem Raum mit niedriger moderner Decke, durch die das Wasser sickert und herunterrieselt an den schwammigen Wänden. Die Haare tropfen nur so des Morgens, denn nur wenige können in der Nacht einen Schirm aufspannen; der meine macht die Runde bei den Frauen im Saal oben, wo ein ganzes Stück Himmel oder schwarze Regenwolke hereinguckt. Aber noch ist es Sommer, und nun hat gar zum erstenmal der Kantinenwirt ein warmes Essen um teures Geld hergerichtet. Es ist ein Tag voll Aufregung. Eine Kommission ist da mit dem Präfekten, seinem Sekretär und dem Bürgermeister. In der Nacht des 2. August sind eine Menge grundloser Verhaftungen vorgekommen. Ich werde auch gerufen, zeige unsere Rundreisebillette und bestreite das Recht, mich als "Gefangene" zurückzubehalten. Da belehrt man mich nun, ich sei gar keine Gefangene, ich solle mich hüten, diesen Irrtum zu wiederholen. Ich sei interniert, *voilà tout*. Da meine ich, der größte Verbrecher werde nicht härter behandelt als wir. Ich beherrsche die "Phrase" wie ein französischer Journalist, und das wirkt. Man verspricht mir bessere Unterkunft, und der Bürgermeister zeigt sich besonders liebenswürdig. –

Am 11. August erst wird etwas Ordnung geschaffen. Ein Dutzend Elsässer bekommen blaue Binden und dürfen nun die Napoleons spielen. Die Bedürftigen erhalten Blechmarken und zweimal des Tages, um elf Uhr und fünf Uhr, werden sie "gefüttert wie die Schweine", sagt ein Trentiner, "nur hätten es die seinen besser!" – Uns allen wird eine Ration Brot zugesprochen, das aber vier Wochen alt, hart und verschimmelt ist. Wir müssen, solange wir noch Geld haben, für die elende Mahlzeit zahlen. Der Wirt meint, wir sollten nicht klagen, denn sonst übernehme Fumet die Kantine, und dann würden wir was erleben! – Wir haben etwas erlebt! – Aus der Stadt dürfen Krämer herauf und bereichern sich in wenigen Wochen, denn sie verkaufen zu Wucherpreisen ihre Messer, Blechschüsseln, Handtücher, Seifen, was man eben auf Robinsons Insel braucht. Unsere Männer arbeiten, was das Zeug hält, um Brunnenlöcher zu bohren und die Aborte, die je acht in einem Hofe liegen, zu richten. Man frage mich nicht, wie man sich bis jetzt beholfen hat... Ich selbst darf mit meiner Schwester und sieben anderen Damen ein Zimmer beziehen, das beste des alten Gebäudes. Es liegt als einziges im Erdgeschoß, und das Fenster, zwar stark vergittert, geht auf einen großen, verwilderten Garten hinaus. Ein einsamer Posten stapft unermüdlich und gelangweilt auf und ab. Mit diesen Wachen werde ich Freundschaft schließen, denke ich, doch zuerst sehe ich mit Staunen mein unerhört luxuriöses Gemach an. Es enthält einen Tisch, eine Schulbank, zwei Stühle, ein Katheder, den wir sofort in ein Waschkabinett umwandeln. Ja, sogar zwei Wandschränke können wir uns teilen. Ich mache ein Brett am Boden los und verberge meine Schätze: eine französische Karte, Briefe, Tagebuch und Geld.

Wir putzen, stauben, wischen, zum erstenmal können wir uns waschen, und dann schließen wir Freundschaft mit unseren Zimmergenossen, eine Freundschaft fürs Leben, denn Leid kittet schnell zusammen. Da ist zuerst mit ihrer Tochter eine siebzigjährige Dame. Vier Nächte hat sie auf hartem Boden gelegen. Als sie mit uns ankam, schätzte ich sie auf fünfzig. Heute war sie schon um Jahre gealtert, als gebrochene Greisin verließ sie nach drei Monaten die Chartreuse. Da ist noch eine Ingenieursgattin, deren Mann nach Bordeaux von einer deutschen Firma geschickt war, ihr herziges Bübchen und endlich eine junge Französin, an einen Deutschen verheiratet, die in drei Wochen ihr Erstes erwartet. Gleich uns liegt sie auf einem durchstochenen Untergestell, ohne Kopfkissen, ohne Leinentücher, nur mit einer harten Pferdedecke. Ich hatte den Soldaten Stroh gestohlen und meinen Taschenüberzug zu einem molligen Kissen damit ausgestopft. Das macht man mir schnell nach. Diese Nacht schliefen wir. Wohl krochen die Spinnen über Gesicht und Hände, aus allen Fugen tummelten die Mäuse herbei. Schnecken und Fliegen klebten an den Wänden, aber man war aus den Kleidern geschlüpft und konnte die Glieder dehnen, ohne an den Nachbarn zu stoßen.

Um sechs Uhr wird Reveille geblasen, und eine Stunde später meldet sich auch der Arzt, der Geldjäger, wie wir ihn nennen. Unsere Wöchnerin hat ein Krüppelein geboren. Dolores haben es die Eltern nennen wollen, bald wird es des Lebens Elend nicht mehr fühlen. Wir haben noch viele Kranke, ja Schwerkranke. Der Doktor erkundigt sich, wer Geld hat, aber auch dem schreibt er nur hastig ein Rezept – die anderen können *"crever"*, das ist sein und Herrn Fumets Lieblingswort, wenn es uns Deutsche angeht. Einmal windet sich eine hochschwangere Frau in Krämpfen während der Nacht. Ein Deutscher zahlt das Honorar und läßt den Arzt holen. "Einmal und nicht wieder", bedeutet man ihm, *"on peut mourir sans moi."* – Wie jeden Tag, gibt es auch heute einen Schrecken. "Alles in den Hof", heißt es. Hinter uns schließt man die Säle und Zimmer ab, wir werden zusammengetrieben, dicht auf unseren Fersen drängen sich die Soldaten mit dem Bajonett am Fuß. Wir haben wohl alle denselben Gedanken, denn der Mann neben mir flüstert: "Nur keine Angst, sobald sie zielen, machen wir sie nieder." Aber wir werden nur einzeln abgerufen und nach Waffen untersucht. Wir haben keine, natürlich. Doch – unsere Pulse klopfen zum Zerspringen. –

Dann fliegt die Nachricht durch die Reihen, Rumänien sei Rußland in den Rücken gefallen – was erfinden wir in unserer Not nicht alles – und ich kann herzlich lachen, als ich einen Unteroffizier kommandieren höre: "Du X. gehst dort hin und du Y. stellst dich da her, aber eigentlich ist es mir egal was ihr Kerle treibt." Es ist wahrscheinlich derselbe, der mir in einer der nächsten Nächte folgendes Beispiel von Disziplin liefert. Unser Zimmer liegt an einem langen, hallenden Klostergang, und so höre ich, wie der Posten abgelöst wird, folgendes Gespräch: "Du mußt sagen, wenn ich dich ablöse: *Qui vive?* – Ach Quatsch, ich kenne dich doch! – Nein, das geht nicht, du **mußt** es sagen! – *Eh bien! Qui vive?* – Und was muß ich antworten? – Was weiß ich. – *La France, l'Auvergne! – Eh bien, l'Auvergne, mon vieux!"* – Wir sind, wie man weiß, in der Auvergne, einem uralten vulkanischen Gebiet, das sonderbare Gebirgsbildungen zeigt und viele Heilquellen aufweist. Der Auvergnate ist als beschränkt verschrien und zugleich als Biedermann bekannt. Erst die letzten Zeiten haben seinen gutmütigen, harmlosen Charakterzug verschoben und verschroben, und wenn er anno siebzig ein gemütlicher Gefangenaufseher war für unsere deutschen Soldaten, heute ist das anders, sehr oft wenigstens.

Der 13. August wird mir wohl für immer ganz besonders im Gedächtnis bleiben. Um sieben Uhr abends schon müssen wir uns auf unseren ächzenden Pfuhl niederlassen, kein Licht darf gebrannt werden, im Finstern tappen wir herum. Um acht Uhr kommt die erste Patrouille und hält uns die Laternen unter die Augen. Um einhalb zehn Uhr kommt die zweite Wache und tut dasselbe. Nun ist es wohl fertig, der Soldat hat die Türe zugeschlagen, die man von außen nicht mehr öffnen kann. Da, um Mitternacht poltert es von schweren Gewehrkolben. "Öffnen Sie, öffnen Sie sofort!" Wir schrecken auf. "Nein, nein", rufe ich entsetzt, "wir öffnen nicht!" Wieder hagelt es auf die Türe: "Öffnen Sie sofort oder Sie werden sehen!" – "Wir haben kein Licht, ich kann mich nicht ankleiden." –

Da prasselt es, als ob die Türe zertrümmert würde, und nun reiße ich sie auf, im einfachen Nachtkleide, während meine Schlafgenossinnen in lautes, angstvolles Weinen ausbrechen. Da werde ich zornig, alle Furcht vor dem Offizier, dem begleitenden Elsässer und den zwei Soldaten mit den schußbereiten Waffen vergesse ich und rufe laut: Es wäre infam, kranke alte Damen zu erschrecken. Da kommandiert der Offizier: *"Soldats, avancez et arrêtez cette dame!"* – "Nein", schreie ich, "ich lasse mich nicht arretieren!" Und die Soldaten machen zwei Schritte vor, zwei zurück. Der Offizier wiederholt seinen Befehl, aber lauter und lauter rufe ich: "Und ich, ich lasse mich nicht arretieren!" Zum dritten Male wiederholt der Offizier seinen Befehl, aber die Soldaten finden es wohl lächerlich, eine Frau im Unterröckchen zu verhaften. Und der Offizier sagt endlich drohend: *"A demain!"* – Morgen kennt er mich nicht mehr, philosophiere ich und beruhige die aufgeregten Schlafgenossinnen. Um acht Uhr morgens donnert es an unsere Tür abermals. Die junge Frau öffnet zitternd. Es ist dieselbe Gruppe wie gestern. – "Wo ist die Dame, die heute nacht geantwortet hat?" – Man stottert etwas. – Ich denke: wenn es nur das Leben kostet, was ist dabei? Und stelle mich. Wieder heißt es: *"Soldats, arrêtez cette dame!"* Da wende ich mich direkt an den

Offizier: "Mein Herr, ich bin lange in Frankreich gewesen und kenne die Franzosen. Ich kann es nicht glauben, daß ein Offizier, *un galant homme*, Damen bei Nacht überfallen will. Das kann so ein Elsässer tun, wie der da, aber ich wiederhole es, kein Franzose. Ich appelliere an Ihre Ehre." Der Offizier lächelt, verbeugt sich und bittet, ich möge in Zukunft die Türe offen halten.

Die Soldatenwirtschaft wird nicht besser mit seinem Abgang. Immer wieder verstecken sich die rohen Burschen in den Strohsäcken der jungen Mädchen, und unsere Männer müssen scharf aufpassen. Sehr peinlich ist es, wenn man in der Nacht krank wird, und man wird es oft, infolge der halbrohen Kartoffeln, Erbsen, Linsen, weißen Bohnen, die unser Abendessen bilden. Meine junge Frau bekommt Krämpfe und muß über den Hof zum Abort. Doch der Soldat läßt sie trotz allen Bittens nicht durch, da, sie kann sich nicht helfen, sie kauert sich vor ihm nieder, kommt voll Scham zurück und schluchzt nun die ganze Nacht. Ich habe Angst, die ständigen Aufregungen möchten eine Niederkunft beschleunigen, man denke sich: ohne Licht, ohne Wäsche, ohne Wasser. Ich frage nicht viel und lasse von nun an den jungen Ehemann in unserem Zimmer schlafen, bis sie später ins Spital kommt. Auch schreibe ich an irgendeine Bekannte einen Brief, in welchem ich unsere nächtlichen Qualen sehr anschaulich schildere, so anschaulich, daß der Präfekt, der meinen Brief gelesen hat, das grausame Verbot aufhebt; aber immer noch begleitet ein Soldat bis dicht an die Türe des Abortes und macht seine Witze dabei. Sie sind gleich frech bei jungen Mädchen und älteren Damen.

Am 15. August ist auch großer Feiertag in Frankreich. Wir haben Gottesdienst und die jungen Mädchen singen deutsche Lieder, was Fumet *(Fumier* – Misthaufen, wie er jetzt genannt wird) später streng verbietet. Die Kirche ist dicht gedrängt. Man weint ganz laut und auch einer alten Exzellenz neben mir, einem greisen Soldaten, rieselt es heiß über den weißen Schnurrbart. Sonst hält er sich tapfer, stößt nie eine Klage aus und verrichtet lächelnd jede niedere Arbeit; hat es sehr gerne, wenn junge Mädchen ihm dabei zuschauen, helfen aber läßt sich der alte Haudegen beileibe nicht, nur beim französischen Sprechen, das er jetzt lernen will, um die träge schleichenden Stunden, die sich ewig dehnenden, zu betören. Einige haben Bücher bei sich. Der Seminarist hat in einem Winkel, von den Mönchen her noch, eine Kiste alter Scharteken aufgestöbert, und wie ich einmal durch den Schlafsaal der Männer wandere, sehe ich mit Staunen, wie sie alle – die deutschen Arbeiter wenigstens – wie die Männer auf dem Boden hocken oder auf dem Bauche liegen, eifrigst zu zweien, zu dreien, in einer französischen, englischen, italienischen Grammatik studieren. Stühle gibt es da nicht, oft kein Stroh. Man liegt auf dem Handköfferchen, wenn man es retten konnte, auf einer Schachtel, zwei haben sich in eine Kiste einlogiert und dünken sich was ganz Besonderes, versichern sie mir lachend.

Heute scheint die Sonne warm und hat eine Menge Städter heraufgelockt, die uns durch das Gitter anstarren. Jeder von ihnen hat sicher schon viele Deutsche in der Nähe gesehen, hatte sie liebgewonnen und achten gelernt als gewissenhafte, treue Bürger, die das Land, das sie besiedeln, mit ihrem Fleiß und ihrem Können bereichern. Aber nun haben wir uns mit einem Schlag in ihren Augen verändert. Wir sind reißende Tiere geworden, die man mitleidlos behandeln muß. Das Gitter öffnet sich von Zeit zu Zeit und läßt Offiziersdamen durch, die hoch die seidenen Röcke heben, um durch unsere vor Schmutz starrende Kantine zu wandern. Sie treten in unsere Zimmer, ohne zu klopfen, ohne die Greisinnen zu grüßen, von denen die eine gestern ihr 84. Geburtsjahr feierte. Hochmütig streifen ihre Blicke unsere zerlumpten Lager, und dann bemerken sie fast vorwurfsvoll zu Fumet: "Aber die haben es doch sehr gut: da kann man ein Jahr hier aushalten." Und sie sehen doch Damen vor sich, vornehme Damen, deren Gruß zu erwidern ihnen unlängst eine Ehre gewesen wäre.

Oft noch wiederholt sich eine derartige Szene. Auch Damen vom Roten Kreuz besuchen uns, ohne die nackten Füße unserer Gefangenen zu sehen, ihre zerlumpten Kleider, ihr faulendes Stroh. Bitterkeit ergreift uns, als wir einmal einen Spottartikel auf die Deutschen lesen, groß überschrieben: *"Trop de Bonbon, trop de chocolat, trop de fleurs."* Man macht sich lustig über die Bayern – in Frankreich gibt es nur Preußen und Bayern – welche die ersten Gefangenen so rührend empfangen hätten! Ach, könnten diese Deutschen, denen die Tränen über die Wangen rollten über einen gefangenen Apachen, uns hier in unserem Bettlerelend sehen! Doch gibt es einen Bettler, der so arm ist, wie wir? Am 24. August kommen hier unsere ersten Gefangenen an, dreihundertfünfzig an der Zahl, und die Bauern, die uns die Milch bringen, der Apothekerlehrling, der uns Medikamente und gutherzigerweise auch andere Bedürfnisse verschafft, erzählen aufgeregt von ihrem Empfang in Le Puy. Sie sind meistens verwundet, und doch ziehen die Weiber die Schuhe von ihren Füßen und schlagen sie weich an den gebrochenen Füßen und Armen, und die Männer drängen durch die Soldaten und schlagen mit beiden Fäusten in die zuckenden Gesichter der Wehrlosen. Das erzählen mir die Leute, und ein anderer weiß schon, daß in Lyon unsere Toten nur mehr nachts begraben werden dürfen. Das Gesindel zerschlug die Leichenwagen. Mit eigenen Augen haben später arretierte Gefangene es gesehen, wie Weiber mit Messern auf unsere Soldaten einhieben. Einem davon blieb die Klinge in der Schulter stecken, und die ganze Nacht vernahm man im Zuchthaus, wo die Armen zuerst untergebracht wurden, ihr Stöhnen, ihr Röcheln.

Am Sonntag, dem 23. August, ist große Aufregung seit frühem Morgen. Der Besuch des Präfekten wurde angesagt, und man hofft und harrt. Die kleine Kapelle ist wieder gedrängt voll. Der Gottesdienst ist beendet und man wispert mir zu: "Schnell, der Präfekt ist da. Sprechen Sie." Ich bringe auch gleich unser Anliegen nochmals vor, und der Präfekt sagt er hätte meinen Brief an höhere Stelle befördert, in vierzehn Tagen kämen wir fort. Er wäre ja totfroh, uns loszubekommen, er kenne sich schon nicht mehr aus. "Übrigens, Madame, man behandelt Sie ja mit Menschlichkeit?" – "Nein, heißen Sie das Menschlichkeit, wenn wir auf dem Stroh liegen, schlechte Kost essen müssen, nur Mauern, Gitter, Gewehre sehen?" Er zuckt die Achseln.

Unter uns war ein Münchner Maler, der unsere Ruine mit so duftigen Farben hinzauberte, daß jeder, der noch Geld hatte, begierig nach solch einem Kunstblatt haschte. Heute aber zeichnete er nicht, sondern besprach aufgeregt die Nachrichten, die man sich zuflüsterte. Die Deutschen schon auf dem Wege nach Paris, ganz Belgien erobert; daher also die drohenden Gesichter der Soldaten, des Offiziers. In einem heimlichen Streifzug hatte ich über meinem Zimmer eine Kammer mit alten Flaschen entdeckt. Den Fund teile ich den Männern mit. Das gab gute Munition im Falle der Not.

Es werden später noch "Spione" zugeführt, die mit Frauen und Kindern wochenlang in den schauerlichsten Zuchthäusern saßen, die man mit Fausthieben bearbeitete, um sie zum Geständnis zu zwingen. Es waren das Arbeiter, Dienstmädchen, halbwüchsige Burschen. Einer von ihnen, ein besonders stämmiger Bayer, war aufgefordert worden, sich vor dem Schlafengehen nackt auszuziehen. "Aha", dachte er, "mein Arbeitshemd ist ihnen zu schmutzig, da bekomme ich ein frisches." Und wie er so darauf wartet, kommen drei Polizisten, mit dicken Peitschen bewaffnet. Aber unser Stangel dreht buchstäblich den Stiel um, entreißt ihnen den Prügel und nun geht es an ein Dreschen, bis die drei halbtot zur Tür hinausfliegen.

Am nächsten Tag kommt der Kommissär selbst mit drohender Miene. Aber unser Bayer besieht so bedächtig seine Fäuste, daß dem Herrn gruselig wird und er uns schleunigst den Mann zuschickt, der übrigens ein gutmütiger und äußerst tüchtiger Elektrotechniker von Fach ist. Als die anderen Männer nach Korsika verschickt werden, muß er zurückbleiben, denn ohne die deutschen Ingenieure und unseren Stangel bliebe die ganze Stadt Le Puy unbeleuchtet.

Am 31. August lassen unsere Soldaten, seit einigen Tagen blutjunge Bürschchen, die es sehr wichtig haben, wohl absichtlich die Zeitung fallen. Wütende Artikel sind in allen. Die Schandtaten der Bayern stinken zum Himmel. Ist es so weit gekommen, daß die Franzosen nicht mehr das Pulver wert sind, sondern daß man sie einfach übers Knie nimmt und die Höslein durchklopft? Norddeutsche fragen uns, ob so etwas den Bayern ähnlich sähe. Wir nicken dreimal ja und freuen uns diebisch, denn endlich werden die Franzosen mit ihrem hartnäckigen

Gerede aufhören über die Bayern, die nicht mittun wollen in diesem heiligen Kriege. Solche Hiebe führt Bavaria! Auch in Reims sollen die Preußen sein. Da flüchten sich nachmittags die Frauen und Mädchen in den Schlafsaal, um den Rosenkranz zu beten, o ganz leise, damit uns Fumet nicht hört, der das Weihwasser fürchtet wie der Teufel. Zu was hat er einen Klumpfuß? Er hat es gewittert, beschimpft alle in den gemeinsten Ausdrücken. Nächstens will er uns die Kirche *"emmerder"*. Heute kann es überhaupt niemand mit ihm aushalten. Er gibt zwei Schüsse durch die Fester der Küche, weil dort um acht Uhr abends Licht ist. Die Männer wollten die Kruste Schmutz vom Geschirr wegspülen. Ist er beschämt über den Auftritt? Er bricht in heftiges Weinen aus und sagt, die Deutschen hätten ihm zwei seiner Brüder in Belgien erschossen. Ein Herr drückt später sein Beileid aus bei Frau Fumet. Die blickt erstaunt: Ihr Mann ist einziger Sohn, hatte nie Geschwister, hat auch sonst keine Verwandten im Felde. – Fumet ist nicht der einzige, der sieht, was nicht zu sehen ist. Ein Offizier, der leichtverwundet vom Felde zurückkam, erzählte leidenschaftlich: mit seinen Augen hätte er es gesehen, wie die Deutschen ihre Gefangenen nackt an die Bäume binden und herunterschießen zur Übung. – Am 3. September sind die Männer besonders aufgeregt. Schnell, schnell, ich soll in den Hof kommen; da steht ein Unteroffizier, und sein Regiment soll ich mir merken, 86. Infanterie. Er ist *commis voyageur* gewesen und erzählt, er sei noch am 8. August in Leipzig gewesen; er wäre durchgekommen, *ses papiers étaient en règle,* und er blickt verächtlich auf die Männer, die aufgeregt durcheinanderschreien, ihre Papiere wären auch in Ordnung gewesen und ich soll es ja erzählen "daheim". Das Ministerium ist in Bordeaux, erfahren wir dann, Bomben würden über Paris geworfen und ich schreibe mir aus der Zeitung eine sehr ergötzliche Notiz darüber auf. Der Polizist, der die Bombe konstatiert, nimmt folgendes Protokoll darüber auf: *Par rapport aux saletés qu'on a jetées dans la ville de Paris, défense par ordre du Préfet, de les ramasser.* (Was den Schmutz betrifft, den man in den Straßen von Paris geworfen hat, so verbietet der Präfekt, ihn aufzukehren!) Der Mann bekommt sicher eine Statue!

Ein Zahnarzt hat sich heimlich eine Zeitung verschafft, wird erwischt und zu vierzehn Tagen Isolierhaft und vier Stunden täglich Peloton verurteilt, eine gefürchtete Strafe, die darin besteht, daß man unaufhörlich einen engen Kreis abschreiten muß, wie das wilde Tier den Käfig. Jeden Tag stehen solche Strafbefehle an der Mauer. Die Zeit hat bleierne Kugeln an den Füßen, man vertreibt sie sich, wie man kann. Einem unserer Bankiers habe ich eine Patience gelehrt. Er macht sie 57mal am selben Regentag. Aus meinem Zimmer hat man den Tisch genommen und alle anderen Bequemlichkeiten, auch darf kein Mann unsern Gang betreten, selbst wenn es gilt, die kranke Frau, das kranke Kind zu besuchen. Da bestellt man mich heimlich in die Kantine, die uns Frauen, außer zur Tischzeit, verboten ist, und dort deute ich Handschriften in einem Kreis von verblüfften Zuhörern, bis Fumet kommt und wir auseinanderstieben. Gerne möchte ich auch seine Schrift haben als Kuriosum, aber er hat Angst vor meinen Hexenkünsten und ich bin ihm sowieso unheimlich, erklärt er. Man steckt mir seine Signatur zu, die man von einem Strafbefehl herunterriß, aber was interessiert mich schließlich dieser kleine Mann.

Den Sedanstag verbringen wir in der Erwartung einer großen Heldentat; nichts dringt zu uns, und am 9. September wird uns sogar ein französischer Sieg von Montmirail angeschlagen. Der Sekretär des Präfekten kommt herauf. Ich werde gerufen, und das Herz pocht mir vor Freude zum Hals hinauf, als ich höre, meine früheren Schüler, nun hohe Offiziere, hätten meine Freilassung durch das amerikanische Konsulat bewirkt. Morgen dürfe ich fort mit meiner Schwester, aber nicht durch die Schweiz. Ich merke, es heißt vorsichtig sein, wie er mich fragt, wohin ich weiterzureisen gedenke. Nach Turin, sage ich. Wo ich mich dort aufhalten wolle? – In einem Kloster, bis ich eine Stellung fände. Gut, er wird die nötigen Papiere besorgen! – Wie ich hinauskomme, ist der Gang voll hin- und herwogender Männer, die sich durch die schimpfenden Wachen gedrängt haben. Die Kunde hat sich blitzschnell verbreitet, daß eine Deutsche fort darf. "Dann kommt die Reihe an uns", leuchtet es hoffnungsfroh in all den feuchten Augen, in die ich blicke – hundert Hände strecken sich mir entgegen und hundert Lippen beschwören mich, ihrer zu gedenken in der Heimat. Jeder hat ein Zettelchen in der Hand, dem Vater soll ich schreiben, den Brüdern, aber vor allem der Mutter.

Am nächsten Morgen trifft eine Depesche von Lyon ein, oder von Bordeaux, niemand dürfe fort. Das war eine zerschmetterte Hoffnung für uns alle! – Ich protestiere nach allen Richtungen hin – man unterschlägt die Karten – seit einigen Tagen dürfen wir keine Briefe mehr schreiben. Wir werden alle ganz tiefsinnig, denn neue Gefangene kommen täglich. In meinem Zimmer habe ich nun eine wunderhübsche junge Dame, welche bis jetzt einen *permis de séjour* hatte; bei einer Ausfahrt geriet sie in die Nähe von Lyon, wurde von der Seite der Dame weg verhaftet und zu uns geführt. Sie ist totenblaß, erschöpft, doch voll Hoffnung! Der Herr Oberst, bei dem sie ist, hat schon nach Bordeaux telegraphiert – trügerische Hoffnung! Am folgenden Tag wird sie auf den Genuß unserer Speisen – sie sind mit Viehsalz und in grünspanüberzogenen Kesseln gekocht –furchtbar krank, kalte Schweißperlen stehen auf der bleichen Stirn. Ich löse mit Gewalt ihre Hand, die die meinige umklammert und fliege zu der Schwester. Wir hitzen Wasser zu Umschlägen, wir kochen Tee, unsere junge Kranke beruhigt sich nach und nach. Am nächsten Morgen wird die Infirmerie geschlossen, der weinenden Schwester wird unter Strafe verboten, sich um Kranke zu bekümmern, ja, Fumet verdächtigt sie in gemeinster Weise sittlicher Vergehen und nimmt ihr den Kochofen weg, den einzigen außer dem der Kantine – er braucht ihn für sich. "Man kann doch kein Spital machen für diese *boches.*"

Es wird schlimmer und schlimmer. Eine neue Zimmergenossin kommt bald darauf, ein Fräulein von Zamboni, die Tochter eines österreichischen Generalmajors und trotz ihrer Jugend schon eine berühmte Bildhauerin. Sie fällt uns fast um den Hals, als wir mit mitleidigen Worten sie begrüßen. Sie hat "wahnsinnig" gelitten, erzählt sie. Auch sie hatte einen *laisser-passer* – wurde in Lyon ergriffen und mußte zwischen einer Dirne und einem Mörder die Straßen durchwandern. Nie wird sie diese Schmach vergessen, nie mehr wird sie jemandem in die Augen blicken können. Sie mußte mit dem Mädchen in demselben Zimmer übernachten. Und was für eine Dirne es ist, kann ich später sehen. Sie und noch eine andere sind mit uns eingesperrt, ebenso der Mörder, obwohl sie alle drei "Franzosen" sind. Auch unter unseren Elsässerinnen sind Frauen, vor denen man die Augen niederschlägt, aber da ist noch eine Riesenkluft zwischen Sünde und Sünde. Die schlechteste unserer Frauen weicht ihnen scheu, erschrocken aus. Einsam stehen sie am Fenster, abseits nehmen sie ihr Mahl ein und sie haben es bald dahingebracht, daß sie in das zuständige Zuchthaus kommen, wo sie ja auch ein Bett bekommen und nicht diese mörderische Kost. Gut, daß sie gehen, sie haben ekelerregende Krankheiten und schlafen Bett an Bett neben unseren reinen Mädchen.

Einmal ihrer schauerlichen Gesellschaft entronnen, klagt sie nicht viel, obwohl ihre äußerst zarte Gesundheit bald angegriffen ist. Sie weiß sich Ton zu verschaffen und modelliert den feinen Kopf einer Mitgefangenen. Da steckt denn Fumet neugierig seine Glatze zu uns herein, und bald hat er es so weit gebracht, daß man ihn und seine unschöne Gattin ebenfalls knetet. Unserer Künstlerin werden Bettücher und ein Kissen geschickt, und sie darf nun die Mahlzeiten bei Fumet einnehmen, zugleich muß sie natürlich viele spitze Bemerkungen über den Krieg schlucken und die Karte wird gezeigt, wo jeden Tag Joffre einen engeren Kreis um die Deutschen schließt. Und am nächsten Tag oder doch "totsicher in der nächsten Woche" sie umzingeln wird. Wenn sie abends spät zu uns hereinschlüpft, frage ich sie jedesmal, was sie gegessen hat, das tut meinem hungrigen Magen wohl. Ach, die haben es gut! Nur die Reihenfolge der Speisen würde ich mir anders auswählen. Da hat es einen Abend Hammelkotelett, dann Forellen, dann Kalbskotelett, dann gebratene Hühner, Torte, Obst gegeben. Neulich hatte er eine Tafelrunde von zehn Personen mit Champagner traktiert. Und doch erzählt er indiskret, die Regierung zahle ihm seit Monaten kein Gehalt mehr. Er kann es sich leisten mit dem Gelde der Deutschen. Gestern noch hörte ich ihn laut im Gange zu seinem Schreiber sagen: "Jeden

Tag bleiben mir 50 Francs übrig, so kosten diese Kerle der Regierung gar nichts. Und da habe ich noch 50.000 Francs in der Tasche, lauter Sparbücher, die sie in ihren Strohsäcken versteckt hatten. Immer noch ist Geld da bei diesen Leuten." Pflichtschuldigst wird der Schlaumeier bewundert. Drüben bei seiner Gattin soll er ja seinen Zäsarenwahnsinn verbergen und äußerst kindlich sein. Allen Ernstes bildet sich der Mann ein, alle Frauen wären in ihn verliebt. Er ist auch sehr liebenswürdig für gewisse Sorten. Einer wirklichen Dame gegenüber benimmt er sich gemein bei jeder Gelegenheit. Er versichert, als Fräulein v. Zamboni ihm das äußerste Elend von einigen von uns vor Augen führt, er würde alles herbeischaffen, was man brauche. Da ergreife ich die Gelegenheit und bitte um ein paar Socken für einen Mann, der sich um sein bißchen Essen barfuß anstellen muß, und um ein Beinkleid für einen anderen, der sich nicht mehr seiner Lumpen wegen aus dem Stroh herauszukriechen wagt. Ich wußte es ja im voraus: es waren nur wieder schöne Worte. Und doch war gleich anfangs vom französischen Roten Kreuz gesammelt worden bei den *sales boches,* und staunend hatten die Damen die hohe Summe gezählt. Jetzt freilich haben wir kein Geld mehr. Mit Gewalt wird abgenommen, was über 20 Francs ist. Das andere kommt in Gewahrsam, jede Woche darf man wieder 20 Francs verlangen, muß aber davon sein Essen bezahlen, ob man es hinunterwürgen kann oder nicht, auch die Kranken, die gar nichts genießen. Als die Sequestrierung der deutschen Vermögen bekanntgemacht wurde, nehmen das alle, Männer wie Frauen, mit spöttisch-kühlem Lächeln auf: Deutschland wird uns alles zurückgeben! Nur eine Frau, deren Mann im deutschen Heere ist und die drei kleine Kinder bei sich hat, weint bitterlich, weil man vor ihren Augen ihre Möbel verbrannt hat.

Am 21. September wachen wir auf mit einer Schneelandschaft und steifgefroren unter unseren dünnen Decken. Wenn es doch wahr wäre, was gestern in einem durchgeschmuggelten Zeitungsausschnitt zu lesen stand. Die Schweiz verwendet sich für unsere Befreiung. Schon soll Deutschland 24.000 Mark für das Reisegeld erlegt haben, Österreich zögert noch. Hoffentlich nicht zu lange, sonst gehen wir zugrunde. Es klopft, und weinende Frauen treten in mein Zimmer. Vor einigen Tagen wurde uns ein großer Sieg verkündet, 150.000 Deutsche waren gefangengenommen, die Russen hatten sich nur von Wien zurückgezogen, weil dort zwanzig Cholerafälle vorgekommen wären, kurz, wir waren verloren. Da summten abends im Schlafsaal, als längst die Lichter gelöscht und die Wachen abgezogen waren, die jungen Deutschen die "Wacht am Rhein". Die Herzen waren so schwer, man mußte die Sorge vom Herzen sich singen, ganz leise, mit dem herrlichen Lied. Am nächsten Tag zeigte ein Elsässer es an. Vier Männer wurden mit gefesselten Händen gleich Schwerverbrechern ins Zuchthaus der Stadt geführt, und mit bleichen Lippen flüsterte man sich zu: "Wer weiß, ob sie je wieder dem Kerker entrinnen." Da baten wir Frauen nun so innig wir konnten, versprachen, einst an den französischen Brüdern in guten Worten und Taten heimzuzahlen, wenn man die unbesonnenen Jünglinge freiließe. Sechzehn lange Tage vergingen, bis sie zurückkamen. Dieser Jubel dann! Ich habe ein Verzeichnis von all den kuriosen Strafen, die es in der letzten Zeit herunterhagelte. Ein Frauenkarzer ist auch eingerichtet worden, denn vier Tage, wer die schmutzige Wassersuppe nicht hinunterwürgt, vierzehn Tage, wer eine Zeitung liest, acht Tage, wer warmes Wasser verlangt und so weiter. Man denke sich unsere Wäsche. Jeden Tag reibt man sich ein Stück in der Waschschüssel aus und hängt sie im Zimmer auf, wo man wohnt zu zehn, zu zwanzig, zu hundert. Und wir haben Kranke und kleine Kinder. Bei diesen sind die Schafpocken ausgebrochen, und sie liegen nun mit den Müttern im sogenannten Kinderzimmer. Ich will einem kleinen Liebling Schokolade bringen und gehe hinauf. Da liegt in jedem Winkel ein zertretener Strohsack und darauf wimmern und weinen zwei, drei, ja vier Kinder, und die Mütter wiegen das Jüngste auf dem Arm. In der Mitte glüht freilich ein Ofen, aber es tropft durch die Decke, und in der Luft schwebt eine Wolke von dem Dunst trocknender Wäsche und verdampfender Feuchtigkeit. Diese Mutter hier mit dem zarten Töchterlein hat ja das Leben verwöhnt, kein Wunder, wenn sie so verzweifelt blickt, aber hier in der Ecke die Wäscherin weint auch voll Weh: "In der Nacht oft wecken mich meine Kinder und schluchzen: Mutter, wir wollen heim!" –

Wenn wir nur wüßten, was draußen vorgeht! Aber seit den ersten Tagen vom Oktober haben wir andere Soldaten, ein Korse deklamiert ihnen die Zeitung, schauerliche Ansichtskarten gehen durch die Hände, keine Disziplin mehr wollen sie halten. Fumet schreit, da drohen sie, erst ihn zu erschießen und dann uns in die Luft zu sprengen. Ich höre jedes Wort, das auf dem Gange gewechselt wird. Fumet meint, er wolle doch lieber von einer deutschen Kugel als von einer französischen sterben. Die Soldaten werden außerhalb des Klosters aufgestellt, keiner darf mehr herein, und nun übernehmen die Deutschen die Wache, was natürlich eine Besserung der Lage bedeutet. Ein neuer Zug von Gefangenen ist angekommen. Seit einer Stunde schon stehen 33 Frauen und Kinder frierend im Hof, in der bitterkalten Nacht; noch eine Stunde vergeht, bis man unser Tor geöffnet hat, und dann hallt Kinderweinen durch meinen Gang, man hört Getrippel über die Stiege hinauf. In einen völlig leeren, lichtlosen Raum werden sie geführt, mit schmalen Fenstern, fast an der Decke oben; ein Loch im hinteren Winkel dient als Latrine. Nach und nach kauern sie da, 72 an der Zahl.

Eine unter den Frauen darf am Donnerstag den Besuch ihrer Mutter haben. Sie und ihre zwei Knaben winken ihr Lebewohl zur Luke hinaus. Das waren natürlich Signale für die Feinde. – Man denke, wir sind Hunderte von Kilometern vom Schlachtfeld weg. – Die Fenster werden sofort mit Brettern vernagelt; wer es wagt, sich bei dem Präfekten zu beklagen, bekommt 14 Tage Isolierhaft. Man will uns zeigen, wer hier Herr ist! – Bald sind wir die Herren, denkt man jauchzend, denn am 12. Oktober hören wir den Sieg von Arras und daß die ganze Einwohnerschaft als Geiseln weggeführt wurde, als Rache für uns! Spöttisch betrachten wir den Berg von Wolle, den Fumet anfahren läßt und den wir für die Soldaten verstricken sollen. Da müßten schon die französischen Damen mitstricken, meinen wir; o nein, es könnte noch Wolle nachgeschafft werden. Das Stricken macht uns ja Freude, es schlägt die langen Stunden tot; wir haben die letzten Tage schon fleißig genadelt für unsere deutschen Gefangenen unten in der Stadt. Der letzte Zug von ihnen, höre ich, sei nach den langen Märschen so müde, so erschöpft angekommen, daß sie nicht einmal die Hand mehr heben konnten, als man ihnen endlich zu essen gab. Wir haben auch glücklich unsere Socken durchgeschmuggelt, und die gute *sœur de charité* läßt uns tausendmal danken: "Die deutschen Soldaten sind so dankbar und so geduldig", sagt sie, "und – hätten so reinliche Füße!" Sie hat jetzt viel zu tun, denn eine Masse Neger liegt im Spital mit recht ekligen Gebrechen. Die schwarzen Gentlemen sind sehr zimperlich und entkleiden sich erst, wenn man ihnen eine große spanische Wand vorstellt.

Das Hospiz ist so überfüllt, daß man unsere schwerkranken Frauen zu uns zurückschicken muß. Zugleich mit ihnen kommt auch eine 75jährige Greisin an, eine Gräfin Waldern-Traunstein. Mehr als ein halbes Jahrhundert hatte sie die gütige Schloßherrin gemacht. Nun war die Dame halbblind und strickte den ganzen Tag mit den steifen Fingern Socken für französische Soldaten. Was für Verräterei wieder dahintersteckte? Eines Tages erscheinen zu früher Stunde schon die Polizisten bei ihr, nicht einmal ihr Morgenkleid darf sie wechseln. Zweiunddreißig Stunden weit wird sie geschleppt und kommt bei uns mit ihren Hausschuhen an, mit dem Arbeitsbeutel, den sie vom Tisch aufraffte, als man sie überfiel. Sie hält sich tapfer, die alte Dame, und antwortet schlagfertig auf die Anbrüllerei von Fumet. Abends aber sah ich sie ohnmächtig auf unserem Gang zusammenbrechen. Zwei Frauen sind auch noch hinzugekommen, die ein entsetzliches Schicksal bei Mülhausen ereilte. Sie sind schon ganz alte Mütterchen, und ihre Männer waren zittrige Greise, den einen erschlugen die französischen Soldaten weil er, an einen Pferdeschweif gebunden, nicht schnell genug laufen konnte, den andern erschoß man, weil er zu klagen wagte über die Mißhandlung seiner greisen Gattin. Beides ist im ausführlichen Protokoll in Singen niedergelegt und kann von vielen Zeugen bestätigt werden. Sie sind ganz stumpfsinnig über all dem Entsetzlichen geworden, und nun kommt auch für mich ein Tag, der mich wie ein böser

Traum bedünken will. In den letzten Tagen waren wir alle samt und sonders krank geworden, wie man später erfuhr, buk man täglich eine Dosis Gift in unser Brot, um uns langsam zu morden. Erst, als unsere Brotreste in der Stadt unten ebenfalls Vergiftungserscheinungen hervorriefen, aber erst nach Monaten, kam man dem Attentat auf die Spur. Die Männer wanden sich in beständigen Krämpfen, die Kinder bekamen dicke, aufgedunsene Backen, litten an Durchfall und Erbrechen, konnten kaum mehr von den Bettchen aufstehen, einige Frauen waren dem Tode nahe, unter ihnen meine Schwester. Da schrieb ich denn an den Präfekten, sagte gleich, wir wären mit vierzehn Tage Karzer bei der leisesten Klage bedroht, seien aber alle des Lebens müde; man solle uns die Mauer stellen, wir würden nur blinzeln, wenn uns die Sonne blende. Ich erinnerte an den höhnenden Artikel über die Schokolade und die Blumen, die man den Franzosen bei uns zuwerfe und verlangte, wenn nicht zarte Rücksicht, doch das Erbarmen, das man mit Verbrechern hat. Ich erwarte viel von diesem diplomatischen Brief, den ich durch eine Elsässerin heimlich abgeben lasse. An diesem 17. Oktober, nachmittags, ist es, als plötzlich zum Appell geblasen wird.

Wie immer, stürzt man sich bang auf den Hof; da steht schon unser dicker Deutscher da, der immer mit einem Scherzwort unsere Briefe verlas, heute blickt er ganz verstört, er macht eine stotternde Einleitung und verkündet endlich, jemand habe geklagt, es sei ja wahr, alle wären wir krank, aber wenn das Essen daran schuld sei, nun, so hätte jetzt Fumet beschlossen, die Kantine ganz zuzumachen und es gäbe nun pure Wassersuppe mittags, pure Wassersuppe abends, die könnten wir auf dem Hofe essen. Fumet kommt, den Revolver in der Hand, zu mir: "Also Sie haben geklagt, *sale petite bête, que vous êtes!* In Deutschland schneidet man den Frauen Hände und Füße ab, und Sie wagen es, zu klagen? Was tue ich nur mit Ihnen? Wären Sie nicht eine Frau, ich würde Sie sofort erschießen!" Und nun eine Flut von gemeinen Beschimpfungen. Da klingelt es am Telephon von der Präfektur herauf. Fumet verschwindet, im Nu ist mein Gepäck, das schon auf dem Gange stand, um mit mir ins Gefängnis zu wandern, wieder in meinem Zimmer, und ebenso schnell wird die Tür der Kantine geöffnet, denn man meldet, der Sekretär komme selbst, um wegen meines Briefes Rücksprache zu halten. Ich vergesse schnell die furchtbaren Stunden, die ich durchlebt habe, denn ein frischer Speisezettel klebt an der Wand. Anstatt der Linsen, Bohnen, Erbsen, denen man unsere Übelkeiten zuschrieb, sollen nun Reis und Makkaroni kommen. Als einzige Strafe gibt es an diesem Sonntag keinen Kartoffelsalat, der seit drei Wochen unser Feiertagsschmaus ist. Und das ist eine harte Strafe! Auf den Kartoffelsalat, den ein deutscher Koch nach gut deutschem Rezept anmachte, freute man sich die ganze Woche. Man aß ihn blank auf, wenn der Nachbar noch so hungrige Augen machte, man sprach noch am Montag davon. Und als einmal hart war, machten wir so betrübte Gesichter, als ob man uns wieder einen französischen Waffensieg an die Mauer gemalt hätte. – Heute war man nicht ganz so trostlos, denn Fumet hatte mir auf Befehl des Präfekten mitgeteilt, wir sollten uns gedulden, wir kämen schon in einigen Tagen fort. Da hielt ich Hof in meinem Zimmer, denn alles kam und holte sich Trost, obwohl man es nicht mehr recht glaubte, man hatte es schon so oft verheißen.

Nun ist wieder eine Woche vergangen und man spricht nicht mehr von Befreiung, aber einer der unsern hat von seinem Brief die Marken abgelöst und darunter eine Siegesbotschaft entziffert: Die Russen sind geschlagen, nur die Serben kann man noch nicht kleinkriegen! Da schmieden wir Kriegspläne, zeichnen in die Luft die sonderbare Bildung des Landes, das ich oft durchreiste; ich beschreibe diese phantastischen Gebirgswindungen, die immer wieder eine Kulisse vorschieben und wieder eine dünne Wand auftürmen, wenn man gerade die vorige niederpulverte.

Die Herren Ingenieure erfinden Pläne, um die Hindernisse zu vernichten, und manche Stunde verträumen sie jetzt in Korsika, wohin man sie verschickte und nagen sich die Fingernägel blutig, daß sie nicht mitarbeiten dürfen als Pioniere an den verwegenen Riesenarbeiten, die Deutschlands erfinderischer Geist den andrängenden Millionen von Feinden mit immer neuem Wagemut entgegensetzt. – Die letzten Tage im Oktober bricht ein wahrer Wolkenbruch herunter und man spricht von Überschwemmungen, die nun sicher den zähen Feind vertreiben müssen. Eine halbe Million junger Soldaten marschiert an die Grenze und endlich werden die Deutschen sehen, warum man sie bis jetzt überhaupt "geduldet" hat. Unter den Karten, die Fumet seiner Bildhauerin schenkt, ist besonders eine, auf die er schmunzelnd zeigte; eigentlich sind es zwei Karten, die eine hat die Überschrift: Warum sind die Deutschen im Lande? An der unteren Ecke hält die Republika, leicht geschürzt, eine Angel, auf die sich die Deutschen blind hinstürzen. In der anderen Ecke schreitet bedächtig der russische Bär nach Berlin. Zweite Karte: Überschrift: Wie wir die Deutschen wieder hinausjagen: Republika kehrt den Stiel um, flugs sind die Hunnen wieder über die Grenze, machen aber lange Gesichter, als der russische Bär ihnen in Berlin die Knute zeigt. –

Lächelnden Antlitzes kommen unsere Verwundeten an, heißt es in den Zeitungen, gedrückt und traurig schreiten die deutschen Gefangenen einher. Das Letztere glaubt man gerne, wenn man weiß, wie schrecklich die Armen behandelt werden bis zu ihrer Einlieferung. Aber noch nie habe ich einen nur ganz leicht verwundeten Franzosen gesehen, der "strahlenden Auges" daherschreitet. Denn es ist eine wehleidige Nation, und nicht umsonst hat Molière in diesem Lande *le malade imaginaire* geschrieben. Fumet hatte auch Leibweh dieser Tage zu unserer großen Befriedigung, aber trotzdem ist er sehr neckisch aufgelegt. Er läßt um fünf Uhr früh Reveille blasen, für die Frauen. Ist es das erwartete Telegramm von Bordeaux? Die Kranken sogar tasten in der Dämmerung auf den Hof, aber es war nur ein Scherz und wenn man klagt, so wird er nächstens um vier Uhr blasen, und wer nicht erscheint, bleibt da. Ja, gibt es denn noch einen Schimmer von Hoffnung? Allerheiligen Sonntag ist es, und man denkt schmerzlich der fernen Gräber während der Totenmesse. Da, ein schmetternder Trompetenstoß, die Depesche ist da, morgen darf man fort, man muß nur einen Schein unterschreiben, in dem man erklärt, man gehe wirklich freiwillig fort. Montag in der Frühe werden unsere Köfferlein verladen. Die

"Erbschleicher", wie sie sich nennen, kommen zu uns und erbetteln unsere kleine Habe, alte Handtücher, zerrissene Strümpfe, durchlöcherte Schuhe, sogar Schachteln sind Schätze, über die man sich kindlich freut und tausendmal "Vergelts Gott" sagt. Mittags schon müssen wir uns im Hofe aufstellen, wahrscheinlich, damit die Männer sich nicht mehr mit uns besprechen können. Am Morgen schon hatten sie uns aufgetragen, dem Generalkommando mitzuteilen, daß sie zum tiefsten Schmerz ihres Lebens sich nicht an Deutschlands Siegeslauf beteiligen könnten; mein Notizbuch ist voll von Adressen ihrer Feldwebel, denen ich mitteilen sollte, was ihnen am Herzen lag.

Um fünf Uhr sollten wir im Zug sitzen, der aber nur kleine Strecken fahren darf, wenn keine tobende Menge ihn überfallen kann. Fumet mahnt auch eifrig, seine Kantine auszukaufen, denn er wittert noch Geld bei uns; aber viele haben nicht mehr einen roten Heller seit Wochen. Trotzdem Österreich und Deutschland zusammen eine Summe von 50.000 Franken als Lösesumme erlegten, mußte man seine letzten Franken hergeben, um das Reisegeld zu bezahlen. Es wird uns aber doch ein kleiner Mundvorrat mitgegeben, und zwar will die Verwaltung noch ein schönes Bild ihres Edelmutes sich bewahren. Im Hof stehen weißgekleidete Köche um die Tische, auf denen Berge von Brot, Feigen und Birnen aufgehäuft sind, in der Mitte aber – als Glanzpunkt französischer Galanterie – eine kunstvoll geschichtete Pyramide von gebratenen Hühnern. Die durften wir anschauen, verkostet hat sie keiner von uns. So wurden wir photographiert.

Nun fiel ein feiner Regen, vier Stunden war man auf den Füßen, man konnte nicht mehr stehen vor Müdigkeit, und die Kinderchen fingen zu weinen an. "Ob man Bänke holen dürfe zum Niedersetzen?" – Das fehlte noch, *crevez donc!* hieß es. Da stellte man sich schon an und es ging zum Tor hinaus. Die Männer hatten alle Schranken durchbrochen und waren bis zum Dach hinauf geklettert; wir sind 200 Personen, einige zwanzig schwer Kranke oder schon über 65 Jahre alte Männer eingerechnet. Viele Frauen durften nicht mit, weil sie keine Papiere hatten. Ich besaß zwar nur meinen Fahrschein, aber mich fragte niemand, man war wohl froh, sich die ewige Klägerin vom Halse zu schaffen. Alle schleppten wir unser kleines Reisegepäck, schleppten schwer mit der einen Hand, zogen ein Kindchen hinter uns nach mit der anderen. Schon ist es dunkel geworden, und die Wege sind bodenlos. Die Kleinen fallen hin, können nicht mehr aufstehen, nun rieselt es gar noch dicht herunter, und wir machen ratlos halt vor einem Düngerhaufen. Doch dort quillt ein Lichtschein aus einem einsamen Häuslein und zeigt uns den Weg. Eine schwarzgekleidete Dame tritt vor die niedere Tür und breitet beide Arme unserm Zuge entgegen: "Meine Tochter, wo bist du?", ruft sie schluchzend. Die Frau mit den beiden Knaben bleibt in der Ferne stehen, sie darf ihr die Hände nicht reichen, sie darf ihr keinen letzten Kuß auf die Lippen drücken, man könnte ja zur selben Zeit ein verräterisches Wort in die Ohren flüstern. – Was wüßten wir zu sagen, wir, die wir seit drei Monaten die lebendig Begrabenen sind? Nur die Knaben umklammern die Großmutter noch, dann keucht man den Hügel hinauf, wo unsere Bahnwagen stehen. Die Kinder sind viel zu erschreckt, um noch zu weinen. Nur unsere 84jährige Greisin bricht jetzt wie leblos zusammen. Da nehmen zwei Soldaten sie unter die Arme und tragen sie hinauf. Dann sind wir oben, man zieht uns in die Abteile hinauf, wir sitzen auf den Bänken, keuchen, zu Tode erschöpft. "Nun ist meine Kraft zu Ende", flüstert die 70jährige Dame mir gegenüber, "das war das Letzte, was ich geben konnte!" Und wir schließen beide die Augen.

Als ob er auf sein Stichwort gewartet hätte, kommt da der Sekretär zu uns herein und kommandiert: "Alles aussteigen! Zurück in die Chartreuse!" Man starrt ihn an, die blassen Lippen zwingen sich zu einem Lächeln über den Scherz – nein, es ist keiner, er wiederholt noch einmal den Befehl, und zorniger ein drittes Mal, als er sieht, wir rühren uns gar nicht. Ein mitleidiger Beamter erklärt zögernd, Genf sei schuld, es hätte 5000 Mädchen von Savoyen aufnehmen müssen. – Diese 5000 Mädchen sind heute noch da! – Wie wir zurückkommen? Nicht um alles in der Welt können wir uns noch erinnern. Das Bewußtsein kehrt erst wieder zurück, als wir wieder vor unseren Mauern stehen, wo uns die

Männer mit Laternen an der Aufgangstreppe erwarten. Sie nehmen uns das Gepäck, die Kinder ab, sie ziehen uns durch den Gang an Madame Fumet vorbei, die einen Leuchter hoch hält und höhnisch bemerkt: *"Déjà de retour, Mesdames?"* Wir kommen in unsere leeren Säle, wo nicht einmal eine Decke mehr die zerlumpten Lager verhüllt, und nun entfesselt sich eine Szene, wie man sie in einem Irrenhaus erleben kann. Zwei junge Mädchen schlagen eine gellende Lache auf, in die andere einstimmen, eine junge Frau bettelt herzzerreißend um einen Schuß Pulver, andere stoßen unartikuliert Laute aus wie gehetzte Tiere, zwei junge Mädchen liegen starr auf dem Stroh und rühren sich nicht mehr. Der Auftritt ist so erschütternd, daß sogar unsere Gefängniswärter Mitleid haben und herumeilen von Lager zu Lager. Bis zu den Ohren des Präfekten dringt es, und er gibt sein Ehrenwort, Mittwoch kämen wir dann sicher fort.

Ein Ehrenwort, das muß ja wohl auch ein Franzose halten, das ist keine Lüge mehr! Doch bald heißt es nur: "Vielleicht!" Und dann verbittet man sich im Reinfall jede Träne, jede Ohnmacht. Wir halten uns tapfer, als man uns am Mittwoch wieder um zwölf Uhr anstellen heißt, wir starren mit brennenden Augen das Tor an, das um vier Uhr – vielleicht! – sich öffnen wird. Hat wirklich eine Minute nur sechzig Sekunden? Vier zeigt die Uhr und zwei Minuten – und das Tor geht nicht auf – doch, es öffnet sich weit, wir eilen hinaus, die Pfade sind zu Bächen geworden, wir achten es nicht, wir wissen den Weg jetzt, wir stolpern, wir fallen, wir raffen uns auf, wir sitzen im Wagen in nassen Kleidern und Schuhen, wir achten es nicht, denn die Lokomotive pfeift und in ununterbrochener Fahrt geht es der Schweiz zu. In St. Etienne überkommt uns noch ein Zittern, man beschützt uns mit einem Stacheldraht vor der sich andrängenden Menge. Am 4. November, nachmittags ein Uhr, sind wir in Genf. Und nicht wie Verbrecher und Diebe ziehen wir da ein, nicht wie ein hungriges, schmutziges Bettelvolk: Wie Fürsten, die vom Exil heimkehren, empfängt man uns dort, etwa zwanzig Herren im Gehrock und weißer Binde. Manchen biederen Schweizer, der noch am Morgen sein Hetzblatt gelesen hatte, hörte ich murmeln: *C'est incroyable – femmes agées, de tout petits enfants!* Wohl senken wir beschämt die Köpfe, als wir so armselig durch die gaffende Menge wandern, aber in der Turnhalle, wo man uns empfängt, da kann man sich auf einen richtigen Stuhl, vor einen richtigen Tisch setzen, und abends in der Volksküche, da hantiert man mit einem wirklichen Besteck und hat blankes Geschirr vor sich. – Gibt es denn solche Dinge noch auf der Welt? Und jetzt kommt gar ein Herr und ruft, es gäbe ein nationales Gericht: Sauerkraut und Würstchen! Ich denke, die Ohren sausen ihm noch heute von unserm: Hurra!

Was müssen aber die Züricher denken, daß wir da zum Abschied nicht unser Hoch schrien? Wir konnten keinen Laut herausbringen, so gerührt waren wir über die Aufnahme. In Zürich, da sind wir schon zu Hause, in unserer jubelnden Familie. Hoffentlich haben sie unsere nassen Augen gesehen! Die Reise von Genf an machen wir mit einem Zug Frauen, die gleich uns als erste aus der Gefangenschaft fort durften; sie waren in den Pyrenäen. Sie erzählen uns so schreckliche Dinge von durchgepeitschten Männern und sterbenden Kindern, daß wir uns stumm anschauen: Wir hatten es gut im Vergleich zu ihnen! In Singen erst sind wir frei. An der Schwelle des Gasthauses, wo wir uns stärken sollen, harren Hunderte von Menschen, Angehörige der Gefangenen. Eine alte Dame unter diesen bricht jetzt erst völlig zusammen, unter den Trostworten der ihren: Es war zu schwer, sie müssen daran sterben!"

*  *  *

Die Angaben im letzten Teil dieser lebendigen Schilderung zeigen schon, daß es sich hier nicht um ein Einzelschicksal oder das von der Gruppe der Leidensgefährten allein gehandelt hat. Es sah in Frankreich allgemein so aus, und schlimmer noch.

Dem deutschen Roten Kreuz gingen erschütternde Briefe zu. Der verdienstvolle Leiter des Münchener Roten Kreuzes, **Dr. Johannes Dingfelder,** gab in seinem Büchlein *Rotes Kreuz München.*

*Kriegsgefangenen-Fürsorge* u.a. den Brief der Frau eines Ingenieurs wieder, den wir hier folgen lassen wollen.

"Wir wurden bei dem Versuche, abzureisen, vom Bahnhof (in Paris) zurückgestoßen und unter Beschimpfungen, wie *'sales Boches, sales Prussiens!'* und dem höhnenden Zurufe: 'Euer Wilhelm soll kommen und euch holen!' abgeführt.

Der Mob zerstörte Cafés, Hotels, Restaurants und Läden, was nur einigermaßen auf deutschen Ursprung hindeutete. Dann kam die Verschickung in ein Zivilgefangenenlager. Wir wurden am 2. August vom Güterbahnhof in Viehwagen abbefördert. Man versprach uns gute Behandlung und Beförderung an eine neutrale Grenze nach Beendigung der Mobilisation, für die 21 Tage in Anrechnung gebracht waren. Aber welche Enttäuschung! Am Ziele angelangt, umstellte man uns, etwa 500 Personen, Männer, Frauen und Kinder, mit Militär mit aufgepflanztem Bajonett und brachte uns bei Mondschein in eine Reithalle. Der Boden, mit Stroh bedeckt, diente als Nachtlager. Alles schlief untereinander. Kinder von drei Wochen waren dabei.

In der Halle verabreichte man uns eine Kartoffelsuppe – ungenießbar, dann Wasser und Brot. Das Wasser in einem großen Eimer, aus dem alles schöpfte, wer nichts anderes bei sich hatte, mit den Händen. Ich tat kein Auge zu, mein Mann schlief ein wenig. Ich war froh für ihn, denn es hatte ihn furchtbar mitgenommen. Früh um fünf Uhr war schon wieder alles wach. Um sechs gab es Kaffee, der ziemlich gut war. (Wohl aus Versehen! Dr. D.) Zum Waschen stand im Hof ein Sprengwagen, der immer tröpfelte, als Klosetts dienten fünf Waschfässer mit quer übergelegten Brettern, alles für beiderlei Geschlecht. Um sieben ging es wieder auf den Marsch, nach dem Schlosse. Denken Sie aber nicht etwa an eine saubere deutsche Kaserne, sondern alles stand im Zeichen des Verfalls und der Verwahrlosung, voller Staub und Schmutz, Spinnen, Mäusen, Ratten und anderen lieblichen Haustieren.

Als Lager diente Stroh, kein Stuhl, kein Tisch, nichts; jeder erhielt einen Teller und Löffel, sonst nichts. Auch hier mußte sich alles durcheinander an einem Brunnen im Hofe waschen. Von Hygiene, wie in diesem ganzen Lande, keine Spur. Auch Decken mußten wir uns für teures Geld selber kaufen, mußten überhaupt alles doppelt und dreifach zahlen. Dann kamen wir in eine Schule. Die Frau Schulinspektor bewies uns ihre Antipathie auf alle mögliche Weise. So war zum Beispiel das filtrierte Trinkwasser abgesperrt, und man stellte uns einen Wasserleitungshahn, der mit Flußwasser der Loire gespeist wurde, zur Verfügung. Für die *'sales Boches'* gerade gut genug; für etwa 400 Personen zum Trinken, Kochen, Essen, Waschen ein einziger Hahn! Früh zum Waschen mußte man antreten!

Selbstverständlich befanden wir uns unter ständiger Bewachung von Militär und Polizei. Der Polizeikommissar schikanierte uns auf alle mögliche Art und Weise. Dann wurden plötzlich alle Männer von 17 bis 60 Jahren von uns getrennt. Die Männer standen da mit verstörten Gesichtern, wir Frauen lehnten uns auf, aber gegen die inzwischen eingetroffene militärische Eskorte half kein Bitten und Jammern. Als sich die Tore hinter den Männern geschlossen hatten, lachte uns der Beamte aus und nannte uns *'vieilles vaches'*, alte Kühe usw. Nach vierzehn Tagen wurden wir wieder fortgeschafft; der neue Kommandant hatte ein Herz im Leibe und gab uns endlich die Adresse unserer Männer.

Diese hatte man in ein Fort gebracht, in finstere Kasematten mit nur spärlichem Licht und Luft. Meistens 50 Mann beieinander, ständig hinter Schloß und Riegel. Für die Bedürfnisse, große und kleine, stand ein Waschkübel im Gefängnis. Denken Sie sich den Gestank in solch einem Raum. Dabei war über die Hälfte an Ruhr erkrankt... Gott sei Dank sind nur wenige, man sagt nur acht, gestorben.

In Begleitung einer Wache mit geladenem Gewehr und aufgepflanztem Bajonett wurden die Männer täglich nur 25 Minuten an die Luft geführt. Endlich teilte man ihnen mit, daß sie täglich eine oder zwei Stunden auf einem Platze vor dem Fort spazieren gehen dürften, wenn sie aus ihrer Tasche eine Umzäunung in Höhe von 550 Franken bezahlen würden. Die Ärmsten mußten natürlich zustimmen und legten zusammen, nachdem sie vorher noch 65 Franken abgehandelt hatten.

Bei ihrer Ankunft in X. sowie auf der Fahrt bewarfen vorüberfahrende Truppen und das Volk den Zug mit Steinen, Stöcken und verunreinigten ihn in nicht wiederzugebender Weise. Weiber kamen mit siedendem Wasser an, um unsere Männer zu beschütten. Der Polizeihauptmann in X. empfing sie, trotzdem er das Kreuz der Ehrenlegion trug, mit Ohrfeigen und Fußtritten, ließ ihnen Geld, Tabak, Rasiermesser, Taschenmesser usw. abnehmen. Wer eine Quittung verlangte, wurde mit Beschimpfungen und Bedrohungen zur Ruhe gebracht: 'Laßt euch die Quittung von eurem Wilhelm ausstellen!'

Die Nahrung war absolut ungenießbar. Suppen aus Wasser, Öl und faulen Kartoffeln! Der Souspräfekt konstatierte dies zwar öfter, aber es änderte sich nichts. Sechs Wochen lang hielt man ihnen die Gepäcke vor, sie konnten nichts wechseln. Als man ihnen dann das Gepäck aushändigte, war alles zerbrochen und es fehlten für 22.000 Mark Gegenstände!

Wenn eine Kommission kam, wurden sie alle spazieren geführt, die Kasematten gekehrt und gelüftet und jede Berührung mit der Kommission verhindert. Wer an die Gesandtschaft der Vereinigten Staaten reklamierte, wurde in ein finsteres Loch gesteckt bis zu vier Tagen. Darin stand das Wasser und wimmelte es von Ratten. Der Raum war vollständig dunkel. Das Brot mußten sie an einem Bindfaden an die Decke hängen, damit es die Ratten nicht auffraßen. Die Männer lebten fast nur von Brot und Wasser, welches aber auch nicht zulangte, da es in dem Fort kein Wasser gab; es mußte aus dem nächsten Dorf per Wagen herbeigeschafft werden. Für das Geld, das man ihnen abgenommen hatte, konnten sie später in der Kantine Waren schlechtester Qualität zu horrenden Preisen kaufen. Für Briefmarken, Postkarten mußten sie als Deutsche 10 Prozent Aufschlag zahlen, während es in den Zeitungen doch heißt, daß sie portofrei korrespondieren könnten.

Endlich, am 10. Januar, kamen unsere Männer zurück, aber wie! Mein Mann hat 28 Kilo abgenommen, und alle sehen aus, wie aus dem

Grabe auferstanden. Fremden Leuten, die unsere Männer vom Sommer her kannten, standen die Tränen in den Augen! Ich fürchte sehr, daß sie sich etwas für ihr ganzes Leben geholt haben werden. Hier ist es insofern besser, als wir einen Hof zum Spazierengehen haben und einen freundlichen Offizier.

Unsere Nahrung besteht nur aus Bohnen mittags und aus Reissuppe des abends, einen wie alle Tage. Jeden zweiten Tag gibt es 30–50 Gramm Kuh- oder altes Pferdefleisch. Früh Kaffee und genügend Brot. Den Kaffee erst seit Anfang Januar. Einrichtung: Stroh ohne Decken, kein Ofen, kein Licht! Trotzdem Decken aus Deutschland geschickt sind, haben nur wenige welche bekommen. Dies ist aber nicht die Schuld des Offiziers, sondern es ist dem Umstand zuzuschreiben, daß hier Elsässer, Polen oder Leute, die mit Französinnen verheiratet sind, die Posten als Zimmer- oder Etagenchefs bekleiden. Auch mit Liebesgabensendungen, die nicht direkt adressiert sind, wird große Willkür im Verteilen geübt. Durch dieses alles können Sie sich ein Bild machen von unserm Elend und was wir bis jetzt für Unkosten haben. Dabei zahlen die Banken an uns nichts aus, weil wir Deutsche sind.

Möchten Sie die Güte haben, diesen Brief einer Zeitung zu vermitteln oder einem Wohltätigkeitsverein, damit man uns irgend eine Unterstützung zukommen läßt. Denn es ist beim besten Willen nicht möglich, jeden Tag Bohnen und Reis zu essen. Erwünscht sind uns neben Geld: Kathreiners Malzkaffee, Zucker, Kakao, Hartwurst oder geräucherter roher Schinken. Dies alles ist hier nicht mit Gold zu bezahlen. Im Namen der vielen Unglücklichen hier bitte ich, ein gutes Wort einzulegen. Ob sonst arm oder reich, hier ist alles gleich bettelarm. Alle Sachen, wie Schuhe, Strümpfe, Kleider usw. würden hier große Freude bereiten und dringender Not abhelfen…"

Ein deutsches Dienstmädchen erzählt über ihre Erlebnisse in Paris:
"Mißhandlungen waren an der Tagesordnung. In unserer Nachbarschaft wohnte ein älterer Mann, ein Elsässer, der gewohnt war, früh gegen sieben Uhr von einem Milchgeschäft Milch zu holen. Am Tage

nach der Mobilmachung nun lauerten ihm Leute aus der Nachbarschaft schon um sechs Uhr früh auf, schlugen ihn nieder und mißhandelten ihn derart, daß ihn Schutzleute forttragen mußten. Ich stellte mein Gepäck bei Bekannten unter und begab mich aufs Kommissariat. Man behielt mich gleich da und ich sah, wie anderen Deutschen, die sich eingefunden hatten, alles abgenommen wurde, ja sogar Hosenträger und ein Taschenkamm. Viele wurden geschlagen. Nachmittags um vier Uhr wurden wir vom Polizeirevier zum Depot III, *Qai d'Horloge*, gefahren. Hier mußten wir Frauen uns in Gegenwart des männlichen Personals vollständig ausziehen, ja, sogar die Haare wurden uns gelöst und untersucht. Dann wurden wir 120 Frauen in einen großen Saal gesperrt, der ausbetoniert und sehr kalt war. Acht Tage mußten wir hier bei Wasser und Brot ausharren. Nachts bekamen wir einen Strohsack ohne Decke. Die ganze Nacht hörten wir Hilferufe, denn man hatte die Kinder von den Müttern gerissen. Vielfach hörte man Schießen, und man sagte, es würden die erschossen, die keine Ausweispapiere hätten und als Spione angesehen würden. Die Schwester, die bei uns die Aufsicht hatte, forderte uns auf, für die französischen Soldaten zu beten.

Unter den Gefangenen befand sich auch ein Mädchen, das ein Verhältnis mit einem französischen Soldaten hatte; dieser bewirkte schließlich, daß das Mädchen freigelassen wurde. Ein gefangener Ingenieur, Rheinländer, und seine zwei Söhne wurden als Spione bezeichnet und erschossen. Wir hörten früh um drei Uhr die Schüsse. Der Ingenieur hatte noch von uns Abschied genommen und gebeten, wir möchten seiner im Gebet gedenken. Die Schwestern bestätigten auch, daß die drei erschossen sind. Die Angst unter uns Frauen war so groß, daß zwei wahnsinnig wurden. Nach acht Tagen wurden wir nach Sables d'Olonne am Atlantischen Ozean gebracht. Wir wurden hier in einem halb verfallenen Kloster untergebracht, das vorher als Kaserne benutzt worden war. Drei Monate mußten wir hier unter den erbärmlichsten Verhältnissen aushalten. In der Frühe bekamen wir Kaffee ohne Milch und ohne Zucker, dazu ein Stückchen Brot, mittags einen Teller Suppe mit Kartoffeln, die man an Schweine verfüttert, abends wieder Suppe mit Kartoffeln. Ab und zu gab es statt der Kartoffeln Leber, die stinkend war und von uns kübelweise vergraben wurde. Manche, die davon aßen, wurden schwer krank. Ein Sergeant hatte die Aufsicht in der Küche. Auf Anordnung des Präfekten durfte bei der Zubereitung der Speisen kein Salz verwendet werden. Einer der Gefangenen hatte noch auf dem Kommissariat in Paris – wie ich selber gesehen habe – 2000 Frs., sein erspartes Geld, abgegeben. Als er weiterbefördert wurde, erhielt er nur 1500 Frs. Als er den Rest verlangte, erklärte man ihm: "Wenn Sie nicht zufrieden sind, erhalten Sie gar nichts und bleiben hier bei Wasser und Brot."

Wir waren hier im ganzen, Männer, Frauen, Kinder, 1500 Gefangene. Viele Männer wurden nach den Kolonien verschleppt. In Sables d'Olonne durften wir kein Wort deutsch sprechen. Eine Ungarin, die die Wacht am Rhein sang, kam in Einzelhaft. Mit den Kleidern kamen wir sehr herunter, denn wir hatten nichts anderes, als was wir am Leibe trugen. Ich hatte wohl gebeten, man solle an die Bekannte, wo ich mein Gepäck untergestellt hatte, schreiben, aber es hieß, die sei verzogen, man wisse nicht, wohin. Von uns Frauen wurden viele geschlagen, am gräßlichsten behandelte man aber die Männer. Und wir Frauen mußten dabei zusehen, das setzte den Nerven fürchterlich zu."

Als der deutschen Regierung die brutale Behandlung der Zivilgefangenen in Frankreich bekannt wurde, wandte sie sich in einer geharnischten Protestnote dagegen. Die französische Regierung antwortet hochfahrend, man gäbe den Zivilgefangenen Militär bei als Schutz gegen die Bevölkerung, das sei aber eigentlich gar nicht nötig bei dem "würdevollen Verhalten des französischen Volkes".

Zur gleichen Zeit jedoch meldete sich ein Ankläger aus dem eigenen Lager. In der *Guerre sociale* erklärte Gustave Hervé, daß die Geschichte von den Evakuationslägern kein Ruhmesblatt in der Geschichte Frankreichs sei, und er gab aus eigener Anschauung ein Bild von den Leiden der Zivilgefangenen, worin es hieß:

"Die unglücklichen Opfer, Männer, Frauen und Kinder, wurden unter dem Johlen der Bevölkerung in Eisenbahnzüge gebracht und in die Waggons eingepfercht. In den für ihren Aufenthalt bestimmten Städten wurden sie zwischen zwei Reihen von Soldaten und Schutzleuten in Lokale geführt, wo nichts zu ihrem Empfange vorbereitet war und wo Männer, Frauen und Kinder wochenlang auf Stroh oder gar dem nackten Boden in widerlichem Durcheinander hausen mußten und wie Sträflinge behandelt wurden. Niemals wird man die Zahl der armen Kinder kennenlernen, die in diesen Zuchthäusern infolge des Elends und der Verwahrlosung starben. – Wie Vieh hat man die Deutschen behandelt bis zum letzten französischen Bahnhof!"

Hervé riet dem Parlament, Maßnahmen für eine würdige Behandlung der Internierten zu treffen, "um den guten Ruf Frankreichs und die Ehre der Republik zu retten"!

Die Ehre der Republik war längst dahin. –

**Dr. Baracs-Deltour,** ein geborener Ungar, schilderte in seinem Buche *Pariser Selbsterlebnisse* die "Heldentaten" der Pariser Kriegsgerichte gegen die Spionageverdächtigen. Er war zu Anfang des Krieges als Dolmetscher bei einem solchen tätig gewesen und hatte manchen Unglücklichen aus den Klauen der Richter, die ihre Urteile nach politischen Gesichtspunkten und "höheren Weisungen" fällten, gerettet, bis man ihn und seine ganze Familie, Frau und drei Kinder, dazu den Neffen und das Dienstmädchen als spionageverdächtig verhaftete. Dabei lernte er mit den Seinen zunächst das "würdevolle Verhalten" der französischen Bevölkerung kennen. Dann riß man die Familie auseinander und brachte sie in einem Zuchthaus unter. Jeder einzelne, auch die Kinder (acht, neun und elf Jahre!) wurde mit Erschießen bedroht. Während die Familie dann nach längerer Quälerei freigelassen wurde, verurteilte man ihn selbst unter erfundenen Anklagen – er habe durch seine Kinder Licht- und Drachensignale geben lassen – zu mehreren Jahren Zuchthaus.

Dr. Barcas-Deltour hatte während seines langen Aufenthaltes in Paris vor dem Kriege viele einflußreiche Freunde gewonnen. Auch mit

Briand und anderen Ministern war er befreundet gewesen. Er hatte sogar einen Orden erhalten. Als er verurteilt wurde, warf man ihm u.a. vor, er trüge diesen Orden, die "Palmen", unberechtigt (obwohl man sich doch in den Listen von der Rechtmäßigkeit des Besitzes überzeugen konnte!). Alle seine früheren Freunde wollten nichts mehr von ihm wissen; sie verleugneten ihn geradezu. Er wurde den Bütteln übergeben und erst nach einem Jahr qualvoller Leiden "begnadigt".

Dieser Ungar empfahl den Deutschen als Morgen- und Abendgebet das *"Ceterum censeo"* des Römers Cato, der alle seine Ansprachen und Briefe mit dem Worte schloß: **"Ceterum censeo Carthaginem esse delendam!"** (Im übrigen ist meine Meinung, man müsse Karthago vernichten!) Jedenfalls könne Frankreich nach diesem Kriege nicht mehr als Kulturnation gelten.

Die Deutschen, die aus Amerika herbeigeeilt waren, um ihrer Pflicht gegenüber dem Vaterlande zu genügen, die ihre Stellungen, ihre Besitztümer und Pflanzungen in den Vereinigten Staaten, in Chile, Peru, Britisch-Columbien, Kanada usw. verlassen hatten, erlebten auf der Überfahrt das tragische Geschick, daß sie von ihren Dampfern an der französischen Küste heruntergeholt wurden. So wurden die Dampfer "New Amsterdam" (aus Holland!), "Potsdam" und "Noordam" von Deutschen "gesäubert". Es waren insgesamt 4000 Mann, die den französischen Edelmut Wehrlosen gegenüber auf einem Kalvarienweg nach Brest erlebten, wo sie in den Kellern der Festung zusammengepfercht wurden. Die Fenster waren hier mit Eisenbahnschienen "vergittert", so daß nur Ritzen blieben, die kaum Luft durchließen – eine mittelalterliche Quälerei! Die Gefangenen mußten, um hin und wieder einmal frische Luft schöpfen zu können, abwechselnd an das Fenster treten und den Kopf gegen solch einen winzigen Spalt drücken.

Die Elsässer, die an ihrem Deutschtum festhielten, haben ein geradezu grauenhaftes Geschick erlebt. Das erzählten die erschütternden Berichte der verschleppten Geiseln aus elsässischen Orten. Solche Berichte fanden sich in Fülle in den Büchern der elsässischen Lehrer Michael Litschgy aus Thann *(Les otages Alsaciens-Lorrains)* und A. J.

Lévèque aus Hartmannsweiler: *Erinnerungen aus meiner Kriegsgefangenschaft,* ferner des evangelischen Pfarrers Liebrich aus Maßmünster und des katholischen Pfarrers Vikar Gapp aus Lutterbach im Oberelsaß: *Die Befreier! – Elsaß-Lothringen von den 'Befreiten' geschildert.*

Folgendes Erlebnis brachte am 14. September die *Straßburger Post:*

## Die Geiseln von Saales

Von einer Dame aus dem elsässischen Grenzort Saales, die heute noch, nachdem sie auf deutsches Eingreifen hin aus der französischen Gefangenschaft befreit wurde, unter der ihr und ihren Leidensgenossen widerfahrenen Behandlung leidet, ist uns die folgende Schilderung übergeben worden, die, wie ausdrücklich bemerkt sei, nach den mündlich mitgeteilten Einzelheiten nach zu urteilen, die Wahrheit eher abschwächt, als übertreibt.

"Es war der 12. August, als wir, meine Mutter, Schwester und ich, in Saales von französischen Gendarmen verhaftet wurden, unter dem Vorwand, ich hätte keine Erlaubnis von Frankreich, die Rote-Kreuz-Binde zu tragen und Verwundete zu pflegen. Die Rote-Kreuz-Fahne, die während der Anwesenheit deutscher Truppen in Saales gehißt war, wurde von der ersten Patrouille schon heruntergerissen, nachdem unser Haus, in dem noch ein schwer verwundeter deutscher Soldat lag, zwei Stunden erfolglos bombardiert worden war. Es wurde nicht gestattet, das Nötigste mitzunehmen, man gab uns zwei Minuten Zeit, dann wurden wir mit aufgepflanztem Bajonett nach dem Rathaus gebracht, wo wir die Nacht auf Steinfliesen verbringen sollten; jedoch stellte uns der Bürgermeister Betten zur Verfügung. Am andern Morgen halb vier wurden wir mit achtzehn Beamten und Bürgern von Saales, wir Frauen auf dem Ochsenwagen, die Männer zu Fuß, vorerst nach Provenchère gebracht, wo wir in einem unglaublich schmutzigen Raum der Gendarmeriestation bis nachmittags auf den Fliesen saßen. Dann begann die Weiterfahrt nach St. Dié und damit der Leidensweg. Es ist mit Worten kaum anzuführen. Die unflätigsten Schimpfworte, Steine flogen uns an die Köpfe, die Weiber benahmen sich, wie ich es nie für möglich gehalten hätte, wütend verzerrte Gesichter, gemeine Gesten bot uns jedes Dorf. Unterwegs begegnete uns das ganze 14. Armeekorps, das nach Deutschland zog, und keiner sparte sich etwas. Von Disziplin keine Spur, sogar die Offiziere machten mit ihren Leuten gemeinsame Sache und beschimpften wehrlose Frauen. Wir konnten nicht durch, weil die Soldaten den Wagen nicht passieren ließen, und waren viertelstundenlang den gröbsten und gemeinsten Beschimpfungen ausgesetzt.

Gegen acht Uhr zogen wir in St. Dié ein. Hunderte erwarteten uns vor der Stadt, jeder mit einem Knüppel oder sonst etwas bewaffnet. Bis wir in die Stadt kamen, waren es Tausende geworden.

Der Aufruhr war unbeschreiblich. Auf einem Umweg, damit das Volk seinen Spaß an uns haben konnte, wurden wir nach der Gendarmeriestation gebracht. Unser Gendarm war zu schwach, der Volksmenge zu wehren. Unsere Rettung vor körperlichen Mißhandlungen waren zwei elsässische Deserteure vom Reserve-Regiment 99, die begeistert in die *Vive la France!*-Rufe ihrer "Brüder" einstimmten. Nach einer Personalienaufnahme wurden wir zu Fuß in das Gefängnis transportiert. Hier angelangt, wurden wir Frauen in einem gemeinsamen Schlafsaal untergebracht. Ein Weib, ein Teufel in Menschengestalt, war unser Zerberus. Sie wollte uns die Kleider vom Leibe reißen, meiner Mutter den Ehering und die Ohrringe abnehmen, was wir uns aber doch energisch verbaten. Dann legten wir uns auf Maispritschen "zur Ruhe". Am andern Morgen gab es eine Suppe, die uns laut aufweinen ließ, drei Tage lang lebten wir nur von Wasser und Brot und schliefen. Unsere Hoffnung auf ein Verhör wurde zuschanden. Am 15. August, morgens 3 Uhr, erschien unser Zerberus: Raus, in zehn Minuten geht der Zug! Auf unsere Frage, wohin – Achselzucken. Vom Gefängnis aus ging's mit der Truppe unserer Bekannten aus Saales, zu denen noch einige französische Deserteure hinzukamen, zum Bahnhof. Und am Bahnhof, welche Überraschung, einige bekannte Gesichter deutscher Soldaten, die wir noch am Tag unserer Verhaftung im Sanatorium in

Saales gesprochen hatten. Franzosen hatten das Sanatorium geplündert. Viele Verwundete waren bei unserem Trupp, der Rest, der nicht transportiert werden konnte, wurde nach St. Dié ins Krankenhaus gebracht. Viele davon starben unterwegs, weil sie auf Leiterwagen transportiert wurden.

Im Zuge erst erfuhren wir unser Reiseziel, die Festung Epinal. Ganze Arbeit, das muß man sagen, gegen wehrlose Frauen, "französische Courtoisie"! Das Gedränge war groß. Unsere Eskorte gab sich alle Mühe, die Angreifenden abzuwehren. Deutsche Frauen Kriegsgefangene! Das war ja auch eine Sensation, die sich keiner entgehen lassen wollte. Sogar Damen, die die Rote-Kreuz-Binde trugen, fanden sich ein; die Neugier siegte über das Feingefühl, und auch hier Beleidigungen. Pfui, das würde eine deutsche Frau nicht tun! Unterwegs auf jeder Station wurde der Zug gestürmt. Der Einzug in Epinal war verhältnismäßig ruhig, was wir zum großen Teil unserer Eskorte verdankten. Nach halbstündigem Marsch durch Epinal tauchte endlich unser "Heim" auf, die *maison de la correction*. Unsere deutschen Soldaten wurden sofort eingelassen, während wir Zivilisten der Volksmenge überlassen wurden, die uns auch gehörig zur Zielscheibe ihres Spottes nahm, bis sich endlich die Gefängnistüren hinter uns schlossen. Wir blieben 16 Tage im Zuchthaus, in einem unglaublichen Schmutz, ohne die geringste hygienische Einrichtung. Nach zwei Tagen kamen noch andere Frauen und Kinder, darunter eine Mutter von 14 Kindern, vier hatte sie bei sich, von den anderen wußte sie nichts. Die Leute wurden in ihren Häusern einfach in ein Zimmer gesperrt, damit die Franzosen besser plündern konnten.

Die Zeit in Epinal machte uns fast wahnsinnig. Die Wärterin erzählte uns jeden Tag die gräßlichsten Geschichten, wie die Unsern verlören und was für Greueltaten sie verrichteten, wie das ganze Elsaß schon französisch sei und vieles andere. Wir glaubten es ja nicht, denn durch ein kleines Loch in den grau gestrichenen Fenstern spähten wir jeden Tag, ob irgendwo Fahnen seien. Jedes Geschrei auf der Straße ließ uns erzittern, wir glaubten immer, es sei Siegesgeschrei. Es war eine böse

Zeit für uns. Dann kam eine Lehrerin aus der Gegend von Saarburg. Das arme Wesen hatte Fürchterliches durchgemacht. Allein unter 30 Männern, wurde sie von der Menge besonders aufs Korn genommen und hatte dazu noch gemein gesinnte Eskorten, die sie fortwährend beleidigten. Sie atmete auf, als sie bei uns in Epinal in "Ruhe" saß. Wir ließen uns den evangelischen Pfarrer kommen, er war das erstemal ganz nett, beim zweiten Male schienen die Franzosen eine Niederlage erlitten zu haben, denn sein ganzes Wesen war Haß, der geistliche Firnis war abgefallen. Das ganze Volk ist ja voll Haß. Was wir alles hören mußten über den Kaiser und sein Haus, kann man nicht wiedergeben.

So ging's Tag für Tag. Am 27. August, mitten in der Nacht, mußten wir uns eilends fertigmachen, von all den Frauen nur wir drei, und es ging wieder ins Unbekannte. Unsere Leidensgenossen dachten, in die Freiheit, aber damit war es noch nichts. Als wir in die Halle traten, bemerkten wir eine Menge neuer Gesichter. Zu den Saaler Geiseln waren noch die aus der Gegend von Saarburg gekommen, darunter ein 86jähriger Mann und ein in den 70er Jahren stehender Herr mit einem schweren Beinschaden. Wir wurden hinausgeführt, und dann hieß es: Bajonette auf und laden! Und die Kerle luden so, daß wir glauben sollten, es gehe zu Ende. Sie sagten auch, wir würden füsiliert, das hatten wir aber stets die ganze Zeit her gehört, und es machte eigentlich keinen Eindruck mehr auf uns, wir waren immer darauf gefaßt. Am Bahnhof stand eine Unmenge Züge mit Flüchtlingen und Verwundeten. Es hieß, das sei alles die "Arbeit Wilhelms", und die Wut auf den Kaiser kannte keine Grenzen.

Ein kriegsgefangener bayrischer Offizier, der in Epinal einstieg, sagte in einem unbewachten Augenblick zu meiner Mutter, wie es mit den Deutschen stehe, "Sieg auf der ganzen Linie!" Es war einer unserer schönsten Augenblicke im Leben, denn nach den Erzählungen der Franzosen war in Deutschland schon längst Hungersnot und Revolution. Was dieser Offizier über seine Behandlung von Baccarat bis Epinal erzählte, war fürchterlich. In Gray kam ein Offizier mit 20 Mann zu uns, der auch seit dem Tage seiner Gefangenschaft nichts zu essen bekommen hatte; den Leuten waren die Achselstücke und Knöpfe abgerissen worden.

Offiziere kamen in unser Abteil und beschimpften uns auf die gemeinste Weise. Die deutschen Gefangenen, welche wir bei der Abfahrt von Paray-le-Monial trafen, waren mißhandelt worden und waren teilweise in einem traurigen Zustande. Ein Mann hatte einen Beinschuß, der nach fünf Tagen noch nicht verbunden war. Die Leute waren teilweise kaum transportfähig; nirgends erhielten sie eine Erfrischung. Dann standen wir sechs Stunden im Bahnhof Moulins in glühender Sonnenhitze ohne Wasser, den Insulten der Menge preisgegeben.

Gegen sechs Uhr fuhr ein endlos langer Zug mit seltsamen Gestalten ein. Auf den Dächern der Wagen standen verwegene Gesellen, halb nackt, und schwenkten die Trikolore. Es waren Apachen und Zuchthäusler, die als Ersatz für die schwarzen Truppen nach Afrika geschickt wurden. Wie die Katzen kletterten sie an den Wagen herunter und stürmten unsern Zug. Es war fürchterlich. Sie versuchten, die Türen einzuschlagen, Fensterscheiben splitterten; ein verwundeter deutscher Soldat wurde mit dem Kopf nach vorn aus dem Abteil gezogen und mißhandelt. Tausende standen da und heulten und schrien. Ein armdicker Knüppel flog in unser Abteil und verletzte uns. Wir drei Frauen allein... Und draußen dieses Geheul und diese Gesichter, der "Abschaum" der Menschheit. In jener Stunde haben wir das Fürchten gelernt. Wir bebten, bis für jene das Signal zur Abfahrt ertönte, dem sie nur widerwillig Folge leisteten.

Gegen elf Uhr nachts langten wir in Clermont-Ferrand an, wo es unmöglich war, uns auszuladen. Tausende von Menschen belagerten den Bahnhof. So standen wir einige Kilometer vom Bahnhof entfernt, bis gegen vier Uhr morgens zwanzig von uns mit einer starken Kavalleriebedeckung zum Militärgefängnis gebracht wurden. Die Behandlung war hier anständig; der Kommandant, ein Elsässer, verhörte uns und war empört, daß man mit Frauen und Kindern so verfahren war. Unser Lager war hier wieder Stroh auf Steinfliesen... In der Nacht wurden wir auf einen Truppenübungsplatz am Puy de dome gebracht, und hier –

welcher Schreck! – bekannte Gesichter, Beamtenfrauen von Saales mit ihren kleinen Kindern, darunter drei Säuglinge. Meine Schwester, die aus Afrika in einem Sanatorium bei Saales zur Erholung geweilt hatte, war mit ihren beiden kleinen Kindern dort verhaftet worden, ohne das Nötigste für sich und die Kinder mitnehmen zu dürfen. Die Kinder waren dem Verhungern nahe, die Körperchen wund bis aufs Fleisch, das Baby von acht Monaten keine Windeln. Wie kann Frankreich solch unsagbare Brutalitäten verantworten!

Außer den elsässischen Geiseln waren noch ungefähr achthundert Deutsche und Österreicher da, meist aus Lyon ausgewiesen. Eine junge Frau mit einem fünftägigen Kinde wurde mitgeschleppt und lag totkrank. Eine andere gebar oben und erwürgte das Kind, eine dritte erhängte sich und ihr Kind, wurde abgeschnitten und mit Fußtritten ins Gefängnis zurückbefördert. Aus dem ganzen Elsaß von Altkirch bis Saarburg waren Grenzbewohner mitgenommen worden, alle nur mit dem Nötigsten bekleidet. Die Männer teilweise schwer mißhandelt. Schuhe und Strümpfe wurden ihnen abgenommen und verbrannt, die Knöpfe von den Kleider geschnitten. Der Arzt der Heilanstalt Lörchingen lag in Baccarat über eine Stunde bewußtlos von Mißhandlungen. Der Arzt des Sanatoriums Saale liegt in Clermont-Ferrand körperlich und seelisch zusammengebrochen im Spital. Diese Herren wurden alle gefesselt, zu je drei Mann abgeführt. Narben der Fesseln waren noch nach Wochen an den Handgelenken zu sehen. Ein Zahnarzt aus Thann lag in einer Baracke auf Stroh an einer Rippenfellentzündung krank ohne die geringste Pflege; selbst Milch verweigerte man ihm. Das Elend der Kinder war herzzerreißend. Auf der Reise gab es drei Tage und zwei Nächte nichts zu essen. Einige Mütter und Kinder wurden in einem Hospital in St. Dié untergebracht, das unglaublich schmutzig war. Die Kinder wurden ihnen abgenommen und bekamen saure Milch. Rote-Kreuz-Schwestern gingen während der Reise mitleidslos an ihnen vorüber. In den Baracken mußten die armen wunden Körperchen auf Stroh liegen... Im Bahnhof von Moulins begegnete uns die schwarze "Elitetruppe", die von französischen Offiziersdamen mit Blumen bedacht, ja umarmt und geküßt wurde! Wir wurden dann unter plötzlichen Höflichkeiten wieder im *maison de la correction* in Epinal untergebracht und von da im Lastauto zur Grenze geschafft, zur Heimat. Wir wurden mit Brot und Fleischkonserven versehen.

Unterhalb Bruyères gerieten wir in deutsches Granatfeuer. Unsere Begleiter und die Chauffeure flüchteten in eine Scheune und ließen uns hilflos auf dem Felde stehen... endlich brachten sie uns wieder drei Kilometer zurück in Sicherheit. Man forderte uns dann auf, die sieben Kilometer bis in die deutschen Stellungen zu laufen. Nach drei Kilometer Wanderung schlug die erste Granate in der Nähe in eine Wiese. Und nun ging's los ins fürchterlichste Feuer. Wir kamen nicht zur Besinnung, die Kinder schrien vor Angst. Zehn Meter von uns krepierte eine Granate.

Gegen sieben Uhr passierten wir die letzten französischen Vorposten, die uns versicherten, daß im nächsten Dorfe deutsches Militär sei. Und nun ging's im Sturmschritt den Deutschen entgegen. Es waren unsere braven Bayern. Im Nu waren die Barrieren übersprungen, und ein einziger Schrei der Erlösung aus vierzig Kehlen ertönte. Den rauhen Männern standen auch die Tränen in den Augen. Wir fanden in einem Schloß Unterkunft, dessen Besitzer, ein Herr aus Straßburg, mit Frau und zwei Kindern erschossen worden war von den Franzosen. Die Leichen wurden von den Bayern noch aufgefunden und beerdigt. Am nächsten Vormittag ging's dann in deutschen Lastautomobilen nach Hause wo wir alles zerstört fanden; wir haben keine Heimat mehr...."

Auszug aus dem Notizbuch des **Johann Krippner,** früher in Thann:

Thann i. E. Den 7. August sind die Franzosen in Thann eingezogen. Wir sind abends um fünf Uhr zu 83 Mann von Thann verhaftet worden und unter starker militärischer Bedeckung nach Rodern geführt. Den andern Tag ging es unter Gendarmeriebewachung nach Rodern, wo wir schon als Leichenräuber tituliert wurden. Abends um fünf Uhr per Tram nach Belfort, sind dort mit Fußtritten, Schimpfworten und Faustschlägen empfangen. Die Behandlung war eine äußerst schlechte.

Dann Transport von Belfort nach Besançon. Hier wurden wir mittags zu dreien gefesselt, unter dem Hohn und Spott der Bevölkerung nach dem Bahnhof geführt. Auf der Fahrt wurden uns von Gendarmen unsere Wertsachen abgenommen, mit der Bemerkung, solche als ein Andenken aufzubewahren. Am 18. August, abends, kamen wir in Pareil-le-Monial an, von einer großen Volksmenge empfangen. Hier hat man uns die Knöpfe von den Kleidern gerissen, ja sogar die Hosenträger, die Halsbinde, Regenschirm und Schuhbänder hat man uns entrissen und alles verbrannt. Dann haben sie uns die Ketten von den Händen genommen und uns in einen Pferdestall getrieben unter unsäglicher Roheit. Das Brot, das sie brachten, warfen sie in den Mist und schrien: "Da, freßt, ihr Hunde!" Die Eheringe haben sie von den Fingern gerissen, wenn auch das Fleisch dabei mitgegangen ist, daran hat sich keiner gestört. Am andern Tag wurden wir wieder mit Viehketten gefesselt, und zwar so stark, daß das Blut geronnen ist. Dies war für die feingebildeten Franzosen ein freudiges Bild, und wir wurden so photographiert.

So kamen wir nach Clermont-Ferrand. Auch in dieser Stadt zeigte das Volk seine Roheit, ja sogar die Gendarmen beteiligten sich daran, stachen uns mit dem Säbel und dem Bajonett und schlug uns mit dem Kolben. Ist ein ein Mann gestürzt und hat nicht mehr weiterkönnen, ist er infolge der Fesseln von den andern mit weitergerissen. Die schlecht beleuchteten Straßen benutzten sie zu ihrer niederträchtigen Handlungsweise. Wir kamen dann in einem halb verfallenen Kloster an, und es war ein Glück, daß die Pforte sofort geschlossen wurde und von der heranstürmenden Menge nicht geöffnet werden konnte. Viele unter uns hatten unter der unmenschlichen Behandlung zu leiden; geblutet haben wir alle. Wir wurden gezwungen, auf dem Steinboden zu schlafen; wer sich aufrichten wollte, wurde mit dem Bajonett zurückgestoßen. Als Nachtessen bekamen wir die ersten drei Tage nichts wie Wasser und Brot und mußten nach diesem Festmahl wieder auf dem Steinboden schlafen. Ein Bürger aus Thann ist von den Ängsten irrsinnig geworden. Er ist in Issoire gestorben..."

Die hochschwangere Frau des Kreisdirektionsboten Baumann aus Thann wurde mit ihrem 5½ Jahre alten Söhnchen durch französische Gendarmen festgenommen und mit den übrigen sogenannten Geiseln über Bussang und Belfort nach Besançon auf die Zitadelle gebracht. Tage und Nächte mußte sie mit den übrigen Gefangenen auf dem Hof der Artilleriekaserne verbringen. Als ihre schwere Stunde nahte und sie bereits von Geburtswehen befallen war, wurde sie von den Soldaten in einen offenen Kanonenschuppen geschleppt, wo sie auf Stroh gebettet und, von allen Seiten der Zugluft preisgegeben, im Beisein von etwa vierzig Soldaten entbinden mußte. Sie erhielt keine genügende Nahrung, ihr Säugling keine Windeln. Trotzdem hat sie ihr Kind selbst gestillt. Mitleidige Frauen fertigten ihr aus Unterröcken Windeln und Hemdchen für den Säugling. Sie wollte ihn Wilhelm nennen lassen, was ihr aber verboten wurde; da nannte sie ihn Hermann. Ihr 5½jähriger Knabe wurde ihr schon in der Grenzstadt Bussang entrissen; sie hat ihn während der Gefangenschaft nicht wieder zu Gesicht bekommen.

Als die Gefangenen durch Besançon geführt wurden, hatte sich mit einer ungeheuren Menschenmenge auch der dortige Bischof eingefunden. Er warf Äpfel, die er aus Kinderhänden nahm, auf die Gefangenen, klatschte in die Hände und schrie: *"Bravo, merde la Prusse, mort à Guillaume!"* Das wird auch von dem jungen Kaufmannssohn Senf aus Geweiler bestätigt. – Frau Baumann hat diese Angaben vor der Geheimen Feldpolizei im April 1917 in Kolmar gemacht.

"Es ist immer und überall dasselbe", heißt es in dem erwähnten Buche der beiden elsässischen Geistlichen Liebrich und Gapp: Die "Befreier" Elsaß-Lothringens, "ob es sich um in Frankreich aufgegriffene harmlose Männer, Frauen und Kinder handelt, ob es verschleppte Elsässer sind, überall hören wir dasselbe: eine unsäglich verrohte Presse, die geradezu mit einer sadistischen Phantasie die Bevölkerung aufreizt, der keine Lüge zu gemein, keine Verleumdung zu niedrig ist, um sie gegen die Deutschen zu schleudern. Man bekennt sich sogar ausdrücklich zu dieser Methode. So schrieb Gustav Hervé, vor dem Kriege radikaler

Sozialist, in seiner "Victoire" vom 4. Februar 1918: "Alles, was dazu beitragen mag, die Einbildungskraft des Volkes zu rühren, alles, was zu dieser Zeit Zorn und Haß gegen Deutschland von neuem entzünden kann, muß getan werden." Getreu diesem Wahlspruch wälzt sich die Provinzpresse in abscheulichen Schmutzartikeln. Männer, Frauen und Kinder werden beschimpft, bespuckt und geschlagen. Die Lagerkommandanten überbieten sich gegenseitig in Hohn und Mitleidslosigkeit! Ein 72jähriger Elsässer, der vor dem Kriege Gutspächter in der Nähe von Luneville gewesen war, erzählt u. a.: "Wir wurden schon am 2. August verhaftet und gefesselt in Automobilen in Luneville herumgeführt. An allen Straßenkreuzungen und Plätzen wurde halt gemacht, und man verkündete: Seht, das sind die deutschen Spione, die werden morgen erschossen. Am Abend wurden wir in die Kirche von Ain gesperrt. Dort wurden zwei Mann einander gegenüber gestellt und mußten die Daumen aufeinanderlegen, die dann durch Daumenschrauben gefesselt wurden!"

Wie es **in den einzelnen Konzentrationslagern** zuging, schildert das Gutachten Meurer an Hand der deutschen Denkschriften, von denen die erste mit den bezeichnenden Worten beginnt, es sei zu berücksichtigen, daß Frankreich, das Land, das sich so viel auf seine Zivilisation zugute tut, offenbar von Gesundheitspflege und Reinlichkeit keine rechte Vorstellung habe und daß daher Organisation und Ordnung nicht mit demselben Maß gemessen werden kann wie in Deutschland.

In Angers waren die Gefangenen wochenlang in Zeltlagern untergebracht, in jedem Zelt, durch das Wind und Wetter freien Zutritt hatten, 50 Personen, Männer, Frauen, Kinder. Am Boden sammelte sich das Wasser; nach vier Wochen wurden kleine, alte Kartoffelsäcke zum Zudecken verteilt. Strafen waren übermäßig hart, Dunkelarrest bei Wasser und Brot, ein Schweinestall Arrestlokal. In Périgueux waren 540 Deutsche in den Schuppen und Arbeitsräumen wie in der Autogarage einer alten, baufälligen Perlenfabrik untergebracht. Die Fensterscheiben waren zerbrochen, das Dach undicht, in das oberste Stockwerk regnete es hinein. Die Aborte waren nur durch Vorhänge abgesperrt, so daß ein entsetzlicher Gestank herrschte. Schlafen auf dem bloßen Zementboden, erst später gab es wenig Stroh, das zwölf Wochen nicht gewechselt wurde, naß, faulig und voll Ungeziefer war. Die Aborte waren vier Löcher im Boden, mit einer Unratsgrube darunter, für die über 500 Menschen. Es gab vorzugsweise ungenießbare Leber, aber auch Büchsenfleisch, nach dessen Genuß Vergiftungserscheinungen eintraten. In Les Sables d'Olonne waren die Abortverhältnisse ähnlich wie in Périgueux, von denen noch berichtet wird, daß den Gefangenen beim Betreten der Verschläge, die für Männer wie Frauen gemeinsam waren, die Jauche entgegenlief. Zum Reinigen dieser widerlichen Löcher wurden hauptsächlich auch gesellschaftlich Höherstehende herangezogen, die auch den Unrat der Wachtmannschaften zu entfernen hatten.

Jeder Beschreibung spottete das Essen hier. Das Fleisch, das es gab, war ekelerregend und ungenießbar. Eingeweide, Milz, Herz, Lunge, Leber wurden gekocht, nachdem verschiedentlich ganze Klumpen Eiter herausgeschnitten waren. Das Brot anfangs steinhart und verschimmelt; als es später frischeres Brot gab, war es mit Mehlwürmern durchsetzt. Der Kommissar Materne machte mit Vorliebe Kontrollen, wobei er den Frauen ins Gesicht leuchtete und Bemerkungen dabei machte. In Bouttez-Gache hausten die Gefangenen in einem ausgeräumten Asyl, die meisten mußten auf den Korridoren, eine Anzahl sogar im Freien schlafen, ohne Stroh. In St. Pierre lagen 1200 Leute in einem baufälligen Seminar, dessen zerbrochene Fensterscheiben nicht ersetzt wurden. Dabei wurde nicht geheizt. In Carcassonne war das Brot ungenügend, in den Bohnen und Erbsen fanden sich Würmer; die Kost war absichtlich unzureichend und ungenießbar, damit man sich die Zusatznahrungsmittel kaufen sollte. Ratten- und Mäuseplage herrschte hier, wie übrigens fast überall. Die jungen Mädchen mußten ihre Haftstrafen im Wachtlokal verbüßen; geschlechtliche Vergewaltigungen, an denen sich auch der Direktor und ein Leutnant beteiligten, waren die Folge. Pferdefleisch bildete in sämtlichen Lagern die Regel; in Rodez war es wiederholt schon in Verwesung übergegangen. Geklagt wurde

allgemein über die ekelerregende, widerliche Art der Zubereitung des
Essens; man fand Seife in der Suppe, die in grünspanhaltigen Gefäßen
gekocht war, so daß sie ganz grau war. Bohnen und Kartoffeln waren
häufig nicht gar gekocht; man fand Steine in der Reissuppe, die nach
Karbol, Petroleum und Schimmel schmeckte. In Camp d'Avrillé gab es
"Hundereis". Alle diese Angaben sind später in Deutschland unter Eid
gemacht. Der Verwalter in Rodez hatte auf seinem Zimmer große Mengen von Konserven, sagte aber: "Lieber lasse ich sie hier verschimmeln,
ehe ich sie euch dreckigen Deutschen gebe."

In Annonay wurde beobachtet, daß eine Bütte, die sonst als Nacht-
stuhl in den Gängen benutzt wurde, in der Küche zur Aufnahme von
geschälten Kartoffeln diente. Auch hier wurde geklagt über Würmer
in Gemüsen und Hülsenfrüchten, über Seife, Steine, Schmutz und
Grünspan in der Suppe, die hier, wie sonst auch vielfach, mit Soda zu-
bereitet war. Solche und ähnliche "kulturellen" Zustände fanden sich in
fast allen Lägern, wie auch in Saintes, in Mongazon (wo die Gefangenen
vor ihrer Abreise dazu aufgefordert wurden, ein Schriftstück zu unterzeichnen, in dem dem Präfekten der Dank für die gute Behandlung
ausgesprochen wurde); in Saumur, Le Puy, Le Vigan, Ville Franche, auf
dem Ponton bei Marseille, in Dijon, Lucon, Pontmaru, Brive und Pont-
main. Ein düsteres Bild wird auch aus Casabianda berichtet; in Château
d'Anne wurden die Kranken in der Syphilisstation des Marnehospitals
untergebracht; der Besen, mit dem man die eitrige Watte und die Ver-
bandsstoffe auffegte, diente auch dazu, den Speisetisch abzufegen.

"Bei all diesen Schweinereien", so fährt das Gutachten wörtlich
fort, "gehört es aber zum guten Ton in Frankreich, jeden deutschen
Gefangenen – wie in den Aussagen immer wieder festgestellt wurde –
mit *"sale boche"* (dreckiger Boche) und *"cochon"* (Schwein) zu titulieren.
Und es muß wiederholt werden, daß sich auch Ärzte und Schwestern
daran beteiligten. – Das sexuelle Moment tritt ganz besonders hervor,
und Vergewaltigungen und Notzuchtsversuche wurden von Schwarzen
und sogenannten gebildeten Franzosen verübt. Aus der Fülle des
Beweismaterials sei hier nur einiges hervorgehoben: Die Berichte des

Notars Reiffel aus Altkirch im Elsaß, des Professors Kannengießer in seiner Broschüre: "Leidensfahrten verschleppter Elsaß-Lothringer, von ihnen selbst erzählt", und namentlich die Berichte des Grafen Pückler, Oberleutnant der Reserve und Legatationsrat a. D., die alle die französischen Grausamkeiten in ruhiger, sachlicher Weise und darum um so eindringlicher und beweiskräftiger schildern.

Von den in Frankreich zu Beginn des Krieges zurückgehaltenen und aus Elsaß-Lothringen verschleppten deutschen Zivilpersonen befanden sich am 1. Februar 1917 noch 5913 Männer, 315 Frauen und 218 Kinder, im ganzen [6446] Personen, in französischen Lagern.

Die Vereinbarungen wegen Austausches der Zivilgefangenen waren von der französischen Regierung nicht eingehalten worden, so daß deutscherseits Repressalien ergriffen werden mußten.

Selbst auf dem Heimtransport zum Austausch fanden noch Roheitsdelikte statt. Tagelange Eisenbahnfahrten bei Winterkälte in ungeheizten Zügen, schonungsloses Antreiben bei Fußmärschen, mangelhafte Ernährung und andere fahrlässig oder absichtlich herbeigeführte Mängel bildeten den Abschluß der Leiden in den Interniertenlagern Frankreichs.

Wie kennzeichnete sie Hervé?

**"Wie Vieh hat man die Deutschen behandelt bis zum letzten französischen Bahnhof!"**

# 3

## Schandtaten der Franzosen an der Front

*Frankreich und das Kriegsrecht – Schandtaten an der Front* betitelte sich eine Denkschrift des Deutschen Reiches aus dem Jahre 1919. Sie brachte eine Auslese der "humansten" Taten der "Grande Nation". Aus ihr erfuhr man, was die Grabensäuberer der französischen Armee für eine Aufgabe hatten und wie gewissenhaft sie sie durchgeführt haben. Man kannte im Pariser Kriegsministerium den Ausdruck für sie, *"Nettoyeurs"*, sehr gut, auch die Wörtchen, die ihre Tätigkeit bezeichneten, *"feuilleter"* und *"zigouiller"*, sind dort geprägt worden. Sie stellten Begriffe dar, die für den deutschen Soldaten im Kampfe unfaßbar sind. Was die deutsche Denkschrift an sadistischen und grauenhaften Dingen in vielen Zeugnissen schildert, hatte man in Paris so gewollt und gefördert.

Wir haben schon 1870 unsere Erfahrungen damit gemacht. In einem Runderlaß an die Missionen des Norddeutschen Bundes vom 9. Januar 1871 führte Bismarck zum Schluß aus: "Die von den Turkos und Arabern an den Verwundeten verübten Grausamkeiten und geschlechtlichen Ausschreitungen sind ihnen selbst nach dem Grade ihrer Zivilisation weniger anzurechnen, als einer Regierung, welche diese afrikanischen Horden mit aller Kenntnis ihrer Gewohnheiten auf einen europäischen Kriegsschauplatz führte."

Bismarck zitierte dann einen Aufruf der *Indépendance Algérienne,* in der die afrikanischen Truppen, die Gums, aufgefordert wurden, den deutschen Gefangenen die Köpfe abzuschneiden.

Geheimrat Meurer, der den Erlaß in seinem Gutachten mit anführte, setzte in bitterem Tone hinzu: "Das hat sich nun in erschreckendem Maße im Weltkrieg wiederholt, wo die 'fortgeschrittenen Nationen' erklärten, die 'heilige Aufgabe der Zivilisation' übernehmen zu müssen. Gurkhas, Sikhs und Panthans, Spahis, Turkos, Gums, Marokkaner und Senegalesen füllten die französischen und englischen Linien von der Nordsee bis zur Schweizer Grenze und verübten unter den Augen der obersten Heeresleitung der Entente Greueltaten, die nicht nur den anerkannten Kriegsbräuchen, sondern auch aller Gesittung und Menschlichkeit hohnsprachen."

Aber es waren ja nicht nur die farbigen Hilfsvölker Frankreichs allein, die solchen barbarischen Kampfesmethoden huldigten, auch die weißen französischen Truppen haben genug davon auf dem Gewissen, wie die deutsche Veröffentlichung in einer Fülle von Erlebnissen unserer Feldgrauen beweist, und schließlich war es nicht nur 1870 und im Weltkrieg so – von den Schandtaten des Generals Turenne in der Pfalz bald nach dem Dreißigjährigen Kriege bis zur letzten Auseinandersetzung mit Frankreich ziehen sich wie ein blutiger Faden die traurigsten Erfahrungen Deutschlands mit der französischen "Humanität".

Der holländische Kaufmann Viktor Schnur, kath. Konfession, in Brügge wohnhaft, hat über die "Kultur"taten der Farbigen, die auf französischer Seite im Weltkriege fochten, folgendes zu Protokoll gegeben (entnommen dem Buche: *Der deutsche Krieg und der Katholizismus. Abwehr deutscher Katholiken gegen französische Anklagen*):

"Ich sah nordafrikanische Goumiers ... einer zog aus seiner weißen Hose eine Schnur heraus, an der sich stinkende Fleischfetzen befanden. Er hob diese stolz in die Höhe und zählte die einzelnen Fetzen bis zur Zahl 23. Dabei erzählte er mir, es seien dies von allen Deutschen, die er erschossen habe, die rechten Ohren, die er als Siegestrophäe in seine Heimat zurücknehmen werde. Ein anderer holte aus seiner Hose einen Kopf mit rotem Haar und Stoppelbart hervor, der am Halse schief angeschnitten war, und sagte, dies sei der Kopf eines deutschen Soldaten. Die Augen waren halb offen und voll Sand..."

Eine Deutsche, Klare Schneider, welche seit 1906 in Frankreich wohnte, berichtete über ihre Erlebnisse im Gefangenenlager Périgueux (Gutachten Meurer):

"Hier stand ich eines Tages mit anderen Gefangenen hinter dem eisernen Gittertor und kaufte mir Obst durch das Gitter; ein Turko kam von der Straße heran und fragte, ob wir auch Fleisch kaufen wollten; ich bejahte, worauf er aus der Seitentasche seines großen Umhangs eine Schnur herauszog, an der sechs bis acht Menschenohren hingen. Er gebrauchte die Worte *'Voilà les boches!'* und erzählte auch, daß er und andere französische Soldaten deutschen Verwundeten die Hälse abgeschnitten hätten."

Obige Aussage ist der Denkschrift des Auswärtigen Amtes *Völkerrechtswidrige Verwendung farbiger Truppen auf dem europäischen Kriegsschauplatz durch England und Frankreich* entnommen (Anlage 3). Daselbst auch (Anlage 4) befindet sich ein Auszug aus dem Tagebuch eines gefallenen Franzosen:

"Einmal kommt auch ein Hindu zu Pferde daher. Er bewahrt in seinem Futtersack Ohren von schmutzigen Boches. Es macht ihm Spaß, sie uns Franzosen zu zeigen, und er freut sich dabei wie ein Gott."

Auszug aus dem Feldpostbrief eines gefallenen Franzosen (Anl. 5):

"Die afrikanischen Truppen sind wunderbar, aber barbarisch. Ein Turko hatte neulich den Kopf eines Deutschen in seinem Sack, ein anderer trug ein Halsband von abgeschnittenen Ohren!"

Aus dem Tagebuch eines gefallenen französischen Hauptmanns (Anl. 6):

"Einige Marokkaner kommen noch vorbei. – Einer von ihnen hat, so scheint es, in seinem Futtersack sechzehn Ohren von Boches; ein anderer ist an der Hand verwundet. Jemandem, der ihn fragt, wer ihm die Wunde beigebracht hat, antwortet er: 'Dieser hier!' und zieht aus seinem Futtersack einen abgeschnittenen Kopf hervor. Es kostete Mühe, ihn zu veranlassen, sich davon zu trennen."

Eine deutsche Sprachlehrerin, Susanne Ulrich, die nach der Kriegserklärung in Provinc bei einer französischen Familie weilte, die für sie gutgesagt hatte, erzählte über ihren Besuch auf dem Schlachtfelde am 29. Dezember 1914 folgendes:

"Auf dem Schlachtfelde waren viele Marokkaner und Senegalneger. Diese schnitten unseren Toten die Ohren ab und hängten sie als Siegestrophäe um den Hals. Am schlimmsten haben die Farbigen nach der Schlacht bei Montmirail gehaust, wo die Deutschen schwere Verluste hatten. Ein französischer Dragoner-Oberstleutnant, der mich für eine Französin hielt, erzählte mir, er habe absichtlich einen Transport von zwanzig deutschen Gefangenen vier Senegalnegern übergeben, weil er deren Blutdurst kenne. Von diesen zwanzig sei denn auch nur ein einziger an seinem Bestimmungsort angekommen. Er sagte noch: 'Die andern haben sie erstochen oder erschlagen – vielleicht auch gefressen, denn die Deutschen hatten alle Bierbäuche."

Ein deutscher Sanitätsfeldwebel berichtete (Anlage 10), wie man die Leiche eines deutschen Soldaten ohne Rock, Stiefel und Waffen angetroffen habe:

"Die Leiche wies in der rechten Hüfte, mehr nach vorn, einen Schuß auf, die Kehle war glatt durchschnitten, die Ohren waren abgeschnitten und nicht zu finden. Auf der rechten Backe hatte die Leiche zwei Schnittwunden von zwölf und drei Zentimeter Länge, auf der linken Backe eine klaffende Wunde von 20 Zentimeter Länge. Ein weiterer Schnitt befand sich am Kinn und schließlich noch einer am Hinterkopf. Ich hatte den Eindruck, als ob versucht worden wäre, das Kinn abzuschneiden."

In der Anlage 12 wird erzählt, wie ein leichtverletzter Zuave, nachdem er sich kriechend herangeschlichen, einem deutschen Schwerverwundeten beide Augen ausgestochen habe. Er wurde dann von den zugekommenen Deutschen erschossen.

Der Auszug eines bei einem belgischen Soldaten vorgefundenen Briefes an seinen Bruder lautet in der Übersetzung:

"Da bin ich mit drei Mann von meiner Kompanie in das Lager geraten, wo sich die indischen Truppen befanden. Dort hielt man uns für Bayern, und wir hatten es nur einem ihrer Führer zu verdanken, daß wir nicht abgeschlachtet wurden. Das sind ja schreckliche Wilde, Menschen von unglaublichen Gewohnheiten! Ich habe mit eigenen Augen gesehen, wie sie deutsche Soldaten abschlachteten. Diese Kerle schneiden ihren Gefangenen einfach die Köpfe ab, als müßte das nur so sein. Sie sind alle mit großen Messern und Dolchen bewaffnet. Manche haben sogar Hämmer, um ihren Gefangenen damit die Schädel einzuschlagen. Kurz, es war einfach fürchterlich mit anzusehen. Ich glaube, daß so etwas noch nicht einmal im Balkankrieg, von dem doch so viel Greuliches berichtet wurde, vorgekommen ist. Die Deutschen sind ja zwar unsere Feinde, aber es sollte doch etwas mehr Menschlichkeit auf dem europäischen Festlande herrschen."

In der Anlage 14 wird berichtet, wie ein deutscher Verwundeter, der sich in einer Scheune verbinden lassen wollte, von Zuaven von hinten gefaßt und zu Boden gerissen wurde:

"Einer der Leute holte ein Messer oder einen Dolch aus der Tasche und stieß damit, während die andern drei mich festhielten, in mein rechtes Auge. Ich spürte sofort einen furchtbaren Schmerz, als werde mir das ganze Gesicht gespalten, und wurde ohnmächtig. Als ich nach einiger Zeit aufwachte, waren die vier Leute verschwunden. Ich entsann mich sofort der Vorgänge, faßte nach meinem Auge und bemerkte zu meinem Entsetzen, daß auch das linke Auge ausgelaufen war."

Der ärztliche Befund und eine erschütternde Abbildung des Genannten sind beigegeben.

Ich habe diese Greuel hier nach der Zusammenstellung gebracht, wie sie das für den Dritten Untersuchungsausschuß des Deutschen Reichstages gefertigte Gutachten des Geheimrats Prof. Dr. Meurer brachte. Der Ruf dieses bedeutenden Gelehrten des internationalen Rechts an der Rechtsfakultät der Universität Würzburg läßt wohl jeden Verdacht aus, daß in seinem Gutachten auch Phantastereien mit aufgenommen sind.

Auch in dem Buche: *Pariser Selbsterlebnisse* von Dr. Baracs-Deltour wurde ein Fall erzählt, wo ein Schwarzer mit einer Schnur voll abgeschnittener Menschenohren herumlief.

In einem französischen Lazarett bei Soissons war ein kriegsgefangener deutscher Arzt beschäftigt, der zur Zufriedenheit seiner französischen Kollegen arbeitete und sich auch gut mit ihnen verstand. Aber in demselben Lazarett lag auch ein verwundeter Neger, der eines Tages dem deutschen Arzt die Kehle durchschnitt und den Kopf triumphierend dem Chefarzt vor die Augen hielt. Der Vorfall erregte peinliches Aufsehen.

Und nun ein Strauß von "humanen" Betätigungen schwarzer und weißer Franzosen auf dem Schlachtfelde aus dem eingangs erwähnten Buche: *Französische Schandtaten an der Front:*

**(Anl. 1):** Emil Dehmel, Soldat, sah, als er verwundet auf dem Schlachtfelde lag, wie "schwarze Franzosen verwundeten Deutschen einfach den Hals durchschnitten und sie dann aller Habseligkeiten beraubten."

**(Anl. 2):** Jäger Schmidt bekundet: "Ich habe mit eigenen Augen gesehen, daß die nachfolgenden Franzosen sämtliche in ihre Hände noch lebend gefallenen Deutschen, soweit ich sehen konnte, mit dem Bajonett erstachen oder niederschossen. Erst ein hinzukommender Sergeantmajor machte dem Treiben ein Ende."

**(Anl. 5):** Gefreiter Raabe: "Ich habe dann gesehen (bei Pierre-Morains am 11. September 1914), wie diese drei Franzosen meinen Kameraden von der 5. Kompanie von oben durch Bajonettstiche ins Genick am Boden festspießten und hinterher das Gewehr abschossen."

**(Anl. 6):** Musketier Albert Fulda: "Der Offizier, der uns gefangennahm, erklärte sofort, er würde keinen Gefangenen machen und erschoß mit seinem Revolver sieben oder acht deutsche Kameraden."

**(Anl. 7):** Unteroffizier Kuhlen: "Am 22. Februar 1915 wurde ich bei Ripont mit noch etwa zehn Kameraden gefangengenommen. Wir

wurden durch die französische Stellung geführt. Hinter dieser befahl uns ein französischer Adjutant, das Koppel zu lösen. Etwa vier
meiner Kameraden, die Armschüsse hatten, konnten diesem Befehl
nicht nachkommen. Während der Adjutant den Befehl gab, hantierte
er dauernd mit seinem Revolver unter drohenden Gebärden vor uns.
Zuerst hielt er mir den Revolver vor, er schoß aber nicht, da ich den
Leibriemen sofort löste. Als er vor die vier Verwundeten kam, hielt er
auch diesen den Revolver vor; da sie aber infolge ihrer Verwundung den
Leibriemen nicht lösen konnten, schoß er sie nieder, den einen nach
dem andern, ohne weiter noch etwas zu sagen, sofort, ohne überhaupt
eine Pause eintreten zu lassen. Drei Mann blieben dabei tot, der vierte
wurde schwer verwundet."

(Anl. 8): Unteroffizier Pfaller, am 9. Mai 1915 bei Arras gefangen:
"Der Offizier und ein Sergeant gingen dann von der Gruppe, bei der ich
war – es werden dies ungefähr dreizehn Mann gewesen sein – auf eine
rechts von uns im Graben stehende Gruppe von sechs Kavalleristen –
dieselben waren Angehörige des 7. Chevauleger-Regiments in Straub-
ing in Bayern und gleich uns als Infanteristen zur Grabenbesetzung verwendet – zu; dort angekommen zog der Sergeant seinen Revolver und
schoß auf eine Entfernung von etwa eineinhalb Meter je einen Schuß
auf die sechs Mann ab. Von ihnen fielen fünf sofort tot zur Erde nieder,
während der sechste, der eben eine Wendung nach rückwärts machte,
um davonzulaufen, in den Kopf getroffen wurde und ebenfalls, aber
nur bewußtlos, umfiel. Der französische Offizier hatte diese ganze Tat
des Sergeanten mit angesehen; er hatte ihm zwar keinen Befehl gegeben,
zu schießen, aber auch keinen Gegenbefehl, es zu unterlassen, sondern
nur spöttisch gelächelt, als der Sergeant einen nach dem andern der
Kavalleristen, welche vollständig wehrlos waren und keine Waffe mehr
in der Hand hatten, niederschoß."

(Anl. 13): Musketier Göbel: "Aber schon auf dem Transport
schossen die betrunkenen Franzosen hinter uns her und töteten drei
von unseren Leuten."

**(Anl. 15):** Soldat Rauschenberg: "Ferner konnte ich genau fest-stellen, wie schwarze und weiße Soldaten, Franzosen gemischt, sämtliche verwundete und nicht verwundete deutsche Soldaten, die ihnen in die Hände fielen, erbarmungslos töteten."

**(Anl. 17):** Landsturmmann Schulze: "Als wir schon in Gefangen-schaft geraten waren und uns in der französischen Reservestellung befan-den, wo wir uns ohne Waffen und Ausrüstungsgegenstände aufhielten, kam ein französischer Offizier auf uns zu und warf ohne jeden Grund eine Handgranate zwischen uns. Der eine von uns wurde sofort getötet, der andere so schwer verwundet, daß er nicht weitergehen konnte. Ich selbst bin nur mit einer leichten Verwundung davongekommen."

**(Anl. 21):** Oberarzt d. R. Lüders: "In Cholet erzählte mir Leutnant Zeidler vom Inf.-Rgt. 86: Leutnant Schwede, Kompanieführer 12/86, hat mir im Lazarett zu Paris berichtet, daß er nach seiner Gefan-gennahme bei Belloy am 6. September 1916 von einem französischen Offizier wegen seiner langen Verteidigung zur Rede gestellt und dann mit einem Revolver durchs Gesicht geschossen und von einem franzö-sischen Soldaten mit einem Bajonett bearbeitet sei. Leutnant Schwede ist an den Folgen dieser Behandlung kurz darauf im Lazarett zu Paris gestorben."

Derselbe Fall wird bestätigt durch den Sanitätssergeanten Heßlau: **(Anl. 20):** "Die Mannschaften hatten sämtlich die Waffen abgelegt, nur Leutnant Schwede trug nur noch ein kurzes Seitengewehr am Leibriemen. Ein französischer Hauptmann unterhielt sich laut und aufgeregt mit Leutnant Schwede in französischer Sprache, versetzte ihm plötzlich einen Säbelhieb über den Kopf und schoß ihn mit der Pistole in die Mundhöhle. Das Geschoß kam aus der Backe wieder heraus; weitere Wahrnehmungen konnte ich nicht machen, da ich abgeführt wurde."

**(Anl. 22):** Sanitätsunteroffizier Schimmler: "Auf dem Rücktrans-port habe ich gesehen, daß Schwarze deutsche Schwerverwundete, die noch lebten, einfach zuschütteten."

(Anl. 30): Soldat Franzus, gef. am 9. 10. 17: "Bei der Beschießung vor dem Angriff hatte der Musketier Konrad Olschowsky, 1. Komp. I.-R. 58, einen Granatsplitter erhalten, der ihm eine schwere Wunde an beiden Beinen beibrachte. Wir wollten ihn mitnehmen, um ihn zu retten. Da starke Beschießung von seiten der unseren war, hinderten uns die Franzosen, ihn mitzunehmen, und während er zappelnd lag, trat ein französischer Infanterist heran und schlug den liegenden Olschowsky mit dem Kolben, so daß er sofort tot war. Ich habe es selbst gesehen."

(Anl. 32): Unter seinem Eide sagte der französische Kriegsgefangene Goldmann, von Geburt Ukrainer, bei Ausbruch des Krieges als Student in Lüttich und später von den Franzosen zum Heeresdienst eingezogen – er lief dann zu den Deutschen über – folgendes aus: "Bei beiden französischen Regimentern, bei denen ich gedient habe, habe ich erlebt, daß deutsche Gefangene von Franzosen erschossen wurden, ohne daß die französischen Offiziere dagegen einschritten. Ich habe sogar gehört, wie Offiziere sagten: *Vous pouvez les tuer!*"

(Anl. 34): Grenadier Kretz, gef. am 9. 5. 15: "Kurz nach der Gefangennahme kam ein französischer Offizier vom Jäger-Rgt. 21, ließ die Franzosen wegtreten und schoß auf mich und meinen Kameraden, die wir noch unverwundet waren, seinen ganzen Revolver ab, wodurch mir der rechte Fuß und der rechte Daumen abgeschossen, der kleine Finger angeschossen und das linke Knie durchschossen wurde. Mein Kamerad erhielt einen Bauchschuß. Darauf wurden wir allein gelassen. Meine Kameraden versuchten im Graben Anschluß an eine andere Kompanie zu bekommen. Was aus ihnen geworden ist, weiß ich nicht."

(Anl. 40): Vizefeldwebel Rediker, 2. Komp. Res.-I.-R. 91: "Am 6. September 1914 wurde ich in der Marneschlacht während des Gefechtes bei Boissy le Repos bei Charleville, westlich von Paris, durch Kopfstreifschuß, Halsschuß, Schuß durch den rechten Oberarm, Schuß durch das rechte Schulterblatt und Schuß durch den rechten Oberschenkel als Führer der 11. Kompanie R.-I.-R. 91 verwundet und geriet am 8. September in französische Gefangenschaft, da sich unsere Truppen zurückzogen.

Mit mir wurden noch etwa 65 Schwerverwundete gefangengenommen. In einem französischen Feldlazarett wurden wir verbunden und dann durch einen Kraftwagen nach Esternay geschafft. Während dieser Fahrt fing unsere Leidenszeit an. In allen Ortschaften wurden wir vom Publikum mit Steinen beworfen, beschimpft und bespuckt. In Esternay angelangt, wurden wir auf den Bahnsteig geworfen und blieben dort elf Stunden trotz unserer teilweise sehr schweren Verwundungen liegen. Es regnete dabei.

Während dieser Zeit wurden wir in geradezu bestialischer Weise von betrunkenen Soldaten gequält. Neben mir lag ein sehr schwer verwundeter Mann, welchen die Franzosen für einen deutschen Hauptmann hielten. Dieser wurde buchstäblich zu Tode gequält, gepufft, gekniffen, mit Füßen getreten. Ich konnte die Martern des Schwerverwundeten nicht lange mit ansehen und mußte mich abwenden.

Jedesmal, wenn der Unglückliche aufstöhnte, erhob sich ein wahres Triumphgeheul. Erst als die Franzosen merkten, daß er gestorben war, ließen sie von ihm ab."

(Anl. 44): Flieger Harm Fokken: "...vorher sah ich noch, wie ein unweit von mir liegender älterer deutscher Infanterist mit schwerem Schultergranatschuß von zwei Feinden in die Seite getreten wurde. Er bewegte sich noch, und von den nachfolgenden Feinden durchbohrten ihn zwei mit dem Bajonett. Das waren weiße und gelbe Franzosen durcheinander."

(Anl. 46): Leutnant d. R. Melcher: "Ein Oberleutnant des Franz-Garde-Grenadier-Regiments wurde im Oktober vorigen Jahres am Chemin des Dames von den Franzosen gefangengenommen und wurde dann mitten in der französischen Sturmwelle gewissermaßen als Kugelfang gegen uns mit vorgeführt."

(Anl. 49): Soldat Karl Häuser: "Ich bin am 24. Oktober 1916 in französische Gefangenschaft geraten. Ich war zuletzt in unserer Stellung von einem Leutnant verbunden worden. Der nächste Verband wurde erst am 27. Oktober gemacht, und zwar wurde mir das Bein amputiert. Kurz nach der Narkose schon, als ich wieder aufwachte, kam ein französischer Offizier, um mich zu vernehmen. Weil ich ihm keine Auskunft gab, schlug er mich mit der Hand ins Gesicht, stellte drei Mannschaften mit aufgepflanztem Seitengewehr neben die Holzpritsche, auf der ich lag; als ich dann immer noch nicht aussagte, zog er mich am Arm von der Pritsche herunter, so daß ich mit meinem amputierten Bein etwa ¾ Meter auf die harte Erde hinabfiel, und schleifte mich auf dem Boden entlang vor die Tür der Baracke."

(Anl. 52): Grenadier Karl Menge: "Bei Sompuis wurde mir mein Bein und das linke Knie zerschmettert... Ich habe fünf Tage auf dem Schlachtfelde gelegen und wurde von vorbeikommenden französischen Soldaten nach und nach meiner Sachen beraubt (Rasierzeug, Taschentücher, Hemden, Zigaretten, Zigarren!). Sonst hat sich aber niemand um mich bekümmert."

(Anl. 70): Soldat August Traub: "Hierbei sah ich, wie die von uns unter dem Namen 'Grabensäuberer' (Nettoyeurs) schon bekannte zweite Sturmlinie der Franzosen mit den gefangengenommenen deutschen Verwundeten hauste. Die schwerer Verwundeten, die nicht mehr gehen konnten, wurden in der Hauptsache durch die Armeepistole, teilweise auch mit Handgranaten getötet."

(Anl. 77): Krankenträger Brüdgam: "Es wurden aber noch viele Kameraden, die der Aufforderung, sich zu ergeben, Folge geleistet hatten, von den Franzosen mutwillig erschossen oder erstochen... Alles war im betrunkenen Zustande und lallte dauernd vor sich hin: 'Nix pardon, nix pardon!'... In diesem Laufgraben wurden noch weitere sechs Kameraden um die Ecke gebracht, teils durch Gewehrschüsse, teils durch Handgranaten, u.a. auch Sergeant Bahr durch Kopfschuß."

(Anl. 85): Gefreiter Georg Specht: "Ein betrunkener Alpenjäger erschoß kaltblütig einen schwerverwundeten Kameraden meiner Kompanie."

(Anl. 88): Wladislaus Werner, Tuchel: "Ich habe gesehen, daß die Franzosen etwa zehn wehrlose Deutsche mit Beilpicken erschlagen haben."

**(Anl. 90):** Grenadier Armin Pflugbeil: "Dieser französische Major hat sofort, als er in den Unterstand kam, mit seinem Revolver, den er schon in der Hand hatte, auf Fliegner, Dreißig und Knoll, die schwerverwundet in einer Ecke lagen, je einen Schuß abgegeben. Sie wimmerten nach den Schüssen nicht mehr, woraus ich entnahm, daß der Major sie getötet hatte."

**(Anl. 107):** Gefreiter Eduard Janssen: "Beim Abtransport wurden uns von den französischen Soldaten sämtliche Wert- und sonstigen Sachen abgenommen. Als wir uns auf dem Wege zur Division befanden, warfen französische Soldaten Handgranaten unter uns, wodurch viele Kameraden gefallen sind. Nach meiner Schätzung sind dabei mindestens dreißig Kameraden ums Leben gekommen."

**(Anl. 113):** Soldat Peter Kauertz: "Trotzdem unsere Verwundeten riefen: 'Pardon, verwundet!' warfen die (weißen) Franzosen Handgranaten unter sie, töteten dadurch noch viele und riefen immer: 'Nix pardon!'"

**(Anl. 114):** Sanitätsunteroffizier Martens: "Als wir uns schon ergeben hatten, legten die Franzosen noch auf jeden an; ein Kamerad (Gefreiter Thiel, R.-Ers.-Regt. 4, 6. Komp.) bekam hierbei einen Kopfschuß und war sofort tot. Ein anderer Kamerad (Unteroffizier Greskowski, ebenfalls von der 6. Komp., Res.-Ers.-Regt. 4) bekam einen Schuß durch den Mund und einen Bajonettstich durch die Brust. Auf mich schoß ein Franzose noch aus 5 Meter Entfernung, trotzdem ich die Rote-Kreuz-Binde trug. Ich wurde an der rechten Seite verwundet. Als ich noch nicht gleich umfiel, legte er noch einmal auf mich an, doch da fiel ich um und er ließ von mir ab."

**(Anl. 124):** Wehrmann Albert Hopp: "Als ich dann mit blutüberströmtem Gesicht auf dem Boden lag, gab noch ein Franzose einen Schuß auf mich ab und verwundete mich am linken Unterkiefer. Dann wurden mir meine Brieftasche und Taschenmesser abgenommen."

**(Anl. 130):** Soldat Albert Rautenberg: "Uhren, Geld und sonstige Wertsachen wurden uns in roher Weise entrissen. Ich sah, wie französische Soldaten und Unteroffiziere in einem Zimmer, in dem wir untergebracht waren, mit dem Kolben ohne jeglichen Grund auf deutsche Schwerverletzte mit aller Wucht losschlugen."

**(Anl. 131):** Wehrmann Albert Ninas: "Ich war verwundet... ein französischer Soldat brachte mir ein Kochgeschirr mit Kot und sagte: Da friß!"

**(Anl. 134):** Gefreiter Johann Twirdy: "Gleich nach meiner Gefangennahme habe ich gesehen, wie ein deutscher Arzt von einem französischen Offizier mit der Reitpeitsche geschlagen wurde."

**(Anl. 135):** Soldat Oswald Ihle: "Ein französischer Offizier schlug mit einem Stock auf meinen verwundeten Arm."

**(Anl. 140):** Krankenträger Franz Andreas: "Ich war verwundet... als ich mit sieben anderen verwundeten Kameraden gerade in einem Straßengraben ausruhte, kam ein französischer Offizier und schlug mich mit seiner Reitpeitsche fünfmal heftig auf den Rücken."

**(Anl. 141):** Infanterist Scheuerer: "Der französische Offizier versetzte, während der französische Infanterist mir die Uhr entriß, meinem verwundeten Kameraden mit einem Hakenstock 10 bis 12 wuchtige Schläge auf den Rücken."

**(Anl. 144):** Krankenträger Kurt Schmidt: "Bei einem gefangenen Kameraden bekam ein französischer farbiger Soldat den Fingerring nicht sofort herunter, infolgedessen schnitt der Franzose den Finger ab und steckte den Ring ein."

**(Anl. 152):** Gefreiter Wilhelm Dickeduisberg: "Auf einer Station vor Issoudun hielt der Transportzug, es kamen hier zwei Neger in einem Auto vorgefahren. Der eine hatte über der Brust an einem Brotbeutelband eine Reihe Menschenohren befestigt, während der andere in seinem Brotbeutel einen Menschenkopf mit einem deutschen Helm trug. Die Deutschen, an deren Wagen die beiden Neger vorbeikamen, mußten sich vor ihnen verneigen."

Bei dieser Gelegenheit mag auch die Erinnerung an den **Fall Orchies** einmal wieder aufgefrischt werden. Am 30. September 1914 berichtete der Chef des Feldsanitätswesens v. Schjerning an den Kaiser:

"Vor einigen Tagen wurde in Orchies ein Lazarett von Franktireurs überfallen. Bei der am 24. September gegen Orchies unternommenen Strafexpedition wurden zwanzig beim Gefecht am vorhergehenden Tage verwundete Deutsche grauenhaft verstümmelt aufgefunden. Ohren und Nasen waren ihnen abgeschnitten, und man hatte sie durch Einführen von Sägemehl in Mund und Nase erstickt. Die Richtigkeit des darüber aufgenommenen Befundes wurde von zwei französischen Geistlichen unterschriftlich bestätigt. Orchies wurde dem Erdboden gleichgemacht."

Der **französische** Schriftsteller Henri Barbusse berichtete in seinem Buche *Tatsachen* unter der bezeichnenden Überschrift: "Es war nicht ein Meuchelmord, es waren tausend!" wie der Leutnant Béranger vom 3. Infanterieregiment sich nach dem Kriege in einem Café seiner Heldentaten an der Front rühmte. Er habe mit Stolz davon gesprochen, daß er deutsche Verwundete mit einem Gewehrkolben totgeschlagen hatte. Aber der Bataillonschef Mathis, der Garnisonkommandant von Cagnes, hatte zwei Tressen mehr als der Leutnant Béranger, also war es etwas Natürliches, daß er Besseres zu erzählen wußte. Und er erzählte: "Ich stand während der Februaroffensive bei Fleury. Wir machten in der Schlucht von Poudrière zweihundert deutsche Gefangene. Nach dem Gefecht ließ ich die zweihundert Gefangenen in zwei Reihen antreten; zwanzig ließ ich dann aus dem Glied treten und befahl den hundertundachtzig anderen, wieder in den Graben zu steigen. Die sollten 'zigouilliert' werden. Meine Leute wollten erst nicht recht, aber auf meinen ausdrücklichen Befehl stürzten sie sich auf die Gefangenen... Alle wurden niedergemetzelt. Dann ließ ich die zwanzig Übriggebliebenen zurückführen.

Mein Oberst fragte mich: 'Ich dachte, Sie hätten ein Bataillon Gefangene gemacht?'

Ich antwortete: 'Ich habe zweihundert Gefangene gemacht, aber einhundertachtzig sind in dem Graben geblieben, aus dem sie nie wieder heraussteigen werden.'" –

Von Frankreich wurde uns der Fall des deutschen Generalmajors Stenger entgegengehalten, der den Befehl gegeben haben soll, keine Gefangene in einer gewissen Schlacht zu machen. Stenger stand auch vor dem Reichsgericht als "Kriegsverbrecher", wurde aber freigesprochen, weil er den Befehl tatsächlich nicht gegeben hatte. Der **französische** Schriftsteller Demartial äußerte sich in seinem Buche: *Die Mobilmachung der Gewissen* zu der *"affaire Stenger"* wie folgt: "Aber da geschah es, daß bei den ersten Stimmen, die über den Leipziger Prozeß laut wurden, ein Franzose aufstand, Gouttenoire de Toury. Er war Kavallerieoffizier und hatte verlangt, zur Infanterie versetzt zu werden. Kurze Zeit darauf wurde er verwundet und es mußte ihm ein Bein abgenommen werden. Auf der ersten Seite der *"Humanité"* klagt er mit erschreckender Sachlichkeit einen französischen General an, genau das gleiche Verbrechen, wie es dem deutschen General vorgeworfen wird, selbst begangen zu haben, und schließt mit folgenden Worten: 'Indem die französische Regierung die Verhandlungen gegen den deutschen General Stenger fordert, verkündet sie – und dafür drücken wir unsere Dankbarkeit aus –, daß es ein Verbrechen ist, keine Gefangenen zu machen. Am Vorabende des Angriffes vom 25. September 1915 im Artois hat der französische General Martin de Bouillon, Kommandeur der 13. Infanterie-Division, das gleiche Verbrechen begangen und des klage **ich** ihn somit an.'"

Diese Aufdeckung hat noch weitere herbeigeführt. Soldaten, die unter diesem General gestanden hatten, kamen, um den gegebenen Befehl zu bestätigen und bezeugten, daß er auch ausgeführt worden ist.

Der Stabsarzt Köchlin erklärte, daß der gleiche Befehl bei gewissen Regimentern in der Champagne gegeben worden war, wo eine andere große Offensive stattgefunden hatte, dabei war das 52. Kolonialregiment dem Befehl mit besonderem Eifer gefolgt, ferner, daß der Oberst Petitedemange diejenigen Gefangenen, die trotz seines Befehls durch die Wellen der Angreifenden herumirrten, sammeln und mit Granaten töten ließ; mehr noch: man habe einen Sanitätsposten ganz niedergemacht, Verwundete, Sanitäter, Ärzte; man hat absichtlich, beiläufig während vier Tagen, hundert deutsche Gefangene ohne Pflege gelassen, ohne Nahrung, ohne Wasser, ohne Dach, bloß unter freiem Himmel usw.

Der Abgeordnete **Renaud Jean** wußte zu berichten, wie auf dem Mont Moret, fünf Kilometer von Vitry-le-François, etwa hundert verwundeten deutschen Gefangenen am Abend des 18. September 1914 der Garaus gemacht worden war. *(Humanité* vom Juli und vom August 1921.)

Ein ganzes Kapitel wäre noch zu schreiben über die Ausplünderung deutscher Gefangener, die im französischen Heere mit *"feuilleter"* (Durchblättern) bezeichnet wurde. Dieses Durchblättern, berichtete Dr. Gallinger in der *Gegenrechnung* (Heft 6 der *Süddeutschen Monatshefte* 1921), bestand in einem Raub alles dessen, was nicht niet- und nagelfest war bis auf das letzte Taschentuch. Darum mußten auch viele Gefangene, wie ich selber gesehen habe, selbst im strömenden Regen Röcke und Stiefel ausziehen, um zu beweisen, daß sie auch alles hergegeben hatten.

"Ich habe vier Jahre an der Front gestanden", fuhr Dr. Gallinger dann fort, "und ich habe infolgedessen viele Gefangene gesehen, niemals und nirgends jedoch eine solche Plünderung, wie sie auf feindlicher Seite als selbstverständliches Kriegsrecht bezeichnet wurde."

Wie handelt der deutsche Soldat? Der **französische** Lehrer Wullens erzählte in seiner Revue *Les Humbles* folgendes Erlebnis:

"Ich lag in einem verpesteten Wassergraben – das Bein war mir durch eine Kugel zerschmettert, auf meinem einzigen gesunden Arm hielt ich mich krampfhaft hoch, um nicht zu ertrinken, als ich württembergische Soldaten im Gefechtsangriff in meine Richtung stürmen sah. Die Bajonette am Lauf, brüllten sie alle wie im Rausch. Der Soldat, der mir am nächsten war, hielt schon die blitzende Waffe hoch – aber... reichte mir seine helfende Hand."

# 4

## Die Behandlung der kriegsgefangenen deutschen Offiziere

Worüber beschwerten sich die französischen Offiziere in Deutschland? Nach dem *Régime des prisonniers de guerre* von Louis Renault über unzureichende Menüs und Eintönigkeit der Nahrung, über die Universalsoße, die man in Neiße "Omnibus" getauft hatte, über die "bloß abgekochten" Kartoffeln oder das "bloß abgekochte" Fleisch, über die Wurst, die noch schlechter gewesen sei als im Frieden, über das Fehlen von Getränken usw. Doch stellt das *Régime* trotz verschiedener Einzelbeanstandungen fest, daß die schlimmsten Leiden der französischen Offiziere in Deutschland moralischer Art gewesen seien. Sie beklagen sich über das *"milieu violemment hostile"*, über tyrannische Aufsicht, zu viel Appells und die Neugier der Bevölkerung, die sie mit dem Opernglas gemustert hätte; in Halle hätte sich ein Oberstleutnant auch einmal zu dem Ausruf verstiegen: "Diese Taugenichtse von Offizieren der Republik *(voyous d'officiers de la république)."*

Dagegen war in Frankreich nach dem *Régime* alles herrlich, und die Lage der deutschen Offiziere wird in den glänzendsten Farben geschildert. Sie seien in Schlössern, befestigten Plätzen und alten Klöstern untergebracht, in geräumigen, gut beleuchteten und geheizten Zimmern, in schönen Gegenden mit der Möglichkeit weiter Spaziergänge, also im allgemeinen vortrefflich.

Demgegenüber erhob die deutsche Denkschrift: *Deutsche Kriegsgefangene in Feindesland. Amtliches Material. Frankreich 1919* aber folgende Anklagen:

**St. Angeau:** Lager ein altes Schloß aus dem 15. Jahrhundert, das schon seit einer Reihe von Jahren nicht mehr bewohnt wird und voll Ungeziefer steckt. Die Räume sind feucht, der bauliche Zustand schlecht. Als Lagerstätte dienen verwanzte Strohsäcke, Schränke und Kleidergestelle sind nicht vorhanden, auch keine Tische, statt dessen Kinderschulbänke mit je vier Sitzen für etwa 20 Mann. Keine Badegelegenheit. "Was braucht man im Winter zu baden", sagt der Kommandant auf die Beschwerde der Offiziere. Die Abortanlagen sind Hockaborte ohne Wasserspülung von primitivster Einrichtung. Das Chlor zum Desinfizieren müssen die Offiziere selbst bezahlen. Im Arrestraum steht wie üblich auch der Abortkübel; Lüftung aber fast nicht, auch Beleuchtung fehlt. Die Behandlung durch den Kommandanten, Capitaine Garnier, und seinen Adjutanten, Oberleutnant Leblanc, ist unwürdig und schikanös. Garnier läßt sich sogar zu tätlichen Mißhandlungen gegen die Offiziere hinreißen. Oberst Bayerlein, der sich über die unwürdigen Verhältnisse beschwert, erhält 15 Tage strengen Arrest. Die französische Regierung stritt diese Tatsache aber in einer Note einfach ab *("aucun colonel n'a été puni")*. Strafen werden ganz willkürlich verhängt. Der französische Senator Codet aus Paris schrieb an seinen in Neiße kriegsgefangenen Sohn über das Lager St. Angeau u.a.: "...es schien, als ob man Repressalien habe ausüben wollen, während es sich in Wirklichkeit aber nur um eine schlechte Organisation handelt. Außerdem war ein Hauptmann aus der Fremdenlegion Kommandant des Lagers." Die deutsche Regierung unternahm Gegenmaßnahmen; worauf es in in Angeau einen neuen Kommandanten gab, der aber den deutschen Offizieren unter Drohungen nahelegte, nach Hause zu schreiben, es ginge ihnen hier gut, damit die französischen Offiziere in Deutschland wieder Erleichterung bekämen. Am 18. Juni 1916 erscheint eine amerikanische Delegation; zu ihrem Empfang werden noch schnell einige Verbesserungen eingeführt. Der französische Oberleutnant Leblanc bemerkte dazu zynisch, das sei doch alles nur Theater, in vier Wochen sei alles wieder beim alten.

**Lager Auch:** Enger Bewegungsraum, keine Heizung, Postschikanen durch den Dolmetscher, nachlässiger Lagerarzt, keine Rücksicht auf Kranke, aber Beschwerden sind verboten. Bei geringen Vergehen gibt es gleich 30 Tage Arrest; Posten schießen grundlos auf Offiziere, ein Leutnant wird auf dem Wege zum Nachtabort von einem Posten ohne Grund mit dem Bajonett verwundet (Oberschenkel). Sonst wie in St. Angeau.

**Lager Caussade,** eine alte Burg aus dem 12. Jahrhundert mit schadhaftem Dach und ohne die notwendigen neuzeitlichen Einrichtungen. Eine in jeder Hinsicht mangelhafte Unterkunft. Unter dem Druck deutscher Gegenmaßnahmen erfolgte die Aufhebung als Gefangenenlager.

Besonderes Lob hat nach dem *Régime* die amerikanische Botschaft der malerischen Lage und gärtnerischen Ausstattung des Lagers von **Fougères** gespendet. Photographien priesen den Platz als vortrefflichen Unterkunftsort, aber das Lager mußte 1916 auf deutsche Vorstellungen hin geräumt werden, weil der Aufenthalt in der Burg ungesund und menschenunwürdig war. In dem Bericht eines deutschen Militärarztes heißt es über Fougères:

"Dieser Ort ist eine mittelalterliche, gut erhaltene Burg mit vier festen Türmen. Wir fanden dort bereits 70 deutsche Offiziere als Gefangene vor. Wir wurden im September 1914 im Turm Raul untergebracht, und zwar bewohnten die deutschen Gefangenen vier Zimmer des Turmes. Wir waren zu 22 in einem Zimmer untergebracht. Der Aufenthalt war ungesund und eines deutschen Offiziers unwürdig. Als Lagerstätte diente ein primitiver Strohsack auf blanker Erde nebst zwei wollenen Decken. Diese wurden uns nach kurzer Zeit genommen, und wir mußten uns aus eigenen Mitteln Decken beschaffen. Wir aßen an grobbehauenen Tischen, als Sitzgelegenheit dienten uns gewöhnliche

Holzbänke. Waschgeschirr mußte sich jeder Kriegsgefangene selbst kaufen, sogar die Latrinen mußten sich die Offiziere selber bauen. Wir unterstanden dem Kommandanten der Burg und dem Kommandanten vom Platz."

Es folgen dann Einzelheiten über die schlechte und einförmige Nahrung. Dann heißt es:

"Der Kommandant (dessen Behandlung übrigens als 'verhältnis-mäßig' gut bezeichnet wird) sagte uns des öfteren, daß das französische Volk wollte, daß wir schlecht behandelt würden und deshalb Erleich-terungen uns nicht gewährt werden könnten. Sobald sich ein deutscher Gefangener auf den Zinnen der Wandelgänge zeigte und von dem Publikum, das auf den gegenüberliegenden Höhen fast ständig versam-melt war, bemerkt wurde, wurden wieder regelmäßig die genannten Schimpfworte *(cochons, sales-wakes)* herübergerufen."

"In der Behandlung der deutschen kriegsgefangenen Offiziere", sagt Geheimrat Meurer, "haben in Frankreich erhebliche Unterschiede be-standen. In den ersten Monaten des Krieges hat es manche Offiziersde-pots und Lagerkommandanten gegeben, die die deutschen Offiziere die Gefangenschaft nicht allzu bedrückend empfinden ließen. Dies änderte sich aber, nachdem der von der französischen Regierung seit Kriegsaus-bruch mit allen Mitteln einer lügenhaften Propaganda hervorgerufene Haß, namentlich gegen die deutschen Offiziere, sich auszuwirken begann.

Die französische Regierung ließ deutsche Offiziere, die kriegsgefan-gen in ihre Gewalt geraten waren, für kriegsrechtlich erlaubte Hand-lungen wie gemeine Verbrecher unterbringen, in Ketten transportieren und zu schweren Zuchthausstrafen verurteilen. In der ganzen Welt sollte der makellose Ruf des deutschen Offiziers geschändet werden, darum suchte man sich besonders gern Offiziere der deutschen Gardere-gi-menter und Träger der Namen bekannter Adelsgeschlechter aus. Alle von deutscher Seite unternommenen Bemühungen, durch Vermittlung neutraler Mächte eine Änderung dieses Verhaltens herbeizuführen, waren zunächst erfolglos. Erklärt wird diese Haltung der französischen

Regierung durch eine Äußerung aus Kreisen, die der französischen Regierung während des Krieges nahegestanden.

Es hieß da: "Daß alles, was Deutschland täte, alle guten Vorschläge, die von jedweder Seite gemacht würden, vollkommen aussichtslos seien. Die französische Regierung wolle Deutschland reizen, damit dort endlich Repressalien ergriffen würden; sie warte nur auf diesen Augenblick, damit sie vor die Welt hintreten könne, daß die Deutschen Barbaren wären."

Es nimmt daher nicht wunder, wenn der behördlich aufgestachelte Haß als Zielscheibe sich gerade die Offiziere auswählte, die sich nicht ohne weiteres der launischen Willkür ihrer Peiniger beugten.

Überaus zahlreich sind die Angaben über Demütigungen und öffentliche Herabsetzungen der deutschen Offiziere, von denen nur einige wenige Beispiele aus der deutschen Denkschrift: *Deutsche Kriegsgefangene in Feindesland. Amtliches Material. Frankreich* angeführt werden sollen:

"Bewachung durch Neger (S. 14), Verbot, den Bürgersteig zu betreten (S. 11), Stillstehen vor Unteroffizieren und Mannschaften (S. 7), Wegnahme von Photographien und kleinen Andenken (S. 15), Duldung von Beschimpfungen durch Anspucken und Bewerfen mit Steinen durch den Pöbel (S. 13, 23), Bestrafung eines Offiziers mit vier Wochen strengen Arrest auf die Meldung eines Postens hin, daß er sich vorübergehend schlecht aufgeführt habe, indem er sich 'wie unter Landsleuten und Kameraden benommen habe' (S. 3)."

In der Verzweiflung ließen sich einige von den deutschen Offizieren zu Auflehnungen gegen ihre Folterknechte hinreißen, was weitere Brutalitäten zur Folge hatte.

Die deutschen Flieger-, Unterseeboots- und Luftschiffoffiziere wurden einer besonderen Behandlung unterworfen. An der Front war die Behandlung sehr verschieden. Es kam vor, daß abgeschossene oder notgelandete Offiziere nicht nur korrekt, sondern sogar zuvorkommend behandelt, während andere sogleich ausgeraubt und mißhandelt wurden.

Aber hinter der Front war fast überall dasselbe festzustellen: Entziehung der Nahrung bis zur Erschöpfung, wochenlanges Einsperren in einer Einzelzelle oder einem Gefängnis, oft ohne Stroh und ohne Decken, Bedrohen mit dem Abschneiden der Hoden und Erschießen, wobei in einzelnen Fällen sogar schon Exekutionstruppen aufmarschierten und die Gewehre fertig machten, Herumführen mit einem um den Hals gehängten Plakat mit der Aufschrift *"Boche aviateur"* in Clermont am 16. Juli 1918 usw. Im Gefängnis in Vitry-le-François wurden Fliegeroffiziere solange in Einzelhaft unter den erbärmlichsten Verhältnissen gehalten, bis sie sich zur Abgabe einer Erklärung bereit fanden, daß sie über ihre Behandlung keine Reklamationen gehabt hätten.

Kennzeichnend für die bei den höheren französischen Kommandobehörden herrschende Meinung, wie deutsche Fliegeroffiziere zu behandeln seien, beweist ein Tagesbefehl der französischen III. Armee aus dem Jahre 1917. In diesem wurde die Tatsache erwähnt, daß zwei französische Fliegeroffiziere sich mit zwei kriegsgefangenen deutschen Fliegeroffizieren unterhalten und ihnen sogar die Hand gereicht hätten. Hieran wurde das Verbot einer derartigen Behandlung und eine Aufforderung zum Haß geknüpft.

Der Kommandeur der 25. französischen Division machte zu diesem Tagesbefehl dann noch einen persönlichen haßerfüllten Zusatz, den ich wegen seines widerlichen Inhalts hier nicht wiedergeben möchte.

**Lager Carcassonne:** Der Schweizer Delegierte stellt am 11. April 1917 die Primitivität der Unterkunftsräume fest. Bewegung gibts nur im inneren Hof, wo die Aborte die Luft verpesten. Die Leutnants Botz und Vogel werden nach einem mißglückten Fluchtversuch mit einem Verbrecher zusammen gefesselt durch Carcassonne transportiert. Leutnant Hertwig versucht zu fliehen, wird jedoch gefaßt und von französischen Unteroffizieren und Mannschaften getreten und blutig geschlagen. Der Capitaine de Cadoudal beteiligte sich mit daran. Die Offiziere werden durch ständiges Umziehenmüssen schikaniert.

Innerhalb sechs Monaten an Strafen 1400 Tage Arrest verhängt bei einem Durchschnitt von 70 Offizieren.

**Lager Clergoux-Sedières:** Ein altes Waisenhaus, vollkommen baufällig, so daß oft Teile der Decke einstürzen. Fenster sind zum Teil zerbrochen und durch Papier ersetzt. Feuchtigkeit, Ungeziefer. Speiseraum wimmelt von Ratten. Abortanlagen Kübelsystem. Kommandant verlangt, nachts einen Abortkübel ins Zimmer zu stellen. Für ein Gesuch um Besuch der Amerikanischen Botschaft erhält der Lagerälteste, Major Wallau, acht Tage Arrest. Ausreißer müssen ihre 60tägige Strafe (davon acht Tage nur bei Wasser und Brot) in dem unheizbaren Arrestraum verbringen, sitzend auf dem Steinfußboden. Sie dürfen keine frische Luft schöpfen – obwohl der Abortkübel, wie gewohnt, mit im Zimmer steht – keine Post empfangen, nicht schreiben. Amerikanische, Schweizer Kommissionen kommen und sehen sich alles an, beanstanden vieles; der französische General Verrand besichtigt das Lager und beanstandet manches, aber geändert wird hinterher kaum etwas. Auf den Protest der deutschen Regierung wird der Kommandant seines Amtes enthoben, die französische Antwort leugnet aber im allgemeinen alles ab oder weicht aus, endlich, am 7. Mai 1917, wird das Lager aufgelöst.

**Lager Entrevaux (Basses Alpes):** Eine alte Vaubanfestung. Steinfußböden, Fenster in dicke Mauern eingelassen und doppelt vergittert, Türen sind von innen nicht zu öffnen, haben Eisenblechbeschlag und ein Guckloch. Keine Stühle, sehr wenig Bänke. Bewegung nur täglich eine Stunde in dem zehn mal zwölf Meter großen Festungshof, der von hohen Mauern umgeben ist, auch die Aborte enthält. Will einer von den Offizieren auf den Abort, muß er so lange klopfen, bis ihm geöffnet wird und wird dann von einem Posten hin und zurück begleitet.

Rauchen war nicht gestattet, Musik und Singen verboten, Zimmerausschmückung untersagt. In den Zimmern stehen zur Nachtzeit die Abortkübel. Die französische Regierung antwortet auf deutschen Protest, daß der Hof den ganzen Tag zur Verfügung stände; der Spaziergang wird dann auf zwei Stunden verlängert, und zwar auf die Zeit von ein bis drei Uhr mittags, wo die größte Hitze herrscht. Erst am 23.

August 1915 wird den Offizieren ein Platz am Berghang eingezäunt, wo sie sich nachmittags von zwei bis fünf Uhr aufhalten können. Dazu Ungezieferplage, Postschikanen. General Verrand selbst findet schließlich die Zustände in Entrevaux derartig, daß er schon vor Anhörung der Klagen der Gefangenen die Aufhebung des Lagers verfügt. Die Offiziere werden abtransportiert, wobei ihnen ein Teil ihrer Sachen gestohlen wird.

**Lager Fougères,** eine mittelalterliche Burgruine; **Lager Sisteron** eine verwanzte Festung, und so fort.

In dem Montanusbuche *Die Kriegsgefangenen in Deutschland* befanden sich Abbildungen von den Unterkünften der fremden kriegsgefangenen Offiziere. Man hatte danach den Eindruck, als ob sie sich in Deutschland zu einer Erholungskur befunden hätten. Man sah sie schwimmen, Tennis und Golf spielen, Kegel schieben und turnen. Im Hintergrunde dieser Sportplätze sah man freundliche helle Häuser, ein anmutiges Schloß, eine neue Kaserne, ein Sanatorium, meist alles in landschaftlich schöner Gegend gelegen. Die Gefangenen selbst machten einen zwar resignierten, aber doch frischen lebenskräftigen Eindruck. Kein Wunder, es fehlte ihnen ja nichts als die Freiheit. Sie litten nicht einmal unter dem Hunger des Volkes, in dessen Gewalt sie sich befanden, weil sie reichlich Lebensmittel aus ihrer Heimat erhielten.

# 5

## Die Kriegsgefangenenläger in Frankreich

Decken wir das Humanitätsgeheuchel weiter auf:

Renaults *Régime* betonte, daß die deutschen Kriegsgefangenen in Frankreich im Anfang des Krieges in Kasernen untergebracht worden seien. Als sich das Bedürfnis steigerte, habe man Baracken gebaut. Nur ausnahmsweise seien die Kriegsgefangenen in Zelte verwiesen worden. Man habe nur die besten Kasernen ausgewählt und auf "Komfort" gesehen. Behördliche Rundschreiben hätten die Gesundheitserfordernisse in den Vordergrund gestellt. Und Cahen-Salvador gab in seinem Buche *Les prisonniers de guerre* Briefe von Gefangenen und Gesandtschaftsberichte wieder, die alle voll des Lobes waren über die Art, wie die deutschen Kriegsgefangenen untergebracht, behandelt und verpflegt wurden. Merkwürdig ist aber nur, daß man in Deutschland keinen einzigen ehemaligen "Prisonnier" antrifft, der von solch einem Leben wie Gott in Frankreich zu erzählen weiß.

Um zuerst ein allgemeines Bild von den Kriegsgefangenenlägern in Frankreich zu bringen, gebe ich den ruhig-objektiven und sehr umfassenden Bericht eines früheren deutschen Lagerführers in seinen wesentlichsten Teilen wieder. Der Verfasser, Studienrat Dr. Schreiner aus Trier, geriet als Vizefeldwebel der Reserve am 6. September 1914 verwundet in Gefangenschaft, wurde bald darauf von seinem Heimatregiment zum Leutnant befördert, was von den Franzosen aber nicht anerkannt wurde; so blieb Leutnant Schreiner in Mannschaftslagern. Der Bericht war eine Eingabe an das Preußische Kriegsministerium, die der Verfasser nach seinem Austausch in der Schweiz aufgesetzt hatte.

"Die Lage der deutschen Kriegsgefangenen in Frankreich ist recht trübe und wird für die seit 1914 Gefangenen mit der fortschreitenden Verlängerung des Krieges verzweifelt. In den meisten Lägern, die ich kenne, behandelten uns die Franzosen mit drückender Härte, stellenweise mit Brutalität. Wohlwollen kennen sie nicht für uns. Eine ausdrückliche Ausnahme muß ich da machen für gewisse Läger in der Bretagne: Ich kenne diese Region nicht, indessen erklärten mir einwandfreie Zeugen, daß die dortigen royalistischen Offiziere die Kriegsgefangenen gut behandelten, und auch die Bevölkerung ihnen nicht übel gesinnt war. Die meisten der in Depots kommandierten Unteroffiziere erblicken in den deutschen Kriegsgefangenen nach wie vor den Feind, über dessen Greueltaten ihre Presse nicht aufhört, sie zu belehren, und der Haß macht sich da, wo die Deutschen nicht auf Wahrung ihrer Würde bedacht sind, und das ist in den meisten Fällen leider nicht der Fall, in einer völlig unwürdigen und verächtlichen Behandlung Luft. Selbst besser Denkende können ihren Widerwillen gegen die 'Boches' nur schwer verhehlen. Am besten kommen unsere Leute noch mit den einfachen Wachmannschaften aus, aus den meist ganz ungebildeten niederen Ständen des französischen Volkes. Da diese unter dem ständigen Druck ihrer eigenen Vorgesetzten seufzen, so verbindet sie mit dem 'Boche' ein unbewußtes Solidaritätsgefühl, und manchmal schauen diese sozial und politisch Entrechteten mit dem Respekt des Schwächeren zu ihren verwegenen und selbstbewußten Gefangenen auf. Diese Scheu vor den Deutschen scheint mir sogar im Anfang ziemlich allgemein gewesen zu sein, leider haben unsere Volksgenossen es nicht verstanden, diese Stellung zu bewahren.

Auch bei den das Kriegsgefangenenwesen leitenden höheren Stellen darf man sich meiner Überzeugung nach guten Willens nicht versehen.

Scheut sich doch das französische Kriegsministerium bei seinen ewigen 'Reziprozitätsmaßnahmen' nicht, die eigenen seit drei Jahren geübten Plackereien den staunenden Kriegsgefangenen als deutsche Neuerungen vorzusetzen. Und beim Lager Souilly erleben wir es, daß dieselbe amtliche Stelle vor der Kammer überhaupt sein Dasein ableugnet, und zur selben Zeit sitzt bei uns auf der Ile de Ré Vizefeldwebel Hummel, der acht Wochen dort Depotchef war. Ich will von dem, was ich in den vielen Lagern erlebt habe, das mitteilen, was einmal der deutschen Regierung noch nicht von anderer Seite her mitgeteilt ist, andererseits wenigstens in seinen Nachwirkungen noch fortbesteht. Einzelberichte laufen wohl fortwährend bei unserer Regierung ein, da ich aber als nachbeförderter Offizier die ganze Zeit im Mannschaftslager gewesen bin, so dürfte ich in der Lage sein, auch ein anschauliches Allgemeinbild zu entwerfen. Um mir nicht den Vorwurf der Einseitigkeit zuzuziehen, schicke ich noch voraus, daß ich infolge einer kriegsgerichtlichen Sache nach erfolgtem Freispruch aus dem Depot III in Toulouse, einem verhältnismäßig guten Lager, wenigstens was die Behandlung angeht, nach Auch strafversetzt wurde, dann nach abermaligem zweimonatigem Aufenthalt in Toulouse nach dem Fort du Murier und von dort Sommer 1916 in die berüchtigte dreizehnte Region kam, um schließlich Anfang 1917 auf der Ile de Ré zu landen. Doch beziehen sich meine Angaben keineswegs nur auf die Läger, in denen ich selbst gewesen bin, da ich besonders auf Fort de Murier und auf der Ile de Ré die reichlich vorhandene Gelegenheit ausnutzte, mich auch über andere Läger zu unterrichten.

Die an der Spitze der Läger stehenden Offiziere, bei kleineren Leutenants, bei größeren Kommandanten oder Kapitäne, setzten sich in der Regel aus den ungeeignetsten Elementen des Reserveoffizierkorps oder aus ausgedienten Unteroffizieren der Kolonialtruppen zusammen, die sich durch besondere Brutalität auszeichnen. Sämtlichen Lägern einer Region ist als Stellvertreter des kommandierenden Generals ein Oberst vorgesetzt. Kennzeichnend für die Art, wie viele den Kriegsgefangenen gegenüberstehen, ist das von mir mitgeteilte kleine Vorkommnis in

Blaye, wo der Kommandant in Gegenwart sämtlicher Deutschen und Franzosen nach einem "Sous-Offizier-Boche" ruft. – Der Vermittler zwischen den französischen Vorgesetzten und den deutschen Kriegsgefangenen ist der deutsche Lagerälteste, den die Franzosen in einzelnen Lägern als *Chef de camp,* in anderen, um ihm von vornherein keine allzu großen Befugnisse einzuräumen, als *Interprête* oder *Transmetteur d'ordre* bezeichnen. Von der Persönlichkeit des Ältesten und ob dieser sich für einen so schwierigen, verantwortungsvollen, viel Selbstverleugnung verlangenden und unter Umständen gefährlichen, jedenfalls aber aufreibenden Posten eignet, hängt sehr viel ab. Bei der in französischen Verwaltungen üblichen Regellosigkeit und bei dem Mangel einer beständigen und gerechten, auch den Klagen der Gefangenen zugänglichen Überwachung ergeben sich Beschwerden der Mannschaften und Streitpunkte mit den französischen Vorgesetzten tagtäglich, und die Mannschaften sind darauf angewiesen, daß der Älteste ihre Angelegenheiten geschickt und entschieden vertritt. Mit Entschiedenheit ist bei den Franzosen viel zu erreichen, zumal sie meist nicht unbescholten sind und einem Skandal, der die Aufmerksamkeit auf sie lenken könnte, aus dem Wege gehen müssen. Natürlich, wenn ein solcher Mann den Franzosen nicht unentbehrlich ist, entweder wegen der Kenntnis der Sprache und der Geschäfte des Lagers oder deswegen, weil er allein genügende Autorität hat, um mit den Deutschen fertig zu werden, so muß er gewärtigen, daß sie sich bei einer passenden Gelegenheit seiner entledigen. So endet diese Laufbahn häufig mit einer längeren Arreststrafe, und Ende 1916 zogen die Franzosen die meisten dieser Depotleiter, die sich für ihre Zwecke nicht hergaben, die sogenannten *"Fortes-têtes"* auf der Ile de Ré zusammen.

Da sich die französischen Kommandanten meist in einer Art Pascharolle gefallen, so hat es der Lagerälteste meistens mit den französischen Unteroffizieren zu tun, die auch in den über ihre Zuständigkeit hinausgehenden Fällen den Kommandanten maßgebend beeinflussen. In manchen Lägern ist nämlich der Kommandant den Kriegsgefangenen überhaupt unerreichbar, so bedurfte es bei dem Kommandanten

Pechin im früheren Mannschaftslager Auch einer vorherigen Meldung auf dem französischen Büro, daß man den Kommandanten sprechen wolle. Als ich einmal in einem Falle ganz grundloser Bestrafung einiger Leute beim Büro eine Unterredung erbat, suchte man mich zunächst durch Hinweis auf das Gefährliche des Schrittes davon abzubringen, ich bestand aber auf die Anmeldung. Da man diese aber trotzdem ganz einfach unterließ, so war ich doch gezwungen, die Unterredung selber, mit Umgehung der von dem Kommandanten vorgeschriebenen Formen, herbeizuführen. Er ließ mir damals sagen, wenn ich mich noch einmal persönlich an ihn wende, so werde er mich bestrafen.

In Roanne bediente sich der leitende französische Adjutant-Marschall, ein Elsässer, deutscher Vorgesetzter als Spione. Insbesondere waren die Franzosen über die Gesinnung der "Intellektuellen", die die Franzosen stets besonders im Auge behalten, und auch über etwaige Fluchtversuche fast immer sehr gut unterrichtet.

**Unterbringung:** In Toulouse und Montauban waren wir 1914–1915 in Geschützschuppen untergebracht, große, aus Eisenkonstruktion und dünnen Ziegellagen bestehende Gebäude, in denen wir den harten Winter mit seinen eisigen Pyrenäenwinden auszuhalten hatten. In Roanne befindet sich das Lager im Saale einer ehemaligen Spinnerei. Da er sehr überlegt ist, so ist dort des nachts eine fürchterliche Luft, die noch verschlechtert wird durch die unmittelbare Nähe des Abtrittes, der nur durch eine Holztür abgetrennt ist. Da die Franzosen niemals rechtzeitig für Entleerung der Abortgrube sorgten, so kam es alle drei Wochen vor, daß Kot und Urin überliefen und bis in den Wohn- und Schlafraum eindrangen, wodurch die Luft dann für einige Tage – solange dauerte es immer, bis Abhilfe geschaffen wurde – geradezu verpestet war. In Chagnat, wo jetzt ein Polenlager sein soll, wohnten wir bis Dezember 1916 in einer alten Zuckerfabrik. Die Mannschaften waren in Räumen des Erdgeschosses untergebracht, wovon der eine mit Ziegeln gepflastert war. Die andern aber hatten nur den gewachsenen Boden, waren sehr hoch und ungenügend beleuchtet. Die Unteroffiziere waren in einem Raum im Obergeschoß, durch einen Plankenbelag von dem

Mannschaftsraum getrennt, untergebracht. Dieser Raum hatte ungefähr die Maße zwanzig mal acht mal vier, und dort lagen wir zuletzt 80
Mann stark; man sagte mir aber, das sei noch nicht schlimm, sie hätten
da schon zu 107 gelegen. Überhaupt war das sogenannte *régime de
faveur* im Depot Aulnat-Gerzat ein reiner Hohn.

Für den Sommer waren nun die Wohnungsverhältnisse in Chagnat
nicht so übel, da man die ganze Nacht die Fenster auflassen konnte und
tagsüber sich meist im Freien aufhielt. Desto schlimmer aber war es im
Winter, wo die Kälte durch die schadhafte Decke und alle möglichen
Ritzen und Löcher des baufälligen Gebäudes eindrang. Heizung gab es
selbstverständlich im ganzen Bereich des Depots Aulnat-Gerzat nicht,
ebensowenig wie in Roanne. Ich selbst habe nur auf dem Fort du
Murier, in Riom und in St. Martin de Ré geheizte Räume erlebt.
Geradezu eisig aber war es in Chagnat in dem einen Mannschaftsraum,
dabei hatte man uns im September 1916 die eine der beiden Decken
abgenommen, mit der Behauptung, es stände uns nur eine Decke zu.
Und dann waren im Oktober und November ständig Transporte aus
Afrika nach Chagnat gekommen, wovon die meisten an Malaria litten,
einige ganz fürchterlich vom Fieber zermürbt waren. Und diese Leute
hatten teilweise überhaupt keine Decken, auf meine Bemühungen, vom
Hauptdepot welche zu erhalten, wurde überhaupt nicht reagiert. Die
Leute halfen sich bisweilen, indem sie mitten in ihrem Wohnraum aus
zerschlagenen Pritschen ein lustiges Feuer anzündeten. Auch Hemden
habe ich für diese Leute angefordert, natürlich ohne Erfolg. Dabei
stehen nach den Bestimmungen jedem Gefangenen zwei französische
Hemden zu. Wer die Verwaltung einer deutschen Kammer kennt, kann
sich die Lotterei und Unterschlagung in französischen Kammern gar
nicht vorstellen. Wird doch in den meisten Lägern gar nicht gebucht,
was ausgegeben ist, ebensowenig natürlich die Gegenstände, die die
Gefangenen abgegeben haben. Wäre es in einem deutschen Lager
möglich, daß die Gefangenen, wie in St. Martin und in anderen Lägern,
dutzendweise die Holzpritschen verfeuerten, ohne daß die Franzosen es
merkten?

Ganz übel sind aber die Unterbringungsverhältnisse auf manchem der kleinen detachirten Landkommandos, wo ja niemals der Besuch eines Neutralen zu befürchten ist, und zwar besonders in Südfrankreich. Da ich erfahren habe, daß die Kantonements, die ich im Herbst 1915 kennenlernt und die damals zum jetzt aufgehobenen Mannschaftslager Auch gehörten. *[Satz im Original unvollständig; Anm. d. Scriptorium.]*

**Ernährung:** Sie war im Sommer 1916 schon in dem berüchtigten Ruhelager Chagnat, das eigentlich ein Erholungslager für Kranke, außerdem für nicht arbeitende Unteroffiziere sein sollte, ganz ungenügend. Ich habe darüber die genauen Eintragungen des deutschen Küchenunteroffiziers gehabt, die mir aber die Franzosen jetzt bei meiner Abreise nach der Schweiz aus meinen Papieren weggenommen haben. So lieferte uns der Metzger beim Fleisch stets Kopf-, Gurgel- und Schulterstücke, die man nur in die Suppe tun konnte, wodurch das auf den einzelnen kommende Stück Fleisch noch winziger wurde. Denn nun schlug der Metzger, der mit Morroux und Jobert unter einer Decke steckte, einen andern Weg ein: er lieferte das Fleisch nicht mehr unmittelbar nach Chagnat, sondern ans Hauptdepot Gerzat. Und doch wurde mir von meinen Kameraden versichert, daß die Ernährungsverhältnisse mit den zur Zeit der Eröffnung des Lagers, Frühjahr 1915, herrschenden gar nicht zu vergleichen wären. Die Folge war, daß die Hälfte der Leute magenkrank wurde. An Brot erhielten wir damals noch die uns zustehende Menge von 600 Gramm, aber, abgesehen davon, daß sich immer Stücke darunter befanden, die ungenießbar waren, kriegten wir unsern Teil in frischem Zustande abgewogen, so daß man stets 100 bis 150 Gramm verlor. Schlecht gebacken und ekelhaft schmeckend war auch das Brot in Roanne im Sommer 1916. Als ich dort mit Franzosen zusammen in der Arrestanstalt saß, machten diese aus unserm Brot Kugeln und bewarfen sich damit gegenseitig; sie gaben uns von ihrem Brot ab.

Als ich am 2. November 1916 nach Chagnat zurückkehrte und als Ältester die Leitung des Lagers übernahm, hatten sich die Verhältnisse dort sehr geändert. Zahlreiche Mannschaften, die früher auf Fort du Murier und in Afrika gewesen waren, waren eingetroffen, und noch im

Laufe des Monats kamen weitere. Über die Hälfte der Mannschaften arbeitete jetzt, und zwar taten sie schwere Arbeit. Viele der Leute kamen auch ganz krank aus Afrika zurück, und da sie völlig mittellos waren, litten sie die bitterste Not. Die Nahrung war nun noch weiter schlechter als im Sommer, was ich zahlenmäßig leider nicht mehr belegen kann, da die Aufzeichnungen meines Küchenunteroffiziers, Sergeant Drees, mir abgenommen worden sind. Wir haben bisweilen abends Suppen gehabt, die nicht mit scherzhafter Übertreibung, sondern im buchstäblichen Sinne als Spülwasser zu bezeichnen waren. Dazu war alles unschmackhaft, da es uns an Salz mangelte. Die Unzufriedenheit der Leute äußerte sich stürmisch, oft zogen sie scharenweise mit dem bißchen Essen zu dem französischen Kantonnementchef. Ich verlangte als einziges Mittel unsere Klagen zu befriedigen, die amtliche, vom Kriegsministerium aufgestellte Liste der Nahrungsmittel, aber der französische Sergeant erklärte, die habe er selber nicht. Im übrigen suchte uns der die Lebensmittel ausgebende Korporal zu beschwichtigen, indem er uns aus dem zum Lager gehörigen Garten Kohlköpfe zulegte, wobei ihn mein braver Küchensergeant noch regelmäßig bemogelte. Auch stahlen die auf den Feldern arbeitenden Mannschaften wacker die dem Hauptdepot gehörenden Kartoffeln, Kartoffeln erhielten wir sonst in diesem Monat so gut wie gar keine.

Ich sandte einen Privatbrief an die Amerikanische Botschaft in Paris, den ich durch einen sicheren Mann besorgen lassen wollte, der auf dem Bahnhof in Clermont arbeitete. Daß wir auf amtlichem Wege mit der Botschaft verkehren konnten, war in der dreizehnten Region damals noch unbekannt, außerdem wäre auch auf diesem Wege im Depot Aulnat-Gerzat nie ein Brief dorthin gekommen. Das Gesuch vom 5. November ging am Montagmorgen, dem 6. November (Abschrift liegt als Anlage bei) nach Gerzat ab. Am Dienstag wurde uns die erbetene angebliche amtliche Liste vom Depot übersandt, mit dem Befehl, sie in den Räumen der Kriegsgefangenen anzuschlagen. Diese Liste, vom Kommandanten Morraux unterzeichnet und mit dem Siegel des Depots versehen, enthielt nun noch geringere Mengen, als wir sie bisher bekommen hatten. Einer dieser Zettel ist bis vor kurzem in meinem Besitz gewesen, leider haben mir auch den die Franzosen bei der Abreise weggenommen.

Zwei Tage darauf aber kam sehr hastig der Verwaltungsoffizier von Gerzat herausgefahren, entschuldigte sich, jene Liste sei: *Le resultat dé une erreur,* es stände uns viel mehr zu und das sollten wir auch erhalten, vor allem die Arbeiter; die Anschläge sollten sofort abgenommen und durch richtige ersetzt werden, die er ehestens herausschicken werde. Auch verschiedenere kleine Wünsche erfüllte er. Vielleicht ist diese unerwartete Nachgiebigkeit auf das Dazwischentreten eines französischen Kapitäns zurückzuführen, unter dessen Leitung ein Teil meiner Leute tagsüber zu arbeiten hatte. Dieser hatte sich tags zuvor über die geringe Arbeitsleistung der Leute ausgelassen, und als Antwort zeigten ihm diese die von Gerzat herausgekommene Liste, worauf er sehr erstaunt war. Nun aber erschien Samstag, den 11. November, der Kommandant Morroux selber, der mir sowieso nicht hold war. Er sagte mir: "Sie haben eine Kollektivbeschwerde an mich gerichtet. Sie wissen, daß Kollektivbeschwerden in Frankreich so gut wie in Deutschland verboten sind." – Ich antwortete ihm: "Aber nicht Gesuche." Darauf bemerkte er mir: "Sie klagen über das Essen in Bourdon. Nun will ich Ihnen sagen, was die Leute in Bourdon alle bekommen." Und er zählte mir auf: Kaffee, Wein, Käse usw. In der Tat arbeitete zu dieser Zeit außer der in meinem Gesuche erwähnten Abteilung, die bei der Intendantur beschäftigt war, noch eine zweite Abteilung in einer gleichfalls in Bourdon gelegenen Zuckerfabrik, bei einem Privaten. Diese Abteilung, die in unserm Kantonnement keinerlei Verpflegung, nicht einmal das Brot empfing, nur eine Woche lang bei uns schlief, war am selben Sonntage, da ich das Gesuch schrieb, spät abends bei uns eingetroffen, und ging am Montag zum erstenmal auf ihren Arbeitsplatz. Das konnte natürlich dem Kommandanten des Lagers nicht unbekannt sein. Ich sagte ihm ruhig, das hätte ich schon gehört, aber um diese Leute handle es sich gar nicht, worauf er mich unterbrach: *"Je m'en fous, je vous punis avec quinze jours de prison, dont huit jours de cellule!"* Ein paar Tage darauf wurde die Strafe vom Obersten der Region erhöht mit folgender Begründung: *"A adresse par écrit au commandant du dépôt une réclamation non fondée au nom de ses camarades concernant la nourriture qui leur était donnée a l'usine de Bourdon, qui après enquête a été reconnue non justifiée. Punition augmentée à 20 jours, dont 12 de cellule."*

Wenn nun auch die Zahl der Nährkalorien vertraglich zwischen den beiden Regierungen festgesetzt ist, so hindert das findige Verwaltungen nicht, schlechte und schlechteste Qualitäten der Nahrungsmittel einzukaufen.

Die uns gelieferten Nudeln sind weiter nichts als Kleister, in den Linsen fanden wir Käfer, in Toulouse fischte ich einmal 40 Stück aus einem einzigen Teller Suppe heraus, und doch hatte der Koch schon vorher eine gute Anzahl abgeschöpft. In St. Martin waren Linsen und Bohnen besonders dadurch gefährdet, daß sich darin eine Unmenge kleiner Steine befand, man konnte nur ganz vorsichtig essen, um sich nicht die in der Gefangenschaft unersetzlichen Zähne und Plomben auszubeißen. Dann kommt es sehr darauf an, was aus den zur Verfügung gestellten Mengen gemacht wird. Die Gefangenen helfen sich oft, indem sie sich aus Konservenbüchsen selber Öfen herstellen, worin mit Papier usw. gefeuert wurde; wer aber dabei erwischt wurde, wanderte natürlich in Arrest.

**Arbeit:** Über die Arbeit unserer Kriegsgefangenen kann ich mich nur im allgemeinen äußern, da ich mich als Aufsichtsführender schon in Auch ziemlich disqualifiziert hatte. Die Arbeitszeit füllt den ganzen Tag aus, die Leute rücken morgens um sechs zur Arbeit ab und kommen erst zum Abendbrot wieder herein. In Roanne, wo noch ein stundenlanger Appell vorausging, bei dem der französische Adjutant seine Arbeitseinteilung machte, stand man schon um vier Uhr auf. In Chagnat hatten die Leute von der Arbeitsstätte noch einen Weg von über einer Stunde, kamen oft erst um sieben Uhr nach Hause. In der Regel wird eine Mittagspause von zwei Stunden gewährt, worin aber meist der Weg zur Arbeitsstätte eingerechnet ist. Auf den zu Aulnat-Gerzat gehörigen Abteilungen wurde von Zeit zu Zeit der Versuch gemacht, die Pause auf eineinhalb Stunden herabzusetzen.

Widerlich ist die Antreiberei, wie sie auf vielen Arbeitsplätzen von den französischen Korporalen, oft auch von den Posten geübt wird. Da braucht nur einer mal den Kopf zu heben, so erschallt das unsern Leuten so verhaßte: *Allez, allez!* Verliert mal einer der Leute die Geduld, so fliegt er in Arrest. Fast stets stellen die Franzosen auch an den begleitenden deutschen Aufsichtsunteroffizier das Ansinnen, die Leute zur Arbeit anzutreiben. Arbeiten sie schlecht, so wird er verantwortlich gemacht und geht in Arrest.

Ich begleitete einmal Ende September 1915 eine Arbeiterabteilung in die Stadt, die von dort Bettgestelle in die Kaserne tragen sollte. Da die Arbeit drängte, so sollten auch die sogenannten Halbinvaliden mit; damit diesen Leuten nichts über ihre Kräfte zugemutet würde, sollte ein französisch sprechender Unteroffizier die Abteilung begleiten. Bei diesen Anordnungen hatte ich selbst tags zuvor dem französischen Adjutanten, der vorübergehend das Lager leitete, als Dolmetscher gedient. Daß ich anderntags mit hinaus mußte, obwohl bereits ein Offizierstellvertreter und ein Unteroffizier mit dabei waren, die französisch sprachen, führe ich auf eine vielleicht nicht von den Franzosen allein ausgehende Schikane zurück. Gleich beim ersten Gang ereignete sich folgender Zwischenfall. Einer der Halbinvaliden fiel mir auf, der mit kläglichem Gesicht neben zwei eisernen Bettfüßen stand. Ich fragte ihn: "Können Sie das auch tragen?" Worauf er erwiderte: "Ich kann nicht, aber ich muß." Ich sagte nun in aller Harmlosigkeit, weil ich dabei an die Möglichkeit einer Meinungsverschiedenheit gar nicht dachte, zu dem die Sachen ausgebenden französischen Sergeanten, der Mann sei Halbinvalide, er könne nur einen Bettfuß tragen. Als ich nun die grobe Antwort bekam: *"Je m'en fou"*, da sagte ich sehr entschieden: "Alsdann lehne ich jede Verantwortung ab!"

Nun kam der französische Sergeant hinzu, der uns vom Lager aus mitgegeben war, und der mir schon nicht gewogen war, weil ich die

Kriecherei vor den französischen Unteroffizieren nicht mitmachte. Ich teilte ihm noch einmal ganz ruhig den Sachverhalt mit. Nun fing er an zu schimpfen: "Die anderen Unteroffiziere sagen nie etwas" – damit hatte er auch leider nicht Unrecht – "Sie haben immer etwas zu sagen!" Darauf ich: "Wozu begleite ich denn die Leute?" Er erwiderte: "Bloß um die äußere Ordnung aufrechtzuerhalten und Marsch und Halt zu kommandieren." Ich sagte, dann sei es ja gut, ich hätte aber am Abend zuvor ganz andere Instruktionen bekommen. Nun schrie er mich an, ich hätte überhaupt viel höflicher gegen ihn zu sein, ich hätte die Hände aus den Taschen zu nehmen. Ich stand zwanglos da und hatte die Hände in den Seitentaschen des Waffenrockes; wahrscheinlich wünschte er, ich sollte stramm vor ihm stehen. Ich legte ganz ruhig die Hand an die Mütze und sagte: "Mein Herr, Sie wissen, daß ich deutscher Offizier bin." – "Sie sind kein Offizier, Sie sind Unteroffizier!", schrie er wütend. Ich antwortete ganz kalt: "Ich habe keinen Grund, darüber hier mit Ihnen zu diskutieren." Weiter habe ich außer den hier angeführten Worten nichts gesagt. Darauf drohte er mit sofortiger Meldung beim Kommandanten.

Nach der Kaserne zurückgekehrt, wurde zuerst der Gefangene, um den es sich handelte, hernach ich zu dem Leutnant gerufen. Der Sergeant, der doch kein Wort Deutsch verstand, beschuldigte mich, ich hätte dem Mann den Befehl gegeben, die Bettfüße nicht zu tragen. Demgegenüber stellte ich fest, ich hätte überhaupt weder einen Befehl ausgesprochen, noch ein Verbot, sondern lediglich eine Erklärung abgegeben. Ich wurde dann entlassen, aber eine Stunde später in Dunkelzelle abgeholt. Ich kriegte dreißig Tage mit folgender Begründung: *"Surveillant une corvée de malingres chargées de travail léger a prétexté qu'un homme était impuissant pour ce travail, fait dementi par le interéssé lui-même, et a eu une attitude irrespectueuse envers le sous-officier français, qui lui faisait des observations à cause de son intervention maladroite et injustifiée."* Hernach erfuhr ich, daß der arme dumme Kerl sich von den Franzosen hatte einschüchtern lassen, zu sagen, er hätte die Bettfüße wohl tragen können. Dafür hätte er übrigens von seinen Kameraden beinahe Prügel bekommen, die ihn zwangen, sich wenigstens am nächsten Morgen krank zu melden.

Auf meine energische Forderung, wenigstens verhört zu werden, kam der Adjutant, der mir damals jene Instruktion gegeben hatte. Ich stellte ihm die Sache vor, worauf er versprach, ich würde herauskommen. Da er aber einige Tage später wieder versetzt wurde, so blieb ich sitzen, und zwar 37 Tage. Das französische Kriegsministerium, das sich auf Veranlassung unseres Kriegsministeriums mit der schmählichen Geschichte zu befassen hatte, fußte natürlich auf dem Bericht des Lagers Auch und gab als Grund meiner Bestrafung die Intervention maladroite an, ich selbst wurde natürlich nicht gefragt, erfuhr überhaupt niemals etwas von der Sache.

**Behandlung:** Ich wende mich zu dem Kapitel Behandlung, das ein trauriges Bild schmählichster Sklaverei enthüllt. Eine besondere Stärke der Franzosen ist es, den Gefangenen durch elende Demütigung und kleinliche Quälereien das Leben zu verbittern und einen beständigen Druck auf ihnen zu lassen. So war in Roanne der übelste Tag für die Gefangenen der Sonntag, wo die Franzosen recht viel Zeit zu Schikanen hatten. Man wird es so erklärlich finden, daß viele von uns die Läger vorzogen, die sich in einem recht verwahrlosten Zustande befinden – im Gegensatz zu denen in Kasernen, wo die verhaßten Sergeanten und Korporale alle Augenblick auftauchten – da einen hier die Franzosen mehr in Ruhe ließen, auch die örtlichen Verhältnisse vielfach die Durchführung von Bestimmungen unmöglich machten. Die Besichtigungen durch den Kommandanten, die in den Arbeitslagern Auch und Roanne sonntags stattfanden, wurden von den französischen Unteroffizieren schon eine Stunde vorher mit großer Aufgeregtheit und viel Schimpfen und Drohen eingeleitet, so daß man aufatmete, wenn der Abend kam und alles vorbei war. In Roanne wurde einmal im Juli 1916 von dem Adjutanten Marschall und dem Leutnant Tailladard, genannt Fips, eine große Razzia auf überflüssige Sachen veranstaltet. Die Gefangenen mußten in Eile packen und mit ihren Sachen auf dem Hofe antreten. Innen schlugen mittlerweile die Franzosen entzwei und warfen weg, was zurückgeblieben war: Bilder, Pfeifen, Spiegel, Rasierapparate, Tabak, Lebensmittel usw. Und das mußten sich in diesem Sklavenlager die Leute ohne Widerspruch gefallen lassen. Ein Mann, der, abends von der Arbeit zurückkehrend, gegen die Wegnahme seines Rasierapparates protestierte, wurde einfach eingesperrt. Dasselbe Schauspiel veranstaltete Marschall noch einmal, als er einen liebenswürdigen Brief erhielt von dem nach Deutschland entwichenen bayerischen Unteroffizier Tregler. Noch viel schlimmer aber soll sich bei einer solchen Razzia in Roanne der aus Afrika mit einem Rücktransport deutscher Kriegsgefangener herübergekommene französische Leutnant Blanc betragen haben, auch Leutnant Jobert hat sich in Chagnat vor meiner Zeit ähnliches geleistet.

In Auch veranstaltete man mit Vorliebe "militärische Sonntage". So mußten einmal an einem glühend heißen Septembersonntag die Leute, die doch die ganze Woche über arbeiteten, am Vormittag die ganzen Pritschen und Strohsäcke in den Hof tragen, reinigen und von den Wanzen befreien. Man brachte also den ganzen Sonntag in denkbar größter Ungemütlichkeit auf dem Hofe zu, bis endlich abends nach der Besichtigung durch den Kommandanten die Stuben wieder eingeräumt werden durften. Wie wenig im allgemeinen die Franzosen auf unsere Feiertage Rücksicht nehmen, zeigt das Beispiel desselben Aucher Kommandanten, der ausgerechnet am 25. Dezember 1915 ein großes Detachement die Reise nach dem neuen Depot antreten ließ.

In Montlucon, wo ich im Dezember 1916 war, fanden nicht nur am Sonntag mehrere Extraappelle statt, sondern die Leute, die wochentags bei Dunkelheit zur Arbeit abmarschierten und bei Dunkelheit heimkamen, mußten auch noch auf dem Hofe exerzieren, wobei dann der französische Leutnant Chouffet, von den Leuten der Schuft genannt, mit einer Liste dabei stand und jeden, der lachte oder sprach, herausgriff und mit Arrest bestrafte.

Eine allgemeine Bestimmung ist die, daß die Haare ganz kurz geschoren werden müssen. Aber die Art, wie die Gefangenen dem unterworfen werden, erinnert in vielen Lägern an das Scheren der

Verbrecher im Zuchthaus. Eine Abteilung deutscher Feldwebel sowie österreichisch-ungarischer Zugführer, im ganzen etwa 80 Mann, die von Chagnat nach Riom überführt wurden, wo sie sich sechs Tage aufhielten, bis über ihren weiteren Verbleib entschieden wurde, mußte es sich gefallen lassen, daß in herausfordernder Weise ein Korporal mit einer Schere unsern Raum betrat und jedem von ihnen ein großes Dreieck in das Kopfhaar schneiden wollte, um sie so zu zwingen, die Haare schneiden zu lassen. Er packte sich den etatsmäßigen Feldwebel Hansen und einen ungarischen Zugführer, die sich aber entschieden weigerten, diese unwürdige Prozedur an sich vollziehen zu lassen. Als Ältester erklärte ich dem Korporal, wir seien bereit, uns die Haare schneiden zu lassen, aber ein solches Verfahren müßten wir ablehnen, wir seien weder Zuchthäusler noch dumme Jungen, und bei dem Feldwebel Hansen habe er es mit einem alten Comtable zu tun, für den sich eine solche Behandlung nicht schicke. Der Korporal bestand eigensinnig auf seinem Willen, Hansen blieb und als die übrigen Unteroffiziere, die durch die barsche und erniedrigende Art, wie man uns dauernd in Riom behandelt hatte, schon gereizt waren, entrüstet herbeieilten, verschwand der Korporal wütend von der Bildfläche, schickte dann aber einen Gendarmen herauf, dem ich jedoch in aller Ruhe und mit Entschiedenheit den Sachverhalt darlegte, worauf er sich zufriedengab.

Die Arreststrafen sind in Frankreich bekanntlich sehr hoch, und da jeder höhere Vorgesetzte noch etwas darauflegt, so steht man sich in der Regel auf mindestens 15, meist aber 30, ab und zu auch 45 bis 60 Tage. Nun erhalten französische Soldaten während der Strafzeit die sonstige Verpflegung. So war es auch in der ersten Zeit bei den deutschen Kriegsgefangenen. Dann aber verband man mit dem heimischen das deutsche System, indem man ihnen verminderte Kost, bei Zellenarrest nur Wasser und Brot, auch keinen Strohsack mehr gab. In dieser Weise feierte ich in Montlucon das Weihnachtsfest 1916, mit einer Decke in einer eisig kalten Zelle, die unmittelbar gegenüber der auch bei Nacht offenen Haustür lag. Auf einigen Depots sind die Arrestlokale furchtbare Löcher. Leutnant Schreiber und Fähnrich Helm haben ihre 30 Tage in

Toulouse im Januar 1916 in der Kohlenkammer des dortigen Offiziers-
lagers abgesessen. In Aulnat saßen die Leute in einem Keller, und zwar
ohne Stroh. Als ein Amerikaner kam, wurde schnell vorher etwas Stroh
hineingebracht. Die fürchterlichsten Höhlen aber sind aber die Zellen
auf Fort du Murier, die hinter den Kasematten in den Wällen liegen,
dort läuft das Wasser die Wände hinab, und da die Luft nur durch ein
rundes Loch über der Tür Zutritt hat, das auf einen finsteren Gang
hinter den Kasematten geht, so riecht es dort wie in einem Grabe. Ein
Amerikaner ordnete bei seinem Besuche an, daß ein zugemauertes Fenster wieder aufgebrochen werden sollte; natürlich ist das nie geschehen.
Die Unteroffiziere sollen nach der Vorschrift überhaupt nur mit *Arrêt
simple* oder *Arrêt du rigueur* bestraft werden, doch daran hat man sich
nie gekehrt. In Auch habe ich schon in Dunkelzelle gesessen, allerdings
dort mit Strohsack, in Roanne saß ich 43 Tage in Zelle ohne Strohsack,
und so wieder in Gerzat, Chagnat und Montluçon. In Roanne erhielten
wir während der ganzen anderthalb Monate weder Seife noch Wäsche
und sollten überhaupt nicht aus der Zelle herauskommen, obwohl das
wider alle Vorschrift ist.

Das alles genügte den Franzosen aber nicht, und so erfanden sie im
Jahre 1916 die nicht nur körperlich empfindliche, sondern vor allem
auch entehrende Strafe des Sandsacktragens, worauf ich besonders die
Aufmerksamkeit der zuständigen Stellen lenken möchte. Die mit Prison
Bestraften bekommen einen schweren, mit Sand gefüllten Rucksack
auf den Rücken und laufen damit vormittags und nachmittags je drei
Stunden herum. Ich sah das zum erstenmal in Roanne an einem Sonntag; es war ein kläglicher Anblick, wie alte Landwehrleute mit grauen
Bärten in dieser beschimpfenden Weise gequält wurden. In Montluçon
war die Sache noch dadurch besonders lächerlich, daß man den Leuten
ihre eigenen Holzkisten aufhängte. Während man aber in Montluçon
und anderwärts bestrafte Unteroffiziere nur als Aufsichtführende an
diesem Exerzieren teilnehmen ließ, entblödete man sich nicht, im
Depot Aulnat-Gerzat z. B., sie selbst mit dieser entehrenden Strafe zu
treffen. Offizierstellvertreter Josef Barth, Jäger-Bataillon 8, mußte auf

dem Landkommando Ravel, wo er selber Lagerführer war, vor den Augen seiner Mannschaften mit dem Sandsack exerzieren, weil er den französischen Sergeanten aus Versehen nicht gegrüßt hatte. Er brach dabei zusammen und wurde in Arrest zurückgebracht; einige Tage später mußte er ins Hospital überführt werden, wo er mehrere Monate daniederlag. Mir selbst hatten die Franzosen das nämliche zugedacht. Nachdem ich, am 18. September 1916 entflohen, auf einer Loirebrücke wieder ergriffen worden war, wurde ich am 30. September nach Gerzat zurückgebracht. Ich sah dort schon die beiden Unteroffiziere Müllers und Otto, die ebenfalls ausgerissen waren, mit ihren Säcken auf dem Hof die Runde machen. Man brachte einen dritten Sack und befahl mir, so wie ich war, mich den beiden anzuschließen. Natürlich wies ich dies entschieden zurück. Mittlerweile kam der Kommandant Morroux mit seinem Leutnant Jobert. Von meiner Weigerung sofort unterrichtet, erklärte er mir hämisch, ich würde den Sack schon tragen. Ich erwiderte ihm, ich würde mich unter keinen Umständen dieser Bestrafung unterziehen, die mit meiner Ehre als deutscher Offizier unvereinbar sei; ob er mich als Offizier anerkenne oder nicht, spiele dabei gar keine Rolle. Er drohte mir nun mit dem Kriegsgericht, worauf ich ihn um eine Unterredung unter vier Augen ersuchte. Dabei wiederholte ich ihm meine Weigerung und sagte ihm, ich wisse, wenn er mich vor ein Kriegsgericht brächte, daß ich dort verurteilt würde, er wisse aber auch, daß ich da verhört würde, und dann würde ich alles sagen, was ich von ihm wisse, z. B. auch – das hatte ich mittlerweile schon erfahren – daß er Unteroffiziere mit der Peitsche geschlagen habe. Daraufhin gab er klein bei, sehr zum Ärger des Leutnants "Hiesl", der behauptete, alle Unteroffiziere, und nur die in Offizierslägern befindlichen Offiziere nicht, seien dieser Strafe unterworfen. Hiesl hatte die Schamlosigkeit, mir nachher zu sagen, mit meiner Drohung würde ich nicht viel Glück gehabt haben: Ja, wenn er nicht auch bei der Geschichte anwesend gewesen wäre, aber er sei anwesend gewesen, das sei ja gar keine Mißhandlung gewesen, sondern eine Liebkosung! Der Kommandant ließ aber doch sofort die beiden Unteroffiziere holen und fragte sie begütigend, es habe doch nicht sehr weh getan. Die wackeren Burschen antworteten ihm, erstens habe es wohl weh getan und zweitens komme es ihnen darauf gar nicht an, sondern auf die Beschimpfung.

Eine unauslöschliche Schande für die französische Regierung ist endlich die gegen alle Sittlichkeit und gegen alles Recht verstoßende Beeinflussung der in ihrer Gewalt befindlichen deutschen Kriegsgefangenen durch Presseerzeugnisse, die die Leute gegen die heimischen Obrigkeiten und Staatseinrichtungen aufhetzen und unsern Staat und unser Heer, den Kaiser und unsere Fürsten, unsere Geschichte sowie unser Volk selber, kurz alles, was uns heilig ist, in den Schmutz ziehen. Von der seit Ende 1914 erscheinenden *Zeitung für die deutschen Kriegsgefangenen* werden ja genügend Nummern in den Händen unserer Regierung sein. Weit höher in bezug auf die Abfassung als dieses läppische Schmutzblatt steht das *"bulletin d'alliance française"*, nach dem Titelkopf gegründet zur Verbreitung französischer Sprache und Zivilisation, das sich aber jetzt mit den Ursachen des Krieges, den von den Deutschen verübten Grausamkeiten und mit unserer greuelvollen Kriegführung beschäftigt. Das Blatt wird zur Beeinflussung der Neutralen in sämtliche europäische Kultursprachen übersetzt, für die deutschen Kriegsgefangenen auch ins Deutsche. Seit Mitte 1916 allerdings gibt die französische Regierung ein Beiblatt zur Kriegsgefangenenzeitung heraus, bei dem die Übertreibung einen Fehlschlag zur Folge haben mußte. Dieses Blatt trägt am Kopf, umgeben von den deutschen Farben, einen ins Breite verzerrten deutschen Reichsadler und rechts und links als Motto die Worte: Durchhalten! Durchleiden! Durchhungern! Durchmorden!

In der Denkschrift *Deutsche Kriegsgefangene in Feindesland* fanden sich bei den Berichten über die Läger Roanne, Aulnat, Gerzat-Chagnat ebenfalls die Namen der Franzosen Kommandant Morroux, Leutnant Jaubert, der hier als ein ehemaliger Pariser Kriminalbeamter bezeichnet wird, Leutnant Tailletard, Adjutant Marschall und weitere, nebst einer ausführlichen Schilderung ihrer Unterschlagungen, Mißhandlungen und sonstigen Schurkereien an den deutschen Kriegsgefangenen.

Wir wollen nun sehen, dem Gutachten des Geheimrats Meurer folgend, wie die Unterkunft in den anderen Lägern war, von der das *Régime* ja behauptete, es seien überall Kasernen gewesen und man habe auf Komfort gesehen. Cahen-Salvador, der es als ehemaliger Leiter des Kriegsgefangenenwesens in Frankreich ja wissen mußte, behauptete an einer Stelle seines Buches, daß für die Strohsäcke der Kriegsgefangenen je fünf Kilo Stroh vorgesehen gewesen seien, die alle 14 Tage erneuert wurden! Das *Gutachten* sagte dazu: "Ganz allgemein war der seltene Wechsel des Strohs in den Strohsäcken; es kam vor, daß das Stroh ein ganzes Jahr lang nicht erneuert wurde, häufig lagen die Strohsäcke auf dem bloßen Steinfußboden oder auf feuchtem Untergrund, so daß sie anfaulten." Wo ist das Stroh geblieben? Das Geld dafür ist in die Taschen der Kommandanten und Unternehmer gewandert!

In einem Detachement von Caen bei der Société Normande de Metallurgie war die Unterbringung in einer alten niedrigen Baracke so schlecht, daß eine Schweizer Kommission den Abtransport der Gefangenen anregte, wenn nicht Wandel geschaffen würde. Monate später war aber noch nichts geändert. In Carpiagne waren die Gefangenen im September 1915 noch in Zelten untergebracht. Die deutsche Regierung forderte heizbare Baracken, worauf die französische Regierung antwortete, die Gefangenen seien hier nicht in Zelten, sondern in Baracken untergebracht. Der Übelstand wurde also beseitigt und dann abgeleugnet. In der alten Kaserne in Clermont-Ferrand lagen die Gefangenen monatelang zu je 50 Mann in einer Stube auf losem Stroh, Verwundete und Gesunde in dicht gedrängten Reihen ohne Zwischenraum. Das Barackenlager bestand aus dünnen Bretterbaracken mit Zementfußboden und schadhaftem Dach. In St. Genest-Lerpt wurden die durch die neutralen Besucher gewünschten Ausbesserungsarbeiten in einer ehemaligen Besserungsanstalt nach dreieinhalbjähriger Belegung endlich vollendet. Für Le Havre wurde die Überfüllung des Lagers durch den amerikanischen Berichterstatter bestätigt. Tische und Bänke gab es hier nicht, selbstgemachte wurden weggenommen. Heizung gab es bis 5. November 1916 im Schlachthof bei Le Havre überhaupt nicht; als dann geheizt wurde, war es nach Ansicht der amerikanischen Besucher durchaus ungenügend.

In La Lande waren die Unterkunftsräume auf einem Heuboden so niedrig, daß man nur in gebückter Stellung gehen konnte; Wassermangel herrschte hier auch; zum Wäschewaschen mußten die Gefangenen hier Regenwasser nehmen; als dann im Sommer 1916 kein Regen fiel, konnte nicht gewaschen werden. Im November 1918 war die geforderte Pumpenanlage noch immer nicht eingetroffen. In St. Nazaire waren baufällige und wasserdurchlässige Baracken mit Holzfußboden, der überall durchgefault und morsch war. Am 18. Dezember 1915 protestierte die französische Regierung entrüstet gegen die deutsche "unwahre" Behauptung vom 1. Dezember 1915, daß die Gefangenen bei so vorgerückter Jahreszeit in La Pallice noch in Zelten wohnen müßten, protestierte auch gegen die Art, mit der sich die deutsche Regierung zum Echo falscher Behauptungen mache. Alle Kriegsgefangenen seien in Baracken untergebracht. Ein späterer Bericht des Regionskommandanten gab aber zu, daß erst im Laufe des Dezember, also nach Absendung der deutschen Note, die Mitte November bei einem Sturm fortgewehten Zelte durch Baracken ersetzt worden seien. In Monistrol sur Allier war die Unterkunft so feucht, daß die Pritschen schimmelig wurden. Die Unterbringung in allen sechs Lagern in und bei **Rouen** war schlecht und gab mehrfach Anlaß zu deutschen Protesten. Der Schweizer Bericht vom 9. Juli 1917 nannte die Verhältnisse in dem Krankenlager St. Aubin-Epinay *"un peu défavorables"*. Die Säle seien schlecht erleuchtet, feucht und kalt, die Betten sehr primitiv usw. Die Unterkunftsräume in den Kasematten von Sennecy waren dumpfig, feucht und ungesund, meist waren sie überlegt; dies fiel noch im Oktober 1918 dem Schweizer Delegierten auf.

"Dieses Lager (Sennecy) war nach eigener Aussage des Lagerkommandanten ein Straflager. Der Lagerkommandant war ein französischer Leutnant, welcher infolge einer Verwundung am rechten Fuß einige

Zehen verloren hatte; er äußerte sich uns gegenüber, daß er diese von den Deutschen erlittene Verwundung an den ihm unterstellten Gefangenen nunmehr rächen werde.

Unsere Unterkunft bilden Holzbaracken ohne Fußboden, unsere Lagerstätten Holzpritschen mit Strohsäcken. Ende Oktober stand bereits das Lager, einschließlich der Baracken, 20 Zentimeter unter Wasser. Nach eintretendem Frost erkrankten eine große Anzahl der Gefangenen. Frostschäden an Händen und Füßen in den feuchten Baracken infolge Verweigerung von Öfen und Brennmaterial waren die täglichen Erscheinungen. Leute, die sich deshalb krank meldeten, wurden vom Arzt ständig gesund und arbeitsfähig geschrieben, obgleich die überwiegende Mehrzahl der sich krank Meldenden nicht in der Lage war, auch nur die geringste Arbeit zu verrichten."

In Serres-Carpentras waren die Baracken äußerst undicht und schadhaft, sie wurden von einem inspizierenden General selbst als "irréparables" bezeichnet. Bei Regen mußten die Gefangenen aufstehen und sich einen anderen Platz suchen. In Toulon waren 450 Kriegsgefangene im Zwischendeck des Kreuzers "Cécile" untergebracht. Für 500 Mann, die größtenteils schmutzige Kohlenarbeit verrichten mußten, war ein Waschtrog von 20 Meter Länge vorgesehen. Bei Villegusien erfolgte die Unterbringung anfangs auf Kähnen auf der Marne, bis die deutsche Regierung Verwahrung dagegen einlegte. Die Unterbringung erfolgte überhaupt vielfach in Laderäumen von Schiffen und Schleppkähnen, die licht- und luftlos, feucht und voll Ungeziefer waren. Die Ungezieferplage herrschte allgemein; Fenster gab es häufig überhaupt nicht und wurden dann durch Leinwand, Papier und dergleichen ersetzt oder mit Brettern vernagelt und zugeschraubt. Die Waschgelegenheiten waren oft dürftig, primitiv und unzureichend; in der alten Kaserne zu Clermont-Ferrand gab es für 1000 Mann zwei Wasserkrähne, in Candor für 13.000 Mann zwei Pumpen. Lange Zeit wurden die Gefangenen vielfach in Zelten untergebracht, in der Armeezone in offenen Pferchen. Die Aborte reichten nicht aus, waren meist äußerst primitiv eingerichtet; nachts war es fast allgemein üblich, offene Abortkübel in die Schlafräume zu stellen, ohne Rücksicht auf die Ruhrkranken. In den französischen Lägern blieb man hinter den untersten Stufen der Einfachheit zurück; in der Hygiene und Reinlichkeit vor allem waren die französischen Verhältnisse vollkommen unerträglich. Für die in Deutschland großzügig durchgeführten Anlagen von Spielplätzen, Theater- und Unterhaltungsräumen hatte man in Frankreich kein Verständnis. Sie wurden erst im Jahre 1919 kurz vor der Heimkehr von den "Prisonniers" selbst eingerichtet.

Ein ganzes Kapitel nahm in dem *Gutachten* auch die Ernährungsfrage ein. Wie ein roter Faden zogen sich durch die ganzen Berichte die Klage über den Fraß in Frankreich, über die Würmerbohnen, die Steinelinsen, den madigen Reis, das verschimmelte und harte Brot, über stinkendes Fleisch von abgetriebenen kranken Tieren, Pferden, Eseln, Rindern, denen oft der Eiter aus Geschwüren troff; über die ekelhafte Art der Zubereitung. In Candor wurden die Kartoffeln mitsamt der Schale in die Suppe gestampft. Die Verwalter von Proviantämtern freuten sich, wenn sie alte, schlecht gewordene Vorräte an Kriegsgefangenenkompanien abstoßen konnten. Eine unglaubliche Korruption herrschte gerade auf dem Gebiet der Kriegsgefangenenverwaltung in Frankreich. Unternehmer und Kommandanten, bis in hohe Stellungen hinauf, füllten sich die Taschen. Wie ein blutiger Hohn mutete es einem an, wenn man die entrüsteten Noten der französischen Regierung las, als Deutschland, durch die Blockade gezwungen, die Rationen der fremden Kriegsgefangenen ebenso wie die für die eigenen Soldaten herabsetzen mußte – als ob jemals in Frankreich nur ein einziges Lager existiert hätte, in dem die deutschen Kriegsgefangenen ihr volles Recht auf Ernährung bekommen haben! Im Lager Montauban gab es schon in den ersten Kriegswochen vereitertes Pferdefleisch!

Dabei wurde auch allgemein jede willkommene Gelegenheit benutzt, um den Gefangenen das bißchen Essen noch abzuziehen; bei zu geringer Arbeitsleistung, bei Vergehen der kleinsten Arreststrafen gab es weniger oder gar kein Essen. Die deutsche Bestrafung Arrest bei Wasser und Brot wurde von den Franzosen gern übernommen, aber statt wie bei uns nur auf drei Tage gleich auf acht, vierzehn Tage, ja auf Wochen verhängt. In Candor wurde einem ganzen Arbeitszug von hundert Mann an einem Tage das Brot entzogen; das war dort an der Tagesordnung – für den Kommandanten ein guter Nebenverdienst! Das System war obendrein so, daß es nach der Gefangennahme drei Tage lang nichts zu essen und zu trinken gab, dabei aber den Gefangenen große Marschleistungen zugemutet wurden. Danach kam das sogenannte Hungerlager, in dem es eine Verpflegung ab, von der ein Mensch so eben existieren kann (in dem Hungerlager Breteuil gab es täglich ein walnußgroßes Stückchen Fleisch, dazu einen halben Trinkbecher voll Suppe und Brot so viel wie drei Kaffeebrötchen). Von dieser täglichen Hungerration mußten die Gefangenen drei, vier, fünf Wochen lang leben. Die Hungerläger waren auch meistens Pferche unter freiem Himmel; wer sie überstand, ohne krank zu werden, hatte schon etwas gewonnen.

Wer sich in **La Pallice** weigerte, seine Briefe auf Bogen zu schreiben, auf deren Kopf ein den Tatsachen **nicht** entsprechender Speisezettel stand, wurde eingesperrt. In **Château d'Oléron** wurde den Leuten drei Monate lang das Fett entzogen; es sollte nachgeliefert werden. Der Kommandant lehnte das aber dann ab mit den Worten: "Die Gefangenen leben ja noch!" Ein französischer Arzt, der sich in Clermont-Ferrand für die Erhöhung der Nahrung einsetzte, wurde abgelöst. In **Carpiagne** mußten sie ihre Mahlzeit stehend im Hof einnehmen. Auf deutschen Protest behauptete die französische Regierung, das täten die Gefangenen aus freien Stücken, der milden Temperatur wegen. In einem Lager gab es zweiundsiebzigmal hintereinander Nudeln, in **Poitiers** vier Wochen lag täglich eine Suppe von roten Bohnen, auf der eine Schicht schwarzer Käfer schwamm, in **Candor** und vielen anderen Lägern kannte man überhaupt nur Reis. Skorbut, Nachtblindheit und Reiskrankheit wie auch Ruhr waren die Folge. Auch den Mangel an Stuhlgang überhaupt erwähnen viele Gefangene in ihren Berichten. Acht, zehn, zwölf Tage, ja in einem Falle drei Wochen kein Stuhlgang war nichts seltenes. Im Brot fand sich oft Sand, Unrat, Kautabak,

Zigarrenasche und Stroh, im Fleisch Tieraugen, Mäuse, Darmstücke mit Kot und dergleichen.

Ich entnehme dem Buche *Deutsche Kriegsgefangene in Feindesland. Amtliches Material. Frankreich* noch folgende Berichte über einige Läger:

**Le Havre:** Le Havre weist in besonders augenfälliger Weise alle Mängel und Härten auf, die den französischen Hafenlagern, insbesondere denen der III. Region, eigen sind. Die drei selbständigen Läger Jemappes, Pont VII und Abattoire sind im folgenden gemeinsam behandelt.

1. Die Arbeit ist schwere Hafenarbeit. Es wird vor allem Kohle und Eisen verladen, die Leute müssen Säcke von zwei Zentner Gewicht schleppen. Dabei wird keine Rücksicht auf Stand und Körperbeschaffenheit genommen. Auch Schwerverwundete und Krüppel werden zu dieser Arbeit gezwungen.

2. Die Arbeitszeit beträgt häufig über elf Stunden, gelegentlich bis 18 Stunden. Die Kriegsgefangenen müssen zwei Stunden länger arbeiten als die Zivilisten. Als Arbeitsverweigerungen unter Berufung auf die Berner Vereinbarungen vorkamen, wurden sie vom Unterstaatssekretär verboten. Die Leute müssen oft schon zwei Stunden vor der Arbeit zum Ausrücken antreten. Besonders hart ist die Nachtarbeit, zumal den Gefangenen eine warme Mahlzeit beim Einrücken des Morgens verweigert wird.

3. Infolge mangelhafter Beleuchtung und Schutzvorrichtungen gibt es viele Unglücksfälle auf den Arbeitsstellen (folgen Beispiele).

4. Die Unterbringungsverhältnisse sind unzulänglich und gesundheitsschädlich. Überall liegen die Leute eng zusammengepfercht. Die Baracken sind undicht; die Fenster bestehen aus schmutziger Leinwand. Kohlen werden nicht oder viel zu wenig geliefert. Als sich ein Mann beschwert, daß er keine Unterhose habe, antwortet der Kommandant laut Schweizer Bericht dem Beschwerdesteller: "Unterhosen werden nicht geliefert, sind aber erlaubt." Das Stroh wird einmal ein Jahr lang

nicht erneuert. Der Kommandant sagt zu dem Schweizer Delegierten, die Gefangenen hätten den Inhalt ihrer Strohsäcke draußen zu lüften, wobei viel Stroh verloren ginge.

Von Mitte Februar 1916 an liegen 700, später 4000 Kriegsgefangene in undichten, unerträglich kalten Zelten. Erst im Mai werden die ersten Baracken fertig. 800 Mann waren an Bord der Schiffe "Phryne" und "Lloyd" untergebracht, in licht- und luftlosen ungeheizten Räumen, die von Ratten und Mäusen wimmelten. Für 200 Mann gab es einen Abtritt. Der amerikanische Bericht betont: "Alles ist eng und schmutzig; die Gefangenen sind hier sozusagen in strenger Haft."

Der Bericht über **Pont VII-Jemappes** gibt das bekannte Bild von den primitiven Abortverhältnissen. Dann kommen Klagen über die sanitären Verhältnisse. Deutsche Soldaten sterben durch die zynische Nachlässigkeit und die brutale Behandlung des Arztes. Verbandszeug gibts überhaupt nicht, oder es wird gebrauchtes, schon vereitertes geliefert. An der Ruhrepidemie auf dem Schiffe "Phryne" sterben viele Gefangene. In **Tréfileries** und Jemappes darf sich nur ein bestimmter Prozentsatz krank melden; weitere werden bestraft.

Mit Arreststrafen werden belegt, wer sich krank meldet und nicht für krank befunden wird, außerdem wer sich beschwert. Die geringsten Verfehlungen tragen 30tägige Arreststrafen ein. In Abbattoir werden innerhalb 84 Tagen 9910 Tage Arreststrafen verhängt.

Beschwerden werden häufig beantwortet: "Geht zu eurem Kaiser!" Vizefeldwebel Franke, Berlin, erhält wegen mehrfacher Beschwerden 100 Tage Arrest. Dazu kommt das Tragen von Sandsäcken. Der Schweizer Kommission erklärt der Oberleutnant Toussard, daß die Sandsäcke schon seit acht Tagen abgeschafft seien, zwei Tage nach dem Besuch werden sie dann aber wieder gefüllt. Pakete werden oft zwei Monate zurückgehalten, der Inhalt der Pakete wurde eine Zeitlang verbrannt. Der französische Sergeant Steigelmann durchwühlt fast täglich die Sachen der Kriegsgefangenen und tritt auf ihnen herum. Der Hafenkommandant von **Le Havre** sagt zu den Kriegsgefangenen in einer Ansprache: "Es ist mein äußerstes Bestreben, die

Kriegsgefangenen körperlich und moralisch zugrunde zu richten." Der Sergeant Steigelmann erklärte: "Wir wollen euch wie Schweine behandeln." Auch körperliche Mißhandlungen kommen vor. Wie verbitternd die Verhältnisse in Le Havre auf die deutschen Gefangenen wirkten, zeigt die Tatsache, daß sie einmal zwei Monate lang sich weigerten, Briefe und Karten nach der Heimat zu schreiben, um auf diese Weise die deutsche Regierung auf ihre Leiden aufmerksam zu machen. Unter der Einwirkung der schlechten Behandlung sind irrsinnig geworden: Unteroffizier v. d. Lühe, Soldat Fritz Bergmann und Karl Stein; Soldat Bietreck machte einen Selbstmordversuch durch Erhängen. Der Kriegsgefangene August Dietrich, Inf.-Regt. 85, erhängt sich, weil er wiederholt ungerechterweise eingesperrt und geschlagen worden ist.

Das Buch *Deutsche Kriegsgefangene in Feindesland* brachte dann noch weitere Berichte über andere Läger, wie Caen, Carpiagne, Chatillon le Duc, Clermont-Ferrand, Bouthéon, Dinan, Etampes, St. Gerzat-Lerpt, La Lande mit Bergerac, St. Nazaire, La Pallice, Riom, Sennecy, Serres-Carpentras, Toulon, Fort Varois, Villegusien – erschütternde Beispiele moderner Sklaverei aus einem Lande, das sich seiner humanen Gesinnung rühmt!

**Das Lager Souilly:** Eines der grauenhaftesten Läger war das Lager Souilly hinter Verdun, auch "Kronprinzenlager" genannt. Hier sahen sich die deutschen Soldaten nach ihren schweren Kämpfen in der Hölle von Verdun in eine zweite Hölle versetzt, die jener anderen in nichts nachstand. Jede ritterlich denkende Nation hätte solche tapferen Krieger in der Gefangenschaft mit Ehren behandelt; die Niedertracht französischen Wesens ließ das aber nicht zu; die zu Tode erschöpften deutschen Kriegsgefangenen, die von Verdun eingebracht wurden, peinigte und marterte man hier, sperrte sie in einen Schlammpferch unter freiem Himmel, gab ihnen tagelang nichts zu essen, und wenn sie dann einen recht kläglichen Eindruck machten, kamen französische Etappenhelden und Pariser Zivilisten mit ihrem weiblichen Anhang ans Lager und knipsten und filmten sie, am liebsten dann, wenn sich die Gefangenen in ihrem rasenden Hunger auf ein paar über den Zaun geworfene Brotbrocken stürzten. Souilly bleibt eine ewige Schande für die französische Nation. Man erzählte den deutschen Kriegsgefangenen vielfach, das Lager sei eingerichtet zur "Strafe" für den Angriff der Deutschen auf Verdun. Als das Lager eingerichtet wurde, erklärte ein französischer Lagerkommandant weit hinter der Front seinen Kriegsgefangenen: "Man wird euch von heute ab nur die halbe Ration geben – wegen Verdun!"

**Souilly.** Von K. Wallbaum, Detmold. R.I.R., 118, I. (Aus der Artikelserie: "Lipper hinter Stacheldraht" der *Lippischen Landeszeitung*.) "O Souilly, dich vergeß ich nie! – Im freien Felde auf einem Stück Ackerland, von vier Drahtwänden umgeben, 10 Posten bewacht und vier Maschinengewehren in Räson gehalten und zwei Scheinwerfern beleuchtet, so lagen wir unter freiem Himmel. Es regnete unaufhörlich, unsere Lage verschlimmerte sich stündlich. Da weder Sitzgelegenheit noch solche zum Hinlegen war, mußten wir die ganze Nacht stehen. Mit großer Sehnsucht erwarteten wir den andern Tag, von dem wir uns Besserung unseres Loses versprachen. Endlich, um die fünfte Morgenstunde, ertönten die Hörner der Franzosen zur Reveille. Nach dem Appell erfolgte die Aufnahme der Personalien, das Verhör durch den französischen Offizier und die Abgabe aller Gegenstände, wie Brieftasche, Geldbehälter nebst Inhalt, Verbandpäckchen, Bleistift, selbst die harmlosesten Photographien; man mußte die Taschen geradezu umwenden und wurde dann davongejagt. Was man mir ließ, war gerade ein Löffel, und von diesem brach man noch den Stiel ab...

Wieder wurde es Nacht und wieder standen wir frierend, hungernd, durstend unter freiem Himmel. Wir hatten kaum noch so viel Kraft, uns auf den Beinen zu halten. Aber auch die Nacht verging. Nach dem Wecken gab es einen Viertel Liter Kaffee. Da aber keiner der Gefangenen einen Becher sein eigen nannte, bekamen die meisten keinen, nur etliche, die sich zu helfen wußten und den Trunk in der Feldmütze auffingen.

Sofort gings an die Arbeit, in die Steinbrüche, an die Munitions-
züge und an die Lagerschuppen. Mit Verzweiflung wurden die letzten
Kräfte verausgabt, hoffte man doch auf diese Weise ein Stück Brot zu
bekommen. Hin und wieder traf man auch einmal eine mitleidige Fran-
zosenseele, aber meist lohnte die Peitsche oder ein Fußtritt die geleistete
Fronarbeit. Immer wieder brach eine neue Schreckensnacht an. Das
Geschrei nach Wasser war besonders groß, aber man versagte uns den
Trunk. Ich bin dann dem Beispiele vieler Kameraden gefolgt und habe
die Regentropfen vom Stacheldrahtzaun geleckt, um meine Zunge zu
kühlen. Am vierten oder fünften Tage ließ das Denken nach, viele re-
deten irre. Ich sah einen Kameraden, der sich vollständig entblößte und
sich dann in den Schmutz legte. Alle Vorstellungen, er würde erfrieren,
nutzten nichts; er glaubte, er sei daheim, sprach im Wahn mit Vater und
Mutter, beantwortete ihre Fragen selbst. Am andern Morgen stand er
nicht mehr auf...

Ein anderer sprang mit fiebernden Worten auf einen Posten zu und
rief: 'Gib mir Wasser, gib mir Wasser, oder ich verdurste!' Der Franzose
verstand nicht, was er wollte, sah nur die geballten Fäuste und geriet in
Angst; ein kräftiger Schlag mit dem Kolben, und unserm Kameraden
war der Durst vergangen.

Wir haben uns des Nachts immer mit etlichen Landsleuten von der
Kompanie auf einen Haufen gestellt und uns fest umschlungen. Eine
Nacht habe ich es dann auch nicht mehr ausgehalten, im Stehen zu
schlafen, und habe mich in den Dreck gelegt. Eines Mittags mußten wir
antreten, auch die Kranken und Verwundeten. Wir dachten, wir kämen
fort. Man stellte unsere Offiziere an unsere Spitze und führte uns ab. Als
wir in die Dorfstraße einbogen, wurde die uns begleitende Kavallerie
noch durch Infanterie verstärkt. Die Straßen waren von Zivilisten und
Soldaten eingesäumt; man veranstaltete einen Triumphzug mit uns!
Auf dem Marktplatz stand nämlich ein Filmoperateur, der unseren
Zug kurbelte, und wir mußten im strammen Schritt daran vorüber-
marschieren, konnten uns dabei kaum noch auf den Beinen halten. Ich

weinte vor Wut – und wohl ich nicht allein –, als wir danach ins Lager zurückgeführt wurden.

Nach acht Tagen waren wir nur noch wankende und schwankende, mit Kot und Dreck besudelte Lebewesen…"

Erich Brabant, Barby (Elbe), Gefreiter im Reserve-Infanterie-Regiment 20:

"So ging es weiter bis spät abends, wo wir unser Ziel erreichten (Verfasser ist bei Verdun verwundet in Gefangenschaft geraten). Souilly, der Name, der mir und allen denen, die dort waren, nie aus dem Gedächtnis kommen wird. Auch hier nur ein großer Drahtverhau, nur der Himmel als Dach darüber. Unser Verlangen nach Brot und Wasser blieb unberücksichtigt. Nachts regnete es wieder, aber das war uns angenehm, da wir so unsern Durst stillen konnten. Vor Ermattung haben wir trotz des Regens geschlafen.

Gegen Mittag am andern Tag gab es pro Kopf zwei Zwiebäcke, nachmittags mußten wir antreten, Personalaufnahme. Als ich zum Verhör dran kam, hieß es stramm stehen, da mir aber mein Koppel gestohlen war, womit ich meine Hose hielt, konnte ich die Hände nicht aus den Taschen nehmen, da ja sonst die Hose rutschte; da ich mich widersetzte, gab's einen mit der Reitpeitsche, beim Taschenuntersuchen war bei mir nichts; als ich sagte, es ist mir alles gestohlen, gab's wieder welche mit der Peitsche, und ich wurde abgeführt, vier Tage Prison. Ein starker Drahtverhau war vor dem Lager mit Brettern verkleidet, ohne Dach, etwa zwei mal zwei Meter groß, aber meinen andern Kameraden ging's auch nicht besser, lagen ja auch unter freiem Himmel. Nur die Elsässer und Polen lagen in einer Baracke. Die Verpflegung blieb so, morgens wurde Wasser in das Lager gefahren, mittags gab's zwei Zwiebäcke. Ich hatte noch zwei Kollegen bekommen, so daß wir nun mit drei Mann in dem Loch lagen, wir mußten die Baracken reinigen für die Bewachung, wobei es vom Korporal welche mit der Peitsche gab, weil es ihm nicht schnell genug ging. Es waren Tage der Hölle, Hunger, daß wir uns nicht auf den Beinen halten konnten, fast jede Nacht Regen, unsere Kleidung wurde kaum trocken, an Schlaf war nicht zu denken, da man nachts vor Kälte und Nässe fror. Wir sahen aus wie die Schweine, da wir auf dem nassen Lehmboden lagen, kein Mantel, keine Decke, an Waschen war schon gar nicht zu denken, seit drei Wochen nicht rasiert, dazu halb verhungert, eine Latrine gab's hier auch nicht, aber wir hatten ja auch keinen Bedarf, hatten nichts im Magen.

Meine Zeit im Prison war um, ich kam wieder zu meinen Leidensgenossen, allerdings war es ja hier auch nicht besser, alle sahen verwildert aus, schmutzig, zerrissen, die Haut wie Leder. Hunger, Hunger, Hunger. In diesem Zustand wurden wir als Schauobjekte hingestellt, seit Tagen kamen Zivilisten und Militärs, um uns anzuschauen. Zum großen Teil englische und französische Offiziere mit Anhang.

Selbstverständlich durfte der Knipsapparat nicht fehlen. Eine besondere Freude machten sich diese Herren daraus, sie stellten ihren Apparat ein, nahmen Brot, auch Schokolade, zerbrachen dieses, warfen es über den Drahtverhau, und in dem Moment, wo sich alles auf diese Kostbarkeiten stürzte, wurde geknipst. Unzählige solcher Aufnahmen sind in den Tagen gemacht worden. Gegen Brot, gegen Tabak oder Schokolade tauschten wir auch unsere Habseligkeiten aus, wie Koppel, Knöpfe, Achselklappen, selbst Eheringe. Die Tage verschlichen, früh mußten wir den Faßwagen füllen, einen Teil bekamen die Franzosen, den Rest wir.

Am Tage lagen wir rum, trockneten unsere Klotten und lausten uns, und das Schauspiel vorm Draht ging dabei weiter, die Leute machten ihre Aufnahmen, ob wir nun entblößt dalagen oder saßen oder schliefen, es wurde geknipst. Schrecklich war es für uns, daß es jede Nacht regnete, so blieb es auch nicht aus, daß jeden Tag mehr Kameraden umklappten, selbstverständlich vor Hunger mit. Nachts wanderte immer alles von einem Ende zum andern, um sich warm zu halten. Zwar machten die Posten ständig Krach, gaben Schreckschüsse ab oder stießen mit dem Bajonett durch den Drahtverhau, aber das störte uns nicht, wir waren ja so stumpfsinnig und dickköpfig geworden, schlechter konnte es uns doch nicht mehr gehen. Die Kranken wurden täglich mehr, wurden jeden Tag herausgeschleppt, lagen dann vor dem Drahtverhau herum und wurden dann auf einigen Wagen weggeschafft. Meine Verwundung wurde jeden zweiten Tag nachgesehen, aber da sie nur mit Jodtinktur behandelt wurde, wandte ich mein bestes Mittel selber an: Nachts beim Regen hielt ich den Arm so, daß die Wunde ausgespült wurde, und am Tage ließ ich die Sonne darauf scheinen. Unter diesen Verhältnissen lebten wir etwa drei Wochen.

Souilly wird mir stets im Gedächtnis bleiben…"

Offizier-Stellvertreter Mehling (Aus dem Buche *In französischer Gefangenschaft*, herausgegeben von R. S. Waldstätter):

"Im Strafgefangenenlager Souilly… Zu essen gab es hier nichts. Ich schlief die Nacht zwischen den Offizieren auf einem Strohsack ganz gut, aber die armen Soldaten mußten die ganze Nacht unter freiem Himmel im strömenden Regen auf einem Ackerfelde zubringen, welches nach wenigen Stunden in ein Schlammfeld verwandelt war. Das Lager hatte höchstens für 800 Mann Platz, es waren aber 2308 Mann dort untergebracht. Es war geradezu haarsträubend, wie die armen Soldaten tagelang im Regen und Wind ohne jeglichen Schutz gegen Kälte und Frost in zum Teil zerrissener Kleidung, viele ohne Schuhwerk, dort zubringen mußten.

Am 17. Dezember gab es zum erstenmal etwas Warmes, einen Trinkbecher Kaffee… Nach der Untersuchung wurden wir in eine andere Baracke gebracht, wo es keinen Strohsack mehr gab, auch war der Raum so eng, daß die meisten sich nicht hinlegen konnten, obwohl sich alles eng aneinanderquetschte.

Das Gefangenenlager Souilly war durch eine Straße in zwei Abschnitte, von denen jeder für sich eingezäunt war, eingeteilt. In dem Gang stand bei Tage alle 30 bis 40 Meter ein Posten, nachts waren dieselben verdoppelt. Über das Hindernis hinwegzukommen, war unmöglich. An geeigneten Stellen des Lagers waren mehrere Maschinengewehre aufgestellt, daß das ganze Lager damit unter Feuer gehalten werden konnte, falls einmal eine Revolte ausbrechen sollte.

Der Abschnitt rechts der Straße war durch Stacheldrahtzäune so in kleinere Vierecke eingeteilt, daß in jedem Viereck etwa 200–300 Mann eng aneinandergedrängt Platz hatten. In diesen Pferchen, wie wir sie nannten, mußten aber ungefähr 800 Mann ohne Sitz- und Liegegelegenheit 6–8 Tage unter freiem Himmel zubringen. Der Boden, ein Ackerfeld, war bereits am zweiten Tage grundlos, so daß die armen Soldaten bis zu den Knien im Wasser und Schlamm stehen mußten. Ungefähr die Hälfte dieser Leute erfroren die Füße, die meisten hatten Blutdurchfall und Fieber, und viele wurden wahnsinnig.

Ein Mann wurde niedergeschossen, weil er versuchte, aus einer Wasserpfütze außerhalb des Drahtzaunes zu trinken. Dem tapferen französischen Soldaten, der diese Heldentat vollbracht hatte, drückte der Lagerkommandant die Hand und sprach ihm sein Lob aus. Ein anderer Gefangener, der infolge der ausgestandenen Leiden wahnsinnig geworden war, in seinem Wahn auf den Posten zulief und irgendetwas lallte, wurde von diesem niedergestochen.

Dem Unteroffizier Bornefeld vom Funken- und Telegraphentrupp I passierte folgendes: Ein Gefangener brach infolge der ausgestandenen Leiden und Entbehrungen bewußtlos zusammen und lag, Schaum vor dem Munde, im Schlamm. Bornefeld legte den Mann, so gut es ging, aufs Trockene und ersuchte den Posten, für den Bewußtlosen etwas Wasser zu besorgen. Dieser hatte als Antwort nur ein kurzes, bissiges 'Non'. Dann bat er ihn, doch wenigstens zu gestatten, daß er aus einer Pfütze, fünf Schritte vor der Baracke, etwas Eis holen dürfe. Als Antwort wieder ein kurzes 'Non'. So lag nun der arme Mensch mehrere Stunden, dann starb er. Auf ähnliche Weise sind in der Zeit vom 15. Dezember bis 5. Januar 26 Menschen buchstäblich im Dreck verreckt.

In den Weihnachtstagen war ich oft nahezu am Verzweifeln. Gerade am ersten Weihnachtstage wurden wir ganz scheußlich behandelt…"

Der Fliegerleutnant Herbert Lippe, der nach einem Luftkampf über Verdun abgeschossen wurde und, zwischen der ersten und zweiten französischen Linie niederfallend, schwer verwundet in Gefangenschaft geriet, erzählt in seinem Buche *Doppelt wehrlos* folgendes über Souilly:

"... da trat aber aus der Tür ein General, sah mich prüfend an und rief: *'Ah voilà un officier boche, même un aviateur!'* Er gab Anweisung, mich nicht in das Arbeitszimmer, sondern in den Holzverschlag auf dem Hofe zu bringen. Ich wurde dort auf einige leere Holzkisten gelegt. Ich fiel in einen kurzen, unruhigen Schlaf, aus dem ich geweckt wurde, um zum Verhör geführt zu werden. Ich beantwortete die Fragen nach Alter usw., als man dann weiter in mich drang, wurde ich ziemlich deutlich und verlor in der Erregung das Bewußtsein. Als ich erwachte, lag ich draußen in der Sonne, ein Arzt fühlte meinen Puls und sagte: 'Es geht besser, man kann fortfahren, ihn zu verhören.' Ich lag in einem Kreis von mindestens 20 Offizieren, vom General bis zum Leutnant. Man wollte gesprächsweise alles Wissenswerte aus mir herauslocken, zuerst war man höflich, selbst liebenswürdig; als alles erfolglos war, wurde man unhöflich und sprach laut von dem Boche und anderes mehr. Ein Major sagte: 'Sie haben in St. Ménehould mit Ihren Fliegerbomben Frauen und Kinder getötet, pfui, schämen Sie sich!' Ich antwortete, Zivilisten gehörten nicht in das besetzte Gebiet. Da rief ein anderer Oberst aus dem ersten Stockwerk nach mir. Man stützte mich und führte mich zu ihm. Er legte mir ein Album vor: 'Sehen Sie dieses Buch mit den Fliegerphotographien. Sagen Sie ehrlich, sind die deutschen Fliegeraufnahmen besser?' Ich bat darum, mir die Antwort zu erlassen. Er drang in mich, da gab ich ehrlich zu, daß die deutschen Aufnahmen wesentlich besser seien. Der Oberst sagte: 'Sie sind der typische preußische Offizier!'

– – Ein jüngerer Offizier trat zu mir und besah sich eingehend meinen Brillantring. Er sagte: 'Monsieur, Sie haben doch kein französisches Geld, dessen Sie bedürfen, geben Sie mir Ihren Ring für 50 Francs!' Meine erstaunten Augen waren dem Herrn Antwort genug... Ein Oberleutnant riß gerade von meiner Lederjacke die Achselstücke herab, ich erhob empört Widerspruch, doch er steckte sie ein und sagte hohnlächelnd: 'Sie sind leidend, mein Herr, erregen Sie sich nicht unnötig, Sie sind mein Gefangener...'

Nachmittags gegen 5 Uhr 30 Minuten kamen wir in Souilly an. Souilly ist ein größeres Dorf, ungefähr 11 Kilometer hinter der Verdunfront gelegen. Ein Gendarmeriesergeant, ein wahrer Hüne von Gestalt, empfing mich... sein Benehmen war noch roher wie sein Aussehen, er stieß mich in die Seite und beschimpfte mich ganz unflätig, er wollte sich sogar an mir vergreifen, doch als er meine geballten Fäuste sah, traute er sich nicht.... Ich kam in Souilly in einen regelrechten Pferdestall, ein Becher Wasser und ein Stück trocknes Brot waren meine Labung. Die Tür zu diesem Stall wurde aufgelassen, die Zivilisten kamen und bewarfen mich mit Steinen, beschimpften mich, den Kaiser, den Kronprinzen und die deutschen Frauen. Dann wurde ich in das sogenannte 'Interogatoire' geschleppt, eine elende Bretterbude, neben der sich ein paar Kojen befanden; in eine dieser Kojen, einem regelrechten Schweinestall, warf man mich hinein und erquickte mich mit einer Rinde trocknen Brotes... ich biß ins Stroh, ich krampfte meine durch die Kälte erstarrten Finger an meinem Halstuch zusammen, ich hatte wieder den süßlichen Geschmack von Blut im Munde, da packten mich schon vier Fäuste und zerrten mich in die Höhe, schleppten mich zum Verhör....

Das alles war ja schwer zu ertragen, aber was war das gegen das grenzenlose Elend der armen deutschen Soldaten, die auf der bloßen Erde lagen, keinen Strohhalm, kein Bündel Heu, nichts unter sich. Es regnete damals Tage hindurch, fußhoch sank man in Schlamm und Dreck ein. Nicht eine Stunde Ruhe fanden die armen gequälten Mannschaften, aufeinander haben sie sich gelegt. Dauernd stampften sie auf und ab, um die steifen Glieder zu erwärmen. Wie elend sahen die Leute aus! Oft keinen einzigen Knopf mehr am Waffenrock, die Achselklappen heruntergerissen, französische Käppis auf – ein jämmerliches Bild! Die Leute wurden vom Ungeziefer fast aufgefressen. Ich selbst habe einen bedauernswerten alten Landwehrmann, einen Lehrer, gesehen, dem die Läuse ganze Löcher in das Schienbein gefressen hatten. Allemal, wenn der Arme zum Arzt kam, verrieten seine Augen schon den kommenden Schmerz, denn der französische Stabsarzt brannte die Löcher mit einem glühenden Platinstift aus. Das Lächeln dieses Arztes barg eine ganze Hölle von Verwerflichkeit. Die Leute brachen hochfiebernd unter Ruhr und ähnlichen Erscheinungen zusammen. Heimlich haben wir uns manchmal nachts einen oder den anderen zu uns hereingeholt. An den einen erinnere ich mich besonders. Ein junges Kerlchen von 20 Jahren. Die Zähne schlugen ihm vor Fieberfrost. Der Kleine phantasierte von seiner Mutter und Schwester. Gewann er für kurze Zeit das Bewußtsein zurück, so versuchte er noch, militärisch zu danken. Ich war damals dem Wahnsinn nahe. Dieses tiefe, schamlose Elend mit ansehen müssen, ohne helfen zu können. Das schmerzte mehr als körperliches Leiden.

Fast jeden Morgen kam ein ganz junger französischer Offizier zu uns herein und erging sich mit wahrer Wollust darin, ganz laut unsern Kaiser, das deutsche Volk und den Kronprinzen zu beschimpfen.

Aufreizend war auch die Einrichtung, daß früh um 6 Uhr ein französischer farbiger Sergeant, der richtige Marokkaner, auf einer Trillerpfeife zum Appell pfiff. So pfiff man einem Hunde. Die deutschen Offiziere und Mannschaften mußten antreten. Ich sehe noch die lässige Handbewegung des Marokkaners, wenn er, die Trillerpfeife im Munde, die einzelnen Offiziere bezeichnete und uns dann gnädig entließ. Nach dem Appell wurden die armen deutschen Soldaten zu vierzig und fünfzig in Lastautos mit Anhängern verladen und zur Arbeit in Steinbrüche oder zum Straßenbau gefahren. Bis sechs Uhr abends mußten die Ärmsten arbeiten. Ein Bild schmerzenden Elends zog jedesmal an uns vorüber, wenn sie abends zurückkehrten. Mit Schweiß, mit gelblich-weißem Staub bedeckt, mit eingefallenen Wangen, nach vorn überhängenden Schultern und rot entzündeten Augenrändern... Und zählten wir, so fehlten einmal drei oder vier. Stellten wir dann die Frage: 'Ja, Leute, da fehlen ja drei oder vier!' dann kam die furchtbar niederschmetternde Antwort: 'Ja, Herr Leutnant, wir lagen im deutschen Artilleriefeuer!' Nachts kroch oft einmal der oder jener von den Ärmsten zu uns heran, und dann reichten wir ihm die Hälfte des Essens, das wir uns abgespart hatten – da jene durch Arbeit hungerten. Schamlos war die Art und Weise, wie dagegen die Polen und Elsässer geradezu gehätschelt wurden…"

Ein französisches Flugblatt (über den deutschen Linien abgeworfen):
"Deutsche Kameraden! Im Kampfe sind die Franzosen, ihr wißt es ja, gefährliche und unerbittliche Gegner. Sobald aber der Kampf vorüber ist, zeigen sie sich als gutherzige Menschen. Sollte Euch Euer Weg nach unseren Linien führen, weil Ihr Euch vielleicht auf Patrouille verirrt habt oder aus Ekel vor dem endlosen Blutvergießen, so fürchtet Euch nicht! Es wird Euch bei uns kein Leid angetan! Es sind in dieser Beziehung den französischen Truppen strenge Befehle erteilt worden!"

Ein Lagerkommandant von Orleans sagte zu seinen neueingetroffenen Kriegsgefangenen: "Man wird euch in Frankreich nichts tun, man wird euch nur langsam zu Tode bringen!" Der Kommandant von La Pallice: "Ich will, daß die deutschen Kriegsgefangenen als Kadaver zurückkehren, die Hunde sollen arbeiten, daß sie bei ihrer Rückkehr nicht mehr imstande sind, ihre Familie zu ernähren!" Der Dolmetscher des Lagers Sennecy:

**"Frankreichs Sinnen und Trachten geht dahin, die deutschen Soldaten systematisch zugrunde zu richten!"**

# 6

# Korsika, Marokko, Algier, Tunis,
# Saloniki

Im *Cri de Paris* stand am 15. Februar 1915 zu lesen:

"Gut beraten war die hervorragende Persönlichkeit, die die Regierung veranlaßt hat, dreitausend deutsche Gefangene nach der Myrtheninsel Korsika zu verbannen, um die dort so ungesunde Ostküste zu sanieren. Bekanntlich ist das Klima dieser Küste unbedingt totbringend.

Zu wiederholten Malen hat die Regierung Kredite bewilligt, um Handwerker an die korsische Ostküste zu senden, aber die Malaria hat immer wieder mit allen aufgeräumt. Hoffen wir, daß die deutschen Kriegsgefangenen zu einem kleinen Teil wenigstens dazu beitragen werden, das Sanierungswerk in Korsika in der Hauptsache durchzuführen."

In dem von der französischen Akademie preisgekrönten Werk des französischen Militärarztes Dr. Jaubert heißt es u. a.:

"Die notorische Ungesundheit der Ostküste beruht darauf, daß infolge des Mangels an Gefällen der Anschwemmungsboden die Mehrzahl der Wasserläufe, welche die Ebene durchziehen, in Sümpfe verwandelt, während die Berge, die im Westen abschließen, die Wirkung des Ost- und Südostwindes lahmlegen und Gegenwinde erzeugen, welche die Auswirkungen der Ausdünstung des Sumpfbodens fast an Ort und Stelle niederhalten."

"Die französische Regierung hat mit vollem Bewußtsein den Tod und die schwere Krankheit zahlreicher deutscher Kriegsgefangener in Korsika verschuldet", klagte die deutsche Denkschrift Frankreich an. "Der französische Staat hatte schon lange vor dem Kriege, anscheinend im Jahre 1884, das Zuchthaus von Aleria aufheben lassen, weil dieser Landstrich schwere Gefahren für die Gesundheit bot. Noch immer lebt in der ganzen Gegend das Wort: 'Aleria, Aleria, wen du nicht tötest, den machst du zum Invaliden!'

In diese Gegend, die durch die französischen Kammerdebatten schon berüchtigt geworden war, sandte man die deutschen Kriegsgefangenen."

Ich entnehme dem Buche: *In französischer Gefangenschaft* von R. S. Waldstätter folgende Schilderungen:

Bericht des Soldaten Blümel: "...In Marseille wurden wir nach der Insel Korsika eingeschifft. Man schickte uns in den Laderaum hinunter, wo nur ganz wenig Licht und Luft durch eine Luke drang. Aber kaum waren wir in diesem Raum, wurde auch die Luke zugeklappt, so daß wir die ganze Zeit in tiefstem Dunkel saßen. Als wir ausgeladen wurden, waren wir in Bastia auf Korsika. Das Volk umrannte uns scharenweise und wollte die Menschenfresser sehen. Von allen Seiten flogen Schutt, Steine und Flaschen auf uns. Es wurde auch mit Revolvern geschossen, so daß sogar die französische Bewachung in Lebensgefahr kam. Ein Sergeant wurde verwundet...

Im Lager von Casabianda wurden wir untergebracht und mußten sofort arbeiten. Die Verpflegung war miserabel und die Unterkunft denkbar schlecht. Bei Tage arbeiteten wir in glühender Hitze und des Nachts erstarrten wir fast vor Kälte. Durch das Dach der Baracke konnte man den Sternenhimmel beobachten. Für uns 250 Mann stand nur ein Kübel zum Austreten zur Verfügung. Da wir alle mehr oder weniger krank waren, wurde der Kübel ununterbrochen benutzt. Einmal lief er über, aber wir konnten nicht hinaus, da die Baracke abgeschlossen war. So rann der Inhalt des Kübels auf die Gefangenen hinab, die in der untersten Etage lagen. Die Malariakrankheit nahm von Tag zu Tag zu. Als sie zu stark zugenommen hatte, wurde ein Teil von uns nach dem Lager von Servione überführt. Hier hatten wir einen halbverrückten Waldaufseher... In den Baracken hatten wir keine Waschgelegenheit. Wir wimmelten von Ungeziefer, die Kleidungsstücke waren lebendig wie ein Ameisenhaufen. Damit wir im Schmutz nicht halb zugrunde gingen, besorgten wir uns an der Küche Wasser; denn wenn es gut ging, wurden wir nur alle Woche einmal zu einem Bach zur Reinigung geführt...

Später kam ich ins Lager von Calensana, wo es ebenso traurig war. Wir lebten auf einer verlassenen Farm und waren ganz der Gewalt unserer unmenschlichen Bewachung ausgeliefert. Um Kochwasser zu bekommen, gruben wir ein Loch in den Sumpf. Aber was für Wasser war das! Es stank nach Verwesung.... Der Sergeant erhielt das Geld für unsere Verpflegung. Er ging zu einem Schäfer und kaufte eine alte Ziege, die für 25 Mann drei Tage reichen sollte. Am zweiten Tage war das Fleisch grün und am dritten Tage so voll Würmer, daß es sich beinahe von selber vowärtsbewegte. Wir mußten von morgens 4 Uhr ab arbeiten. Besonders tierisch war der Sergeant, wenn Weiber da waren. Dann nutzte er jede Gelegenheit aus, um uns zu mißhandeln.

Eine Abteilung von uns wurde nach Liamone abkommandiert, wo eine Brücke über den Sumpf zu bauen war. Dabei holten sich die meisten die Malaria.

Ein Mann starb plötzlich. Ein Arzt war nicht da. Unsere Soldaten zimmerten einen Sarg aus Brettern der Pakete, die sie aus der Heimat erhalten hatten und warteten, bis ein französischer Arzt die Krankheit festgestellt hatte. Am nächsten Tag kam ein französischer Adjutant und befahl, dem Toten die Uniform auszuziehen. Die Kameraden taten es nicht, weil es sich nicht gehörte und weil der Leichnam zudem schon in Verwesung übergegangen war. Wie der Franzose weg war, nagelten wir den Sarg zu und trugen ihn nach dem nächsten Friedhof. Als wir dort das Grab schaufelten, kam der Pfarrer und schrie: 'Fort mit dem Boche! Hier wird kein Boche beerdigt!' Nach langem Streit mußten wir den toten Kameraden wieder forttragen und wollten ihn auf einem freien Felde beerdigen. Aber da kam der Farmbesitzer auf einem Esel angeritten und jagte uns mit der Leiche fort. Wir waren in einer verzweifelten Lage. Überall jagten uns die Leute mit dem Toten fort. Länger warten konnten wir nicht mehr, denn die Leiche roch schon stark. Schließlich trugen wir den Toten weit fort nach dem Meeresstrand und dachten daran, ihn ins Meer zu werfen. Am Strand war aber kein Mensch zu sehen, und so schaufelten wir schnell ein Grab und beerdigten den heimatlosen Leichnam. Am folgenden Sonntag zimmerten wir ein Kreuz und schmückten das einsame, weltverlassene Grab. Die Frau des Toten schrieb uns dann später, wir möchten ihr berichten, an was ihr Mann gestorben sei und wo er begraben läge. Das konnten und durften wir aber nicht melden. Um ihr noch einen Trost zu geben, malte einer eine Karte mit dem Meeresgolf und dem einsamen Grab darauf, und das schickten wir der armen Frau hin."

Es ist lesenswert, dieses Büchlein *In französischer Gefangenschaft,* das ein Schweizer nach Berichten deutscher Soldaten und des griechischen Arztes Dr. Levides zusammengestellt und ihm einen kurzen Auszug aus dem Völkerrecht vorausgeschickt hat, der wie blutiger Hohn klingt:

**"Gefangenenbehandlung nach dem Völkerrecht.**
Die Gefangenschaft ist im heutigen Kriege nur Sicherungshaft mit Schonung des Lebens, der Gesundheit und des Eigentums der Gefangenen.

Den Kriegsgefangenen verbleibt ihr persönliches Eigentum, mit Ausnahme der Waffen, Pferde und der Schriftstücke militärischen Inhalts.

Den Kriegsgefangenen wird in der Ausübung ihrer Religion und in der Teilnahme an Gottesdiensten volle Freiheit gelassen.

Für die Errichtung von Testamenten der Kriegsgefangenen gelten dieselben Bestimmungen wie für die Militärpersonen des eigenen Heeres. Dasselbe gilt für die Sterbeurkunden sowie für die Beerdigung der Kriegsgefangenen.

Die kranken und verwundeten Soldaten sind durch die Genfer Konvention vom 6. Juli 1906 geschützt.

Nach jedem Kampf soll die das Schlachtfeld behauptende Partei die Verwundeten aufsuchen und sie wie die Gefallenen gegen Beraubung und schlechte Behandlung schützen."

Der amerikanische Sanitätsmajor James Rob. Church hatte bei Gelegenheit der amerikanischen Inspektion einen Bericht über das Bestehen von Malaria auf Korsika vorgelegt, in dessen Schlußfolgerungen es hieß:

"Aus den bestehenden Tatsachen habe ich folgende Schlüsse gezogen:

**a)** daß auf der Insel Korsika Malaria in weitestem Umfange herrscht;

**b)** daß sie sich auf die tiefer gelegenen Striche beschränkt, in der Zeit vom Juni bis November herrscht und im September und Oktober am schlimmsten ist;

**c)** daß die höher gelegenen Stellen des Landes von dieser Krankheit frei sind usw.;

**d)** daß die meisten dieser Malariakranken Leute sind, die aus den Lagern in den Bergen abkommandiert und zur Arbeit nach dem Tiefland geschickt worden sind.

Meine Ansicht, die sich auf einen 5½jährigen Tropendienst stützt, währenddessen ich mit dieser Krankheit ständig in Berührung gekommen bin, ist, daß von Leuten, aber besonders nicht an dieses Klima gewöhnten Ausländern, nicht verlangt werden sollte, in der ungünstigsten Jahreszeit dort zu wohnen..."

Aus den Krankenbüchern der Kriegsgefangenenläger gab der amerikanische Arzt dazu die vielen Malariafälle bekannt. Die deutsche Regierung hat wiederholt und mit allem Nachdruck darauf gedrungen, daß die fiebergefährlichen Lager geräumt würden, was schließlich nach den Angaben der französischen Regierung erreicht wurde, im Sommer 1917 sind dann die Kriegsgefangenen aber trotzdem wieder an der Ostküste zu Arbeiten verwandt worden. Inspektionen von Neutralen bekamen von solchen Kommandos nichts zu erfahren.

**Liamone:** "Die Verbringung deutscher Gefangener nach dem Liamone war ein besonders schweres Verschulden", führte die deutsche Denkschrift aus, "da die Gegend durch ihre ungesunde und fiebergefährliche Lage berüchtigt ist. Die Landbestellung in dieser Gegend erfolgt durch landfremde Arbeiter. Keine Fermen wagen sich in der Ebene anzusiedeln, die Malaria hält die Bevölkerung von dort fern. Für die Zeit von Mai bis Oktober wird der Aufenthalt von Ardouin-Dumazet als geradezu totbringend bezeichnet.

Die deutsche Regierung weiß, daß von Anfang des Jahres 1915 bis zum August 1916 dort 150 deutsche Kriegsgefangene waren. Das Kommando hat in einem Sumpf zur Trockenlegung arbeiten müssen. Die Leute hatten sich geweigert, sind aber trotzdem dazu gezwungen worden. Von den 150 waren 13 ständig krank. Nur alle vierzehn Tage kam ein Arzt... Dazu die schlechte Nahrung...

In **Porto-Pollo,** in der ungesunden Taravo-Niederung, arbeiteten 100 Mann, von denen täglich 15 bis 20 krank waren. Hatten die Leute am Morgen nur 37 Grad Fieber, so mußten sie zur Arbeit gehen, auch wenn sie am Abend vorher 40 Grad gehabt hatten. Wer sich auf den Arbeitsplätzen krank meldete und nicht krank befunden wurde, bekam Arrest; ein auf diese Weise mit Arrest bestrafter Mann brach schon gleich nach der Untersuchung vor Erschöpfung zusammen; er hatte tatsächlich 40 Grad Fieber. Von einer Arbeitsabteilung von 30 Mann waren gleichzeitig 20 Mann mit Fieber und Dysenterie im Hospital.

Am 12. Juni 1916 verlangte die deutsche Regierung die Aufhebung der beiden Kommandos. In ihrer Antwort hat die französische Regierung es gewagt, zu bestreiten, daß die Arbeit der Gefangenen auf den beiden Kommandos gesundheitsgefährlich sei, sie bezeichnete den Gesundheitszustand in Porto-Pollo als "sehr gut", und den im Liamone-Kommando sogar als "ausgezeichnet". Auf erneute deutsche Beschwerden gibt sie dann die Antwort, daß die beiden Kommandos geräumt worden seien. Gerade in der fiebergefährlichsten Zeit, vom Mai bis August 1916, hat sie sie aber noch bestehen lassen.

Die Zahlen, die für ganz Korsika für die einzelnen Kategorien in Betracht kommen, sind in Deutschland nicht bekannt. Aber die Tatsache, daß ein großer Teil der Gefangenen auf Grund der schweren Fieberinfektionen ihre Gesundheit verloren haben, ist hinreichend klargestellt. Die Transporte des großen Austausches der über 18 Monate Gefangenen zeigten unter den von Korsika Anfang 1918 abtransportierten Leuten zahlreiche Leute mit schwerer Anämie und allgemeiner Entkräftung. Die ständige Antwort nach dem Grunde dieser Erscheinungen war: Malaria."

Die Denkschrift befaßte sich dann unter anderem auch mit der mangelhaften Organisation der Überfahrt der Kriegsgefangenen von Marseille nach Korsika.

"Wir wurden im untersten Laderaum verstaut. Es fehlte uns Licht und Luft und der 'Pelion' war einer der ältesten französischen Kästen, gerade gut genug für die Boches", erzählte Dr. Max Brausewetter in seinem Buche.

Mr. Georges Cahen-Salvador stellte in seinem Buche die kühne Behauptung auf, die 5000 deutschen Kriegsgefangenen, die man 1915 nach den nordafrikanischen Kolonien verschickt habe, seien dort "bei guter Verpflegung und Unterkunft" zu Straßen- und Eisenbahnbauarbeiten verwendet worden, und er gab entrüstet die Proteste der deutschen Regierung und der deutschen Presse wieder, die zu Gegenmaßnahmen gegen diese "gute Behandlung" aufforderte. Nun wird dieser Direktor des französischen Kriegsgefangenenwesens wohl kaum selbst jemals zur Inspektion der Gefangenenlager in Nordafrika gefahren sein; er wird sich auf die Berichte der Leute verlassen haben, die ein Interesse daran hatten, alles im rosigsten Lichte zu schildern, schon um sich selbst nicht den einträglichen und angenehmen Druckposten zu verderben. Immerhin sollte Cahen-Salvador doch schon die deutsche Denkschrift über die Zustände in seinem afrikanischen Bezirk zu denken gegeben haben. Auch jener bedeutende französische Gelehrte, der in einem offenen Brief an Deutschland schrieb, Tunis, Marokko und Algier seien die Sanatorien Europas, und wenn er deutscher Kriegsgefangener wäre, würde er gerade darum bitten, nach Afrika versetzt zu werden, wird diese Gegend wohl auch nur aus der Perspektive der Sanatorien und Hotels, zum mindesten recht erträglicher Lebensverhältnisse gekannt haben. Es kam schließlich auch hier wieder darauf an, wie und wo man die deutschen Kriegsgefangenen unterbrachte. Die Denkschrift *Deutsche Kriegsgefangene in Feindesland, Frankreich* berichtete sehr ausführlich über die Läger Algeriens, Tunis und Marokkos, man hörte da wieder die alten, schon fast selbstverständlichen Klagen über die mangelhafte und ekelhafte Ernährung, über die verständnislose Unterbringung, über brutale Behandlung, über die Malariagefahr, über die glühende Hitze im Saharagebiet und in Algier wieder über Kälte im Winter. Genügenden Schutz gab es gegen beides nicht; dazu kam hier noch ein Strafsystem, das wohl den Rekord aufstellt in der sadistischen Quälerei deutscher Soldaten, wie sie in Frankreich zum System gehörte.

Ich bringe zuerst aus der erwähnten Denkschrift den Wüstenmarsch nach Djellal zur Kenntnis, den dreihundert deutsche Kriegsgefangene am 14. Mai 1915 antreten mußten:

"Die Gefangenen hatten sich, soweit sie dazu imstande waren, vorsorglich aus eigenen Mitteln verproviantiert. Sie mußten, Fieberkranke und Verwundete ebenso wie Gesunde, außer ihrem Gepäck noch Zelte und Decken tragen. Wer auf dem Marsche zurückblieb, wurde von einem Sergeanten, der von Beruf Maurer war, einer ärztlichen Untersuchung unterzogen und dann nach Belieben zum Weitergehen angetrieben oder auf eins der Kamele gebunden, die das Gepäck der Franzosen trugen. Nach 22 Kilometer Marsch erreichte man die erste Oase. Alles verlangte bei größter Hitze nach Wasser. Die Durstigen wurden aber zuerst im weit auseinanderliegenden Dorf den Arabern als Siegestrophäe vorgeführt. Nur wenige glückliche Besitzer einer Flasche konnten sich hier für den weiteren Marsch in die Wüste hinein mit Wasser versorgen. Auf dem Marsch von Ain-Naga bis Wiribel-Onet (44 Kilometer) wurde keine Wasserstelle angetroffen. Infolge der glühenden Hitze waren viele dem Wahnsinn nahe. Aus einem von Tieren stark verunreinigten Morastgraben haben die Gefangenen dann den Schlamm geschlürft. Die französischen Bajonette waren dagegen machtlos. Alles stürzte gierig in die Jauche, und wenn es den Tod kostete, der hier ja doch nur eine Erlösung war. Stundenweit hinter dieser Kolonne wurden Besinnungslose mit verglasten Augen von den Spahis gesammelt. Diese arabischen Reiter haben sich sehr um unsere ärmsten Kameraden bemüht und ihnen gewürztes Getränk gegeben. Feldwebel Schuppner hatte schon beim Abmarsch von Biskra starke Entzündungen am Fuß, der Eiter quoll ihm beim Marsch heraus. Als er unmöglich mehr weiterkonnte, wurde er auf ein Kamel gepackt, mußte aber nach zwei Stunden schon einem müden Franzosen den Platz frei machen und den ganzen Tag in dem heißen Sand etwa 100 Kilometer ohne Stiefel laufen. Bei Ankunft an der Arbeitsstelle waren nur einige Stunden Zeit, um ein Lager aufzubauen. Schon am folgenden Tage wurde mit dem Straßenbau begonnen."

Wie es bei solcher Arbeit zuging, erzählt der Gefreite Elmpt:
"Wir kamen in Südalgerien zu dem Arbeitskommando in Koque-Klaba, wo wir an dem Bau einer Eisenbahn arbeiten mußten. Die Arbeitszeit war von morgens 7 Uhr bis mittags um 11, und dann nach anderthalbstündiger Pause wieder bis halb fünf Uhr. Unter der starken Hitze hatten wir sehr zu leiden, insbesondere die schwächeren Kameraden, von denen viele dabei waren. Es war regelmäßig eine Temperatur von 30 bis 40 Grad, manchmal auch mehr. Sehr hart war die Behandlung, die uns von den aufsichtführenden Schwarzen zuteil wurde."

Unteroffizier Emmeluth:
"Leutnant Aubert hatte stets einen Palmenstock bei sich, mit dem er die Gefangenen bei jeder Gelegenheit prügelte, sogar Kranke mißhandelte. Auch ein französischer Korporal hatte die Gewohnheit des Leutnants angenommen, die Leute ohne Grund mit einem Palmenstock zu

bearbeiten. Diese Mißhandlungen fanden auch ihre Fortsetzung, als wir in der Gegend von Kangha-Sidi-Nadj arbeiteten."

Soldat Graßl:

Da die Kost für die schwere Arbeit gänzlich unzulänglich war, wurde der Lagerführer bei der Regierung diesbezüglich vorstellig. Die Folge davon war, daß er durch einen anderen Offizier ersetzt wurde. Von diesem Zeitpunkt an begannen unsere Leiden. Ohne Rücksicht auf Verwundung oder körperliche Schwäche wurde nunmehr von jedem ein bestimmtes Stück Arbeit täglich verlangt, das unter allen Umständen erledigt werden mußte. Bei besonders schweren Arbeiten, insbesondere bei Durchbruch durch harten Boden, stand der Leutnant, mit Namen Aubert, mit einem Palmenknüppel an der Arbeitsstelle und schlug um sich auf jeden, der sich umsah oder einen Augenblick ausruhen wollte. Nachdem der Lagerführer angefangen hatte zu schlagen, folgten die Unteroffiziere seinem Beispiel. Besonders drangsalierte uns der Adjutant Martien, der dann später Lagerführer wurde."

Die französische Literatur und Presse hat auf die "kräftigen Sklaven" hingewiesen, die man nach Nordafrika versandte. Der deutsche Kriegsgefangene sollte gedemütigt und der Bevölkerung, der man die französische Kolonialherrschaft aufzwingen wollte, sollte gezeigt werden, daß deutsche Kriegsgefangene in fremder Hand seien. Ein weiterer Beweis waren die unmenschlichen, geradezu mittelalterlichen Strafen. In der Denkschrift: *Frankreich und das Kriegsrecht. Schandtaten an der Front* berichtete der Reservist Mertens, Infanterie-Regiment 137, unter Eid darüber:

"In Algier angekommen, wurden wir wieder in der niederträchtigsten Weise mißhandelt. Man warf nach uns mit allen möglichen Gegenständen, verschiedene erhielten sogar Messerstiche. Die in Algier wohnenden Franzosen hetzten die Eingeborenen auf uns los... Man stellte uns ihnen als 'Barbaren' vor.

In Algier kamen wir nach dem Depot Tizi-Ouzou und wurden dort in Baracken untergebracht. Es gab dort weder Eßgeschirr noch Schlafstelle. Unser Essen mußten wir uns in alten Büchsen, die in der Müllgrube herumlagen, holen. Schlafen mußten wir auf dem bloßen Betonboden.

Im März 1915 kamen wir nach dem Lager Targa. Dort war alles verwildert und Sumpf. In dem Sumpf mußten wir unser Lager aufschlagen. Auch hier mußten wir auf der bloßen Erde liegen. Wir mußten dort in der glühendsten Hitze die schwersten Arbeiten machen, und zwar hauptsächlich Straßenbau. An einem Arbeitstage mußte jeder Mann vier Kubikmeter, ob es nun lose Erde oder Feld war, ausheben. Wer dies nicht fertigbrachte, bekam es von der Löhnung abgezogen und wurde eingesperrt.

Der Kommandant des Lagers, ein geborener Saarbrücker und früherer Fremdenlegionär namens Lehmann, hatte in dem Lager die 'Taboo'-Strafe eingeführt. Diese bestand darin, daß ein einhalb Meter tiefes Loch in die Erde gegraben und eine kleine Zeltbahn darüber gespannt wurde. In dieses Loch wurde dann der mit Arrest bestrafte Mann mit auf dem Rücken gebundenen Händen, Gesicht nach oben hingelegt, so daß er sich nicht bewegen konnte. Es wurde auch immer eine Stelle ausgesucht, wo die Sonne den ganzen Tag mit aller Kraft hinschien. Unter acht Tagen gab es keine Strafe. Ich habe acht Tage lang in dem Loch liegen müssen und mir dabei Malariafieber zugezogen.

Fast alle im Lager untergebrachten Gefangenen litten an Malaria. Wir bekamen aber weder Behandlung noch Medikamente, so daß viele sterben mußten, wie z. B. (folgen Namen) und noch einige 50 Mann, auf deren Namen ich mich nicht mehr besinnen kann.

Der Lagerkommandant ließ sich morgens alle Leute, die sich krank meldeten, vorführen. Wer nicht 38 oder 40 Grad Fieber hatte, erhielt die Taboostrafe. Ein Arzt war überhaupt nicht vorhanden, sondern bloß ein Apotheker aus Algier, der keine Ahnung hatte.

Der Lagerkommandant prügelte die Leute ohne ersichtlichen Anlaß mit dem Bambusstock.

Die Verpflegung war außerordentlich schlecht. Immer nur dünne Suppe und schlechtes Brot. Als Eßgeschirr dienten alte Petroleumkübel. Die Kochkessel waren verrostete Karbidkübel. Ich war 18 Monate im Lager Targa und kam dann nach Carpiagne in Frankreich. Dort waren alle an Malaria erkrankt gewesenen Kameraden untergebracht. Man war dort vollständig auf sich selbst angewiesen, es kümmerte sich kein Mensch um uns, so daß selbst die Schwerkranken ohne Aufsicht blieben."

Wehrmann Gustav Bühler:
"Von Marseille aus kam ich zu Schiff nach Algier, dann nach Aumale und hierauf nach Boghni, dort war das erste Lager. Die Behandlung war sehr schlecht und wir waren ganz auf uns selbst angewiesen. Man nannte uns den Ausschuß der Menschheit, und wir seien dorthin gekommen zum Kaputtmachenlassen.

Dieser Anschauung entsprechend war auch unsere ganze Behandlung. Etwa vier oder fünf Monate waren wir in dem Lager Boghni. Hier lagen wir auf der bloßen Erde. Auch die ärztliche Behandlung war äußerst schlecht... Später kam ich nach dem Lager Tigziert. Wir waren hier alle mit der Kleidung schlecht gestellt, manche von uns mußten barfuß, sogar in der Unterhose laufen. Weil es an ärztlicher Hilfe fehlte, wurden viele, die sich krank meldeten, einfach eingesperrt. Der Bestrafte mußte sich selbst ein Loch in die Erde graben und mußte darin seinen Arrest absitzen. Über sich hatte er nur eine Zeltbahn. Wer einen Entflohenen tot oder lebendig wieder zurückbrachte, erhielt 50 Franken Belohnung. Es wurde mir auch erzählt, daß von den Arabern einmal zwei Entflohene umgebracht worden seien. Ich erkrankte einmal an Malaria und bekam regelmäßig jeden zweiten Tag Anfälle, trotzdem mußte ich weiterarbeiten und wurde bei solchen Anfällen einfach in den Straßengraben gelegt, bis der Anfall vorüber war. Dadurch wurde ich derartig geschwächt, daß ich schließlich ins Lazarett geschafft werden mußte."

Jäger Paul Schmidt:

"Januar 1915 wurden wir in Stärke von etwa 200 Mann über Marseille nach Algier geschafft. Bei dem Marsch durch die Stadt bewarf uns die angesammelte weiße Bevölkerung mit Steinen, Kot und Eisenschrauben, so daß eine Anzahl Kameraden verletzt wurden. Nachdem wir die Nacht im Festungsgefängnis in Algier zugebracht hatten, kamen wir am nächsten Morgen nach Tizi-Ouzou, etwa vier Bahnstunden von Algier, und von da nach Blida. Von dort wurde ich dann im Mai 1915 nach Tigziert an der Meeresküste geschafft. Die Verpflegung war dort sehr schlecht, die Behandlung kann man nur als gemein bezeichnen. Bei den geringsten Anlässen gab es Arreststrafen. Als Arrestzelle diente ein auf dem blanken Boden errichtetes Zelt, das jedoch höchstens einen halben Meter hoch war, so daß man den ganzen Tag in der Gluthitze liegen mußte. Wenn beim Appell die Kranken nicht pünktlich zur Stelle waren, wurden sie vom Sergeanten mit Ruten geschlagen.

Am 27. Februar 1916 ereignete sich folgendes: Ein gefangener deutscher Unteroffizier namens Hermanns, wohl von einem mecklenburgischen Infanterie-Regiment, hatte mit einer Anzahl Soldaten Strafexerzieren und sollte in der Mittagshitze bergauf bergab Laufschritt machen. Das verweigerte er gegenüber dem Dolmetscher, einem französischen Soldaten. Dieser versetzte ihm darauf einen Stoß, worauf er von Hermanns eine Ohrfeige bekam. Der Dolmetscher rief sofort einen Posten herbei und ließ von diesem Hermanns mit dem Bajonett niederstechen. Hermanns wurde schwer verwundet, wir holten ihn nach ein paar Stunden auf einer Bahre weg. Er ist dann nach zehn Wochen gestorben.

Uns wurden auch gedruckte Speisezettel vorgelegt, die wir nach Hause schicken mußten. Darauf standen eine Anzahl Speisen, die wir angeblich erhielten, was jedoch nicht der Wahrheit entsprach. Wer den Zettel nicht schickte, wurde mit Arrest bestraft."

Bericht von Leutnant Weich und eine eidliche Aussage von Unteroffizier Boengruber: "Die Strafen waren furchtbar streng. Zuerst kannten wir nur das Tombeau. Eine einzige Zeltbahn, 1,50 Meter im Quadrat, wurde an den Enden auf der Erde befestigt, so daß sie in der Mitte 40 bis 50 Zentimeter hoch war. Unter dieses Zelt kam der Bestrafte, Kopf und Füße kamen natürlich am Ende heraus. So lagen die Armen in der schrecklichen Sonnenhitze... Für gefundene Stücke französischer Zeitungen gab es ein bis vier Wochen Arrest, als Zusatz dazu noch Lohnabzug und Strafexerzieren. Der Bestrafte bekam einen mit Steinen gefüllten Sack über die Schulter und mußte damit zwei Stunden lang einen Hügel hinauf- und heruntergehen.''

Wenn ein Mann schlecht arbeitete, wurde er zunächst mit Arrest bestraft, und zwar in immer höherem Grade, zuletzt gab es nur noch Strafen von 60 Tagen, und zwar wurde jeder Gefangene schon dann bestraft, wenn er sich einmal von der Arbeit aufrichtete. Eine andere Strafe für die Leute, die nicht arbeiteten, war das Strafexerzieren in der glühendsten Mittagshitze von 12 bis 2 Uhr mit Sandsäcken auf dem Rücken. Ein deutscher Unteroffizier mußte jeweils mit der Uhr in der Hand dabeistehen, damit das Tempo 114 eingehalten wurde. Tat er das nicht, so wurde er selbst mit zum Strafexerzieren eingeteilt. Die Arrest-strafen waren hier so: Die Leute mußten unter eine etwa 40 Zentimeter hoch vom Erdboden aufgesteckte Zeltbahn kriechen, bekamen nur Wasser und Brot und durften unter der zu kleinen Zeltdecke weder die Füße noch den Kopf herausstecken, so daß sie in ständig gekrümmter Haltung verharren mußten. Wegen des niedrigen Raumes herrschte unter der Zeltdecke eine glühende Hitze. Der die Zeltbahn bewachende Posten mußte, wenn der Arrestant einen Körperteil hervorsteckte, danach schlagen.

Eine andere Arreststrafe war folgende: Es wurde ein rundes Loch von etwa 60 Zentimeter Tiefe in die Erde gegraben und von einem Durchmesser, der gerade hinreichte, daß ein Mann in dem Loche kauernd sitzen konnte, und darüber ein Zelttuch gespannt.

Eine weitere Strafart war folgende: Der Mann mußte eine 50 bis 60 Kilo schwere vierkantige Eisenstange auf die Schulter nehmen und mit dieser Last zwei bis drei Stunden stillstehen, ohne sich zu rühren. Meist brachen die Leute unter der Last schon vorher zusammen."

Gefreiter Elmpt:

"Eine sehr harte Strafe war folgende: Ein Apparat wurde auf beide Daumen gebracht und so fest angeschraubt, daß die Daumen ganz rot von dem zusammenfließenden Blut wurden. Diese Bestrafung mit der Daumenschraube ist während meiner Zeit in Koque-Klaba dreimal verhängt worden."

Was in Algerien das "Tombeau" war, war in Marokko der "Silo", ein Loch im Erdboden von drei Meter Tiefe, einem unteren Durchmesser von etwa zwei Meter und einem oberen von 80 Zentimeter. Dieses Loch mußten sich die Gefangenen selber graben und hineinsteigen, zu einem, zu mehreren, in Sidi-el-Aidi sogar Leute mit 40 Grad Fieber. Ebenfalls gab es in Marokko die Strafe des Einzelzeltes; eine kleine Zeltbahn, die in der Mitte geknickt und bis zu einer Höhe von 50 Zentimeter über der Erde straff gespannt wird. Kopf und Füße blieben dabei unbedeckt. Bei Regenwetter, bei großer Hitze oder bei kaltem Boden war diese Strafe die fürchterlichste Menschenquälerei.

In Sidi-el-Aidi und anderen Lägern mußten die Leute, die das Arbeitspensum nicht geschafft hatten – zwölf Kubikmeter Steine am Tage klopfen, das ist wenigstens acht Stunden saure Arbeit, wobei eine Hitze von 75 bis 80 Grad Celsius oder körperliche Schwäche nicht als Entschuldigung für das Nichtleistenkönnen galten – des mittags in der sengendsten Hitze in Gruppen Laufschritt machen, wobei sie von Arabern mit der Knute geschlagen wurden. In Ber-Rechid mußten sie, ebenfalls in der heißesten Tageszeit, wenn die anderen zur Ruhe in ihren Zelten waren, an der Fahnenstange stramm stehen. In El-Boroudj war die Prügelstrafe offiziell. Nach El-Boroudj kamen hauptsächlich Leute mit aufrechter nationaler Gesinnung. Man hat hier vergeblich versucht, diesen besten Deutschen den steifen Nacken zu brechen; wenn sie eine Strafe unter dem Einzelzelt abzubüßen hatten, sangen sie noch "Deutschland, Deutschland über alles!", worauf sie in das sogenannte

*Büro des renseignements* geschleppt und dort von arabischen Bastarden verprügelt wurden. Als diese Prügelei zu umfangreich wurde, wurde der französische Kommandant auf Veranlassung der Schweizer Kommission abgelöst. Man schickte dann von Paris aus einen neuen Kommandanten nach El-Boroudj, und zwar einen Offizier, der in deutscher Gefangenschaft gewesen war, der also nun Gelegenheit bekam, sich für die "schändliche Behandlung" in Deutschland an den Deutschen selbst zu rächen. Aber der Mann tat alles, um das Los seiner Gefangenen zu verbessern. Seltsam!

Der Capitaine Grand in Tunis nahm mit Vorliebe die deutschen Kriegsfreiwilligen zu Arbeiten wie Latrinenreinigen und Kohlenkarren. Er bestrafte die Leute, indem er sie ohne Wasser und ohne Bewegungsmöglichkeit – bei der Hitze – einsperrte.

Die Unterärzte Scheffer und Fuchs berichteten auf Grund ihrer Erlebnisse im Kriegsgefangenenlager **Carpiagne** in Frankreich über den Zustand der aus Nordafrika zurückkehrenden Transporte:

"Transporte, die aus Afrika kamen, sahen regelmäßig aus wie ein Leichenzug. Sie machten infolge der Malaria den Eindruck schwerer Blutarmut und entsetzlicher Unterernährung.

Der französische Sanitätsdienst stand auf dem Standpunkt, daß Malaria keine Krankheit sei.

Wir haben Transporte aus Algerien, Tunis und Marokko gesehen. Von einem Transport blieben 40 bis 50 Mann beim Appell in Carpiagne, der 50 Minuten dauerte, in den Baracken wegen Fieberanfälle zurück. Sie wurden krank gemeldet, aber der Leutnant verlangte, daß sie am nächsten Tag mit herauskommen sollten."

Über das Lager **Mikra bei Saloniki** gab das Heft *Gegenrechnung* der *Süddeutschen Monatshefte* folgenden Bericht:

"Vom 11. Januar 1919 bis 6. Juni 1919 weilte ich im französischen Gefangenenlager Mikra bei Saloniki. Das seit dem Winter 1918/19 übel berüchtigte Lager Mikra war während des Krieges – nach persönlich mir gegenüber gemachten Aussagen eines französischen Arztes – infolge ausdrücklicher internationaler Abmachungen, die den bekannten schlechten hygienischen Verhältnissen des Lagers Rechnung trugen und die seines Wissens auch in die Berner Konvention aufgenommen wurden, nur als Sammellager benützt worden, um die an der mazedonischen Front gemachten Gefangenen dort zu sammeln und mit dem nächsten Schiff nach Frankreich abzubefördern. Mit dem Moment des Waffenstillstandes benützten die Franzosen das zu diesem Zweck in keiner Weise eingerichtete und in sanitärer Hinsicht jeder Beschreibung spottende Lager als Dauerlager. An dieser Tatsache, wie überhaupt an den ganzen Verhältnissen des Lagers Mikra, kann in selten überzeugender Weise die bewußte Absicht der französischen Regierung und verantwortlichen Befehlsstellen nachgewiesen werden, die Zeit nach dem Waffenstillstand – als Deutschland ohnmächtig geworden war – dazu auszunützen, die deutschen Gefangenen, das heißt, einen der kräftigsten und zukunftsvollsten Bestandteile der deutschen Jugend, soviel als irgend möglich entweder ganz zugrunde zu richten oder doch derart seelisch und körperlich zu schädigen, daß sie nur als gebrochene Männer zurückkehren sollten. Ein solcher Nachweis ist für Frankreich als Staat ungleich belastender als die Feststellung von Grausamkeiten französischer Einzelpersonen, die zwar die allgemeine Psychologie der französischen Rasse, aber nicht das System und die verantwortliche Politik Frankreichs treffen.

Sämtliche Gefangene (etwa 400 Deutsche, 500 Österreicher und Ungarn und zahlreiche Bulgaren), gleichgültig, ob Offizier, Unteroffizier oder Mann, waren in französischen Spitzzelten, sogenannten Marabous, untergebracht. Die Zelte, deren Normalbelegung auf höchstens zehn Mann berechnet ist, waren oft mit über zwanzig belegt. Fast sämtliche Zelte waren durchlöchert und derart brüchig, daß von einem Schutz gegen Wind und Wetter nicht die Rede war. Bei Regen stand das Wasser oft fußhoch in den Zelten, bei Sturm waren die Zeltstangen oft geknickt und die Zelte wurden weggeweht. In den eisigkalten Winternächten verließen unsere Leute oft ihre Zelte, um durch Bewegung das Erfrieren von Gliedmaßen zu verhindern. Strohsäcke gab es nicht. Glücklich war, wer eine Decke oder ein Zelttuch hatte; 95 Prozent besaßen jedoch nichts derartiges. Wir Offiziere konnten uns nach einiger Zeit durch heimlichen Kauf etwas Holz beschaffen und uns daraus Bettstellen zimmern. Die Mannschaften lagen jedoch den ganzen Winter auf der bloßen, feuchten, kalten Erde; zum Teil sogar ohne Mäntel. Infolge der zahlreichen Regenfälle war während des Winters der Boden des Lagers ein Morast, in den man bis zu den Knöcheln einsank, da es Wege oder Knüppelpfade nicht gab. Die Folge war, daß die Leute dauernd nasse Füße hatten.

Über die sanitären Verhältnisse des Lagers Mikra ist folgendes zu sagen: Zunächst gab es für über 1200 Mann (Offiziere, Unteroffiziere und Mannschaften) nur eine Latrine, bestehend aus einem schmalen, etwa ein Meter tiefen und 30 Meter langen Graben mit einem Brett davor, das jedoch bei Regen vollkommen in den Schmutz versank, so daß man dann noch bis über die Stiefel im Wasser stak. Die ganze Umgebung der Latrine war mit Kothaufen, die zum Teil mit Blut und Ruhrschleim durchsetzt waren, bedeckt. Man mußte oft viertelstundenlang bei Sturm und Regen anstehen, bis man einen Platz bekam. Regnete es, so lief die Latrine meistens über, und da sich das Gelände von der Latrine aus zum Lager senkte, so war dann der ganze Lagerplatz oft ein Sumpf von Schmutz, Lehm, Regenwasser, Urin und Kot. Ein fürchterlicher Gestank verbreitete sich dann über das ganze Lager. Aber auch, wenn es nicht regnete, war die Latrine des morgens wegen der Überbenützung der Nacht (infolge der zahlreichen Dysenterie- und Ruhrfälle) derartig mit Kot angefüllt, daß eine Benützung ausgeschlossen war und man seine Notdurft auf dem freien Lagerplatz, unserer einzigen Spaziergangsmöglichkeit, verrichten mußte. Chlorkalk gab es ganz selten und dann viel zu wenig. Als die erste Latrine dieser Art mit der Zeit unhaltbar geworden war, ließen die Franzosen sie notdürftig zuschütten, auf dem noch stinkenden und dampfenden Boden Unterkunftszelte errichten, in denen die Leute wieder auf dem bloßen Boden liegen mußten, und an einer anderen Stelle eine Latrine im gleichen Stil ausheben. Beschwerden bei französischen Ärzten wurden nur mit Achselzucken beantwortet.

In dem einzigen Trink- und Waschwasserbrunnen des Lagers floß fast dauernd von dem in der Nähe befindlichen Arrestkotter, in dem bis zu 80 Arrestanten kauerten, Urin zu, so daß darauf in erster Linie die zahlreichen Darmerkrankungen unserer Leute zurückzuführen sind. Das einzige Revier des Lagers bestand aus einer gänzlich zerfallenen, fensterlosen, feuchten, dunklen Lehmhütte, durch die jeder Windzug hindurchpfiff und die meist ungeheizt war. Nur in schwerkrankem Zustande wurden die Leute in das Revier überführt; an Medikamenten, Diätlebensmitteln, Eß- und Kochgeschirren, Decken, Betten, Waschgefäßen herrschte völliger Mangel. Die schlechte und pflegelose Unterbringung und die raffinierte Bestimmung, daß jeder Neuaufgenommene am ersten Tage überhaupt keine Nahrung bekam, hatten zur Folge, daß sich unsere Leute erst viel zu spät in ärztliche Behandlung begaben. Auch liefen sie dabei Gefahr, von dem französischen Arzt zurückgewiesen zu werden und dann von dem Aufsichtssergeanten als ganz besonderen Drückeberger mißhandelt zu werden. So ist es unter anderem vorgekommen, daß ein junger, sonst kerngesunder Kanonier, trotz hohem Fieber und mit jedem Tag zunehmender Entkräftung, sich nicht ins Revier meldete, aus begründeter Angst, von dem französischen Sergeanten aus der Reihe der Revierkandidaten noch vor der Vorstellung beim französischen Arzt herausgeholt und dann zu besonders schweren Arbeiten kommandiert zu werden. Schließlich mußte er gewaltsam von seinen Kameraden ins Revier getragen werden, doch es war zu spät, einige Stunden darauf verschied er im französischen Lazarett.

Die einzige Austrittsmöglichkeit der Revierkranken bestand in einer über ein Meter hohen, scharfkantigen Tonne (zugleich für Kot und Urin), die im Freien außerhalb des Reviers aufgestellt war, so daß selbst die schwer Ruhr-, Typhus-, Blasen- und Malariakranken, um ihre Geschäfte zu verrichten, bei Nacht, oft bei Sturm, Regen und eisiger

Kälte ins Freie wanken mußten. Mehrmals brachen sie an und noch vor der Tonne entkräftet zusammen. Der Abzugsgraben der genannten Reviertonne lief mitten durch das Offizierlager, so daß bei Regen der aus Pfützenwasser, Urin und Kot (letzterer oft mit Blut und Schleim durchmischt) bestehende Grabeninhalt über die niederen 'Ufer' trat und die Zelte durchschwemmte, in denen wir, zuerst auf dem Boden, dann auf niederen Holzgestellen schliefen. Nur schwer Fieberkranke wurden krank geschrieben, fieberfreie Malariakranke oder an Rheumatismus Leidende galten nicht als krank und mußten weiterarbeiten. Ich habe es selbst gesehen, wie Rheumatismuskranke bei der Arbeit mit Vorliebe auf die Körperteile geschlagen wurden, an denen sie sowieso schon rasende Schmerzen hatten.

Rücksichtslos wurden arbeitsunfähige Leute zur Arbeit geschickt, oft wurden sogar fehlende Arbeitskräfte aus dem Revier selbst von den Revierkandidaten ersetzt. Notorisch hoffnungslos tuberkulöse und geisteskranke Leute wurden genau so wie die Gesunden zur Arbeit mit herangezogen, und nicht ins Lazarett gebracht, geschweige denn, daß unsere Gesuche um ihre Abbeförderung nach Frankreich und vertragsgemäße Repatriierung anders als durch Hohngelächter beantwortet wurden. Zwar wurden diese Leute später auf die energische Forderung deutscher, aus der Ukraine gekommener Ärzte, mit dem Invalidenschein versehen und mit der bestimmten Versicherung getröstet, sofort nach ihrer Ankunft in Frankreich, nach Deutschland entlassen zu werden; in Frankreich angekommen, wurden ihre Invalidenscheine jedoch nicht anerkannt, und sie genau so wie ihre gesunden Kameraden ins zerstörte Gebiet zu Wiederaufbauarbeiten abbefördert.

Die in Mikra eingerichtete Entlausungsanstalt war derart mangelhaft, daß die Leute – anstatt entlaust – nur mit neuen Läusen und schweren Erkältungen behaftet, und ihrer geringen Habseligkeiten (Wäsche, Mäntel) beraubt, ins Lager zurückkehrten. Für die beim Arbeiten nicht verwendeten Offiziere und Unteroffiziere bestand die einzige Bewegungsmöglichkeit im Spaziergehen auf dem vor der Latrine liegenden, im Winter gänzlich versumpften Lagerplatz. Meistens wurde man jedoch von den Schwarzen (ohne Grund) einfach aus Vergnügen, durch Steinwürfe und Kolbenstöße am Spazierengehen gehindert.

Serbische Offiziere gaben mir öfter ihrer Empörung und Entrüstung über das barbarische Vorgehen der Franzosen in Mikra Ausdruck. Positive Schritte zur Besserung wurden jedoch nicht von ihnen unternommen.

Unsere Lage besserte sich erst mit Hilfe unserer von der Ukraine Mitte März 1919 gekommenen 'Internierten', deutschen Kameraden des sogenannten Detachements Hopman, etwa 6000 Mann. Am 9. April 1919 wurden wir dann nach Marseille abbefördert."

C. v. Hofacker, ehemaliger Leutnant d. R. im Ulanen-Regiment 20, Oberleutnant der deutschen Mil.-Mission Türkei, Führer der türkischen Jagdstaffel 15.

# 7

## Wie man mit verwundeten, kranken, sterbenden und toten deutschen Soldaten umging

Ton und Behandlung der französischen Ärzte und Pfleger den doppelt wehrlos gewordenen deutschen Soldaten, den Verwundeten und Kranken gegenüber, sind uns schon aus einigen Erlebnisberichten vertraut geworden. Völker unterster Kulturstufen quälen ihre körperlich kampfunfähig gewordenen Feinde nicht weiter, nur dem "kultivierten" Frankreich blieb es vorbehalten, in dieser Hinsicht sich unter die Wilden zu stellen.

Es gab auch darüber grauenhafte Berichte. Der Gießener Universitätsprofessor Dr. M. H. Göring, Rittmeister d. L. und selbst ehemaliger Kriegsgefangener in Frankreich, gab in seinem Buche *Über die Behandlung verwundeter und kranker deutscher Gefangener in Frankreich* aus über hundert französischen Lazaretten eine Blütenlese solcher "humanen" Fälle, gesammelt bei deutschen Offizieren und Sanitätsoffizieren. Der ehemalige Regimentsarzt Dr. August Gallinger aus München stellte in seinem Buche *Gegenrechnung* eine reiche Auswahl Erlebnisse deutscher Offiziere und Mannschaften, aber auch von Franzosen selbst zusammen. Weitere Berichte brachten die Denkschriften *Deutsche Kriegsgefangene in Feindesland. Frankreich* und *Frankreich und das Kriegsrecht. Schandtaten an der Front,* wie auch andere

Veröffentlichungen des Reiches; ebenfalls die Gutachten des Geheimrats Prof. Dr. Meurer, Würzburg. Und natürlich waren die Erlebnisbücher der Kriegsgefangenen selbst voll von Anklagen gegen das französische Sanitätswesen.

In manchen dieser Bücher wurde in dem Bestreben, gerecht zu bleiben, hervorgehoben, daß es auch gewissenhafte Ärzte, Pfleger und Schwestern, wie saubere, ordnungsmäßig geführte Lazarette in Frankreich gegeben hat. Ich verzichte darauf, das hier besonders herauszustreichen, war es doch eigentlich eine Selbstverständlichkeit, und daß diese Ausnahmen von den streng gerecht urteilenden deutschen Wissenschaftlern und Soldaten so hervorgehoben wurden, war nur ein Beweis dafür, daß es mit der Regel schlimm ausgesehen hat. Man kann aus dem erwähnten Buche von Dr. M. H. Göring den Schluß ziehen, daß über zwei Fünftel der französischen Lazarette nicht oder nur zum Teil geklagt wurde, dafür wogen die Klagen über rohe und brutale, ja bestialische Behandlung in den anderen um so schwerer.

Aus der Denkschrift *Frankreich und das Kriegsrecht. Schandtaten an der Front:*

(Anl. 120): Bericht des Soldaten Reinhold Kalisch: "Die Behandlung durch die Krankenschwester in Lyon war nicht gerade schlecht zu nennen, doch ging sie wenig rücksichtsvoll mit den Verwundeten um. Es kam vor, daß sie die Verbände vierzehn Tage lang auf den Wunden ließ. Ich selbst hatte mir den Rücken aufgerieben, ohne daß ich eine Gummiunterlage oder den Rücken eingerieben bekam, trotzdem ich darum gebeten hatte. Bei der Operation wurden mir nur die Granatsplitter aus dem rechten Oberschenkel entfernt. Der Arzt erklärte ausdrücklich, und zwar mir gegenüber, daß seine Aufgabe nicht darin bestände, mich zu heilen, sondern nur zu verhüten, daß ich sterbe, da dann der französische Staat bezahlen müsse. Das sagte er in gebrochenem Deutsch..."

(Anl. 123): Bericht des Leutnants d. R. Carl Kunze: "Ich wurde nach der Gefangennahme von einem französischen Offizier ohne jede

Ursache mit dem Revolver durch beide Beine und durch den Kopf geschossen (folgt Schilderung des Vorfalls). Nachdem ich mich mit Hilfe von deutschen Soldaten durch ein Dorf geschleppt hatte, wurde ich auf Anweisung des französischen Arztes zum Negerverbandplatz gebracht. Hier habe ich stundenlang im Freien gelegen. Inzwischen war es Nacht geworden. Die Tragbahre, auf der ich lag, wurde zwischen die beiden Räder eines Karrens gehängt und bis zum nächsten Verbandplatz gefahren. Dort stand Bahre an Bahre, meist mit Negern darauf. Dann wurde ich mit obengenanntem Karren bis zu einem Krankenautohalteplatz befördert. Dort wurde ich mit fünf Negern zusammen in ein Auto verladen. Es war geradezu eine Höllenfahrt. Erstens fuhr der Chauffeur wie ein Wilder auf der von schweren Wagen und Granaten durchfurchten Straße, so daß einem schon als gesunder Mensch die Knochen im Leibe wehgetan hätten, geschweige denn als Verwundeten, zweitens brüllten die verwundeten Neger jedesmal wie wilde Tiere bei dem Stauchen des Autos, so daß einem Sehen und Hören verging.

Ich wurde in einem niedrigen Wellblechbarackenlazarett, in dem nur deutsche Verwundete lagen, abgeladen. Hier bot sich mir ein trauriger Anblick. Die meisten Verwundeten lagen schon tagelang mit ihren Notverbänden, über und über mit Blut bedeckt. Zu essen hatten sie überhaupt noch nichts bekommen, zu trinken gab man ihnen, ebenso wie mir, trübes übelriechendes Wasser. Ich kam dann mit andern Verwundeten in das nächste Barackenlazarett. Dort legte man mir neue Verbände an. Wie das Essen dort war, weiß ich nicht, da ich wegen meines Kopfschusses nichts essen konnte und so erschöpft war, daß ich meistens geschlafen habe. Tags darauf kam ich mit einem Krankenauto nach Amiens ins Lazarett Hotel Dieu. Hier mußte ich eine Stunde nach meiner Einlieferung, durch zwei deutsche Soldaten gestützt, zwei bis drei Treppen heruntergehen, um geröntgt zu werden. Nachdem dies geschehen war, wurde ich auch nicht getragen, sondern mußte laufen. Im Lazarett war ein französischer Arzt, der sich in der gemeinsten Weise benahm. Er freute sich riesig, wenn ein Verwundeter beim Verbinden schrie und sagte dann: 'Haben Sie Schmerzen? Ich habe keine!' oder er sagte 'Das schadet Ihnen nichts, das ist die Strafe dafür, daß mir die Deutschen in Lille meine Wohnung ausgeräumt haben.' Gleich am ersten Tage wollte er mir eine Kugel aus dem Bein mit einer großen Schere herausschneiden. Ich tat, als fühlte ich nichts. Er setzte ab und ging zynisch lächelnd zum nächsten Bett.

Das Essen, das man uns dort vorsetzte, war schlecht und ungenügend. Zu dem zähen Fleisch wurde nicht einmal ein Messer geliefert. Als eines Nachts deutsche Flieger über Amiens gewesen waren, beschimpfte uns der obengenannte Arzt als feige Mörderbande und meinte, in einigen Tagen würden die Franzosen ja in Deutschland sein, und dann würde dort auch keine Rücksicht auf Frauen und Kinder genommen werden; man könnte auch eventuell mit Petroleum etwas nachhelfen. Einige Monate später erzählte mir ein Kamerad in einem Gefangenenlager, daß in demselben Lazarett die deutschen Verwundeten bei einem Fliegerangriff auf Amiens drei Tage lang nichts zu essen bekommen haben. Das Lazarettpersonal hier war natürlich von der gemeinen Gesinnung des Arztes angesteckt worden. Eines Tages brauchte ich das Bettklosett; der Wärter brachte es mir nicht und meinte, ich solle es mir selber holen. Es blieb mir weiter nichts übrig, als mich von einem Bett zum andern zu ziehen und es mir zu holen. Ein deutscher Oberarzt, der aus dem Lazarett Coutance kam, erzählte uns später im Gefangenenlager, daß er gesehen habe, wie die Franzosen ganze Reihen von Betten mit deutschen Verwundeten derartig narkotisiert hätten, daß viele nicht mehr aufwachten. Er sagte: 'Ich muß es als Arzt beurteilen können, ob so starke Narkosen nötig waren.'

Aus allem geht hervor, daß die Franzosen ihre Gefangenen planmäßig kaputtmachen wollten...”

**(Anl. 136)**: Bericht des Füsiliers Emil Hesse: “Am 23. Oktober kam ich weiter nach Poitiers, wo ich im Hospital 18 vierhundert Tage blieb und deutsche Verwundete pflegen mußte. In diesem Hospital hatten die Verwundeten viel unter Hunger und Kälte zu leiden, besonders dann, wenn die Franzosen an der Front eine Schlappe erhielten. Besonders schlecht war es im Jahre 1917, wo hier mehrere Kameraden an Hunger gestorben sind, die nur eine geringe Verwundung und gar kein Fieber hatten. So freuten sich die Verwundeten, wenn sie schnell geheilt waren und ins Lager kommen konnten. Der Chefarzt benahm sich am gemeinsten gegen uns und redete uns nur mit 'boche' und 'cochon' an; er behandelte die Verwundeten ganz gemein. So wollte er eine Zeitlang weiter nichts als Beine und Hände amputieren und machte es den Verwundeten vor, daß es nicht anders ginge. Ich und einige andere haben die Verwundeten jedoch überredet, sie sollten sich das nicht gefallen lassen, worüber uns der Chefarzt besonders böse war. Die Verwundeten wurden dann auch ohne Amputation gut geheilt. Aber trotzdem wurden vielen Verwundeten die Gliedmaßen abgenommen, damit möglichst viel als Krüppel nach Hause kämen. Der Chefarzt hatte seine Freude daran, die Verwundeten im Verbandzimmer ordentlich zu quälen, wühlte in den Wunden herum, bis die Leute vor Schmerz umfielen, benutzte öfter dasselbe Instrument, ohne es zu säubern, für mehrere Verwundete. Bemerken möchte ich noch, daß die Franzosen wirklich in dem Wahne lebten, daß die Deutschen den Frauen und Kindern die Hände abhacken und sich diese dann braten.”

**(Anl. 3):** Bericht des Fliegers Walter Ellinger: “Ich lag im Lazarett in Chalons. Am 12. September 1914 stürzten französische Kolonialtruppen in unseren Lazarettsaal und schossen ohne Grund auf uns. Ich erhielt hierbei einen Infanterieschuß in den Leib und zwei Kameraden wurden erschossen. Zivilbevölkerung, die anfangs öfter in unser Lazarett kam, zeigte sich sehr feindselig gegen uns. Sie schlug mit Stöcken und Schirmen nach uns.”

**(Anl. 40):** Bericht des Vizefeldwebels Franz Rediker: “Die Unterbringung im Fort in Blaye-Gironde und die Verwundetenpflege spotteten jeder Beschreibung. In den alten Steinbaracken des von Vauban gegen die Engländer erbauten Feste lagen wir auf feuchtem Zementboden. Jeder erhielt ein kleines Bündel Binsenstroh als Bett. Dies reichte nicht einmal für den Rücken aus, die Beine lagen auf dem feuchten, kalten Boden. Wochenlang hatten wir nur einen Teller und einen Löffel zum Essen für die 20 Mann, die nur auf der Seite liegend in dem Raume

Platz finden konnten. Decken gab es erst nach drei Monaten, kurz vor Weihnachten. Nach sechs Wochen erhielt ich erst ein Hemd. Das schlimmste war die fehlende ärztliche Behandlung. Über drei Wochen wurden wir nicht verbunden, so daß Maden in den Wunden auftraten. Erst als mehrere Verwundete gestorben waren, kümmerte man sich um uns. Vorher mußten wir uns selbst helfen, so gut es ging.

Ein leichtverwundeter Feldwebel und ein Unteroffizier waren des Nachts in das Hospital eingebrochen und hatten dort einige Verbandmittel beschafft. Mit diesem wurden vor allem die Leute mit den Bauchschüssen und weitklaffenden Wunden notdürftig des Nachts verbunden. Der Eitergeruch war unbeschreiblich. Dazu wurde des Nachts ein Petroleumkübel als Abort in den Raum gestellt. Fast alle bekamen wir die Ruhr. Erst als der Wundstarrkrampf immer stärkere Formen annahm, etwa 30 Mann bereits gestorben waren, kamen Ärzte aus Bordeaux. Einer von diesen Ärzten zeichnete sich durch sein gemeines Gebaren vor allen anderen aus. Den Verwundeten, die er verbinden sollte, schnitt er die Knöpfe von Rock und Kragen. Als er einem Unteroffizier das Bein verband, tat er so, als ob er ihm das Bein abnehmen wolle. Bei mir steckte er seinen ganzen Zeigefinger in die Schulterwunde, drehte und krümmte ihn und fragte, ob das weh täte. Als ich verneinte, wiederholte er dasselbe noch mehrere Male und wurde äußerst wütend, als er mir nicht das Geständnis des Schmerzes herauspressen konnte.

Mitte Januar 1916 kam ich in die Nähe von Rochefort in ein Arbeitslager. Um die Gesinnung des dortigen Kommandanten zu kennzeichnen, werden zwei seiner Äußerungen genügen. Als ihm eine Beschwerde über das mangelhafte Essen vorgebracht wurde, sagte er: 'Es genügt, wenn die Boches nur noch ganz wenig atmen können, wenn sie wieder über die Grenze kommen. Jedenfalls werde ich dafür sorgen, daß sie später weder geistig noch körperlich zu irgend etwas zu gebrauchen sind.' Als eine neutrale Kommission das schlechte Brot bemängelte und feststellte, daß es für die menschlichen Mägen unbrauchbar sei, sagte er, er behaupte auch gar nicht, daß es für Menschen genießbar sei, für

Schweine wäre es jedenfalls noch gut genug, und die Boches ständen weit unter den Schweinen."

**(Anl. 7):** Unteroffizier Karl Kuhlen: "Im Lazarett in Rochefort traf ich wieder mit Kameraden, die mit mir gefangengenommen waren, zusammen. Sie erzählten mir, sie seien, als ich von ihnen getrennt war, von französischen Soldaten wieder in den Stollen zurückgeschleppt und dort von ihnen in widernatürlicher Weise geschlechtlich gebraucht worden, und zwar durch Einführung des Geschlechtsteils in den Anus."

**(Anl. 73):** Feldunterarzt Claus: "Während meines Aufenthaltes im Hospital in Rochefort ist mir noch aufgefallen, daß uns niemals, trotz mehrerer Bitten, gestattet wurde, an der Beerdigung verstorbener deutscher Kameraden teilzunehmen. Ich war daher in bezug auf die Würdigkeit dieser Beerdigungen sehr mißtrauisch, kann etwas Bestimmtes darüber nicht angeben. Ich habe nur einmal gesehen, wie die Leiche eines Deutschen auf einer Tragbahre, nur mit einer Decke bedeckt, in der Dämmerung aus dem Hospital in die Stadt getragen wurde."

**(Anl. 115):** Oberleutnant d. R. Heinrich Heyder: "Spitalbehandlung in Le Puy: Die Untersuchung meines durch einen Schuß gespaltenen Ohres durch den französischen Arzt bestand darin, daß derselbe einmal heftig an der einen herabhängenden Ohrfläche zerrte. Trotzdem ich schon mehrere Tage im Spital gewesen war, war das äußere Ohr immer noch nicht genäht. Auf meine Bitte, es doch zusammenzunähen, geschah nichts. Dann heftete es die Schwester mit Heftpflaster zusammen. Eine Untersuchung des inneren Ohres fand aber erst nach vier Wochen statt. Das Ohr ist jetzt taub."

*Deutsche Kriegsgefangene in Feindesland. Amtliches Material. Frankreich:*

**Lager Auch:** "Lagerarzt ist bei Gründung des Lagers Dr. Tissot. Er hat seine ärztlichen Pflichten gröblich vernachlässigt. Im November 1916 versucht er die Vorstellung der Ordonnanzen vor die Schweizer Ärztekommission zu verhindern. Im Januar 1917 hat er einen Offizier mit Gehirnerschütterung überhaupt nicht besucht. Im Februar 1917 abberufen, wird er nach einem Monat wieder eingesetzt. Malariakranke besucht er erst nach zwei bis drei Tagen, wenn das Fieber gesunken ist, und läßt sie dann bestrafen, weil sie vom Appell fortgeblieben sind.

**Lager Aulnat.** Auf Leutnant Jauberts Veranlassung, der bei der ärztlichen Untersuchung der Kranken meistens zugegen ist, werden selbst Fieberkranke vom Arzt nicht anerkannt, sondern mit 15 bis 30 Tagen Arrest bestraft, der nach getaner Arbeit und oft ohne Brot verbüßt werden muß. In Sarlièvre nimmt dieser Arzt die Untersuchung flüchtig am Automobil vor oder, wenn er nicht anwesend ist, Leutnant Jaubert selbst.

**Lager Caen.** Die ärztliche Behandlung liegt in den Händen eines Arztes, der die Leute roh und ohne jedes Interesse behandelt. Die eigentliche ärztliche Untersuchung nimmt der Adjutant Quesneville beim Appell vor. Es darf sich dem Arzt nur vorstellen, wem er es erlaubt. Leute, die der Arzt zu leichter Arbeit geschrieben hat, treibt er in die Kohlen oder zum Säcketragen, häufig mit Schlägen und Fußtritten. Zahnkranke werden nur gefragt, ob sie noch essen können. Im Revier Lefebre sind für 450 Mann nur vier Betten, im Bahnhofslager für 250 Mann nur zwei Betten.

**Lager Dinan.** Die ärztliche Behandlung liegt in den ersten Monaten in den Händen eines französischen Arztes, der sich um Kranke und Verwundete oft wochenlang nicht kümmert. Seine Visite besteht gewöhnlich darin, daß er mit zwei aus Elsaß-Lothringen stammenden Zivilgefangenen, die er als Krankenpfleger bestellt hat, ein bis zwei Stunden plaudert, Zigaretten raucht und dann wieder geht.

Als etwa 115 Leicht- und Schwerverwundete, die aus der Marneschlacht kommen, im Lazarett untergebracht werden, treten Zustände ein, die jeder Beschreibung spotten. Nur ein geringer Teil kann in der eigentlichen Infirmerie unterkommen, die übrigen liegen in den Mannschaftsstuben herum, auf losem Stroh ohne Decken in ihren zerrissenen, beschmutzten, blutigen Uniformen. Die Kriegsgefangenen dürfen den Kameraden nicht helfen, auch die deutschen Sanitäter werden daran gehindert. Es fehlt an Verbandzeug. Die Kriegs- und Zivilgefangenen sammeln 80 Francs unter sich, damit etwas angeschafft werden soll davon, doch das Geld wird von dem Kommandanten mit dem Bemerken zurückgewiesen, die Zumutung, daß die Gefangenen Verbandzeug kaufen wollten, sei eine Beleidigung der französischen Republik. Der französische Pfarrer bringt darauf Verbandzeug und Öl zum Massieren unter der Soutane versteckt ins Lager. Es treten 58 Todesfälle ein, größtenteils am Starrkrampf. Die vom Starrkrampf Befallenen werden in einer Bodenkammer ohne Nahrung und Pflege eingeschlossen. Amputierte und Beinkranke müssen sich selber Krücken beschaffen. Auch hier hilft heimlich der französische Pfarrer. Der erste Besuch eines Schweizer Arztes im Winter 1914, der u. a. feststellt, daß der Lagerarzt einen Schwerverwundeten mit Bauchschuß seit drei Monaten nicht gesehen hat, bringt einige Verbesserungen. Bei den Akten der Infirmerie in Dinan befindet sich ein Schriftstück, in dem der Lagerarzt sich gegen solche unangemeldeten Besuche verwahrt, die ihre "Bochophilie" hinter der Maske der Neutralität verbergen.

**Lager Roanne.** Der den Revierdienst versehende Arzt ist grob und launisch. Statt sich um die Kranken zu kümmern, politisiert und schimpft er. Während der Stürme auf Verdun droht er, falls die Festung falle, alle Kranken aus der Krankenstube herauszuwerfen. Sie könnten dann sehen, wie es ihnen gehe.

**Lager Rouen.** Medecin-major I. cl. Dr. Pellerin verfährt in der nachlässigsten und rücksichtslosesten Weise bei der Untersuchung. Die weitgehendste Ausnützung der Arbeitskraft der Gefangenen ist für ihn der leitende Gesichtspunkt. Fieberkranke, Leute mit offenen Geschwüren und Arbeitsverletzungen werden ohne Untersuchung zur Arbeit geschickt.

**Lager Villegusien.** Kriegsgefangener Bähr stirbt im Dezember 1916 an Nierenwassersucht, nachdem er mehrere Male vergeblich versucht hat, sich krank zu melden. Lohmann, Ldw.-Inf.-Regt. 40, meldet sich wegen eines Fußleidens krank und wird mit 30 Tagen Arrest bestraft. Trotzdem ihn der Arzt krank schreibt, muß er seine Strafe absitzen.

Stäbler, Jäger-Bataillon 14, verwundet an Auge, Lunge und Arm, wird wegen "unbegründeter Krankmeldung" bestraft. Er soll mit dem 40-Pfund-Sandsack marschieren und weigert sich, nachdem er es versucht, weil er dazu nicht imstande sei. Nach dreimaliger Aufforderung wird er zu zehn Jahren Zwangsarbeit wegen Gehorsamsverweigerung bestraft. Der Gefreite Krantz wird bei einem Ausbruchsversuch vom Dach heruntergeschossen. Der Wachtoffizier schlägt den Verwundeten mit dem Gewehrkolben und tritt ihn mit Füßen, worauf Krantz ohne ärztliche Behandlung an Händen und Füßen gefesselt in die Zelle geworfen wird. Die französische Note behauptete, er sei weder verwundet, noch geschlagen, noch gefesselt gewesen.

**Korsika.** Aussage Börner: "Ein französischer Arzt mit Namen Marcantoni sollte die Kranken behandeln. Dieser Arzt war ein Barbar im wahrsten Sinne des Wortes. Kranke mit 40 Grad Fieber ließ er durch die kalte Winterluft zu sich in die Wohnung tragen, da er zu faul war, sie aufzusuchen. Es kam vor, daß er solche Kranken als Simulanten einsperren ließ. Den beiden gefangenen deutschen Ärzten Dr. Brausewetter und Dr. Heller verbot er unter Androhung von Kerker, ihre erkrankten Landsleute zu behandeln." Dr. Brausewetter vermerkt in seinem Tagebuch unter dem 10. Dezember 1914: "Ziesing tot. 20 Jahre. Dysenterie. Ich sage dem Kommandanten, daß der Arzt ihn nie besuchte. Der antwortet, er habe keine Macht über den Arzt. 13. Dezember 1914: Marcantoni ordnet an, daß die Schwerkranken ins Gefängnis kommen, weil sie nicht zur Konsulte heruntergekommen waren. Ich laufe ins Büro in toller Wut. Heute großes Theater. Die Totkranken werden zum Arzt getragen. *Ave morituri te salutant.* 20. Dezember 1914: Krankheit und Tod fordern weitere Opfer. Pfleiderer gestern nach unten gekommen, heute gestorben. Fordere Diät, verweigert. Kein deutscher Arzt durfte zu ihm, was soll werden? Unterernährung. Dysenterie grassiert. Marcantoni besucht keinen."

Aussage Dr. Heller: "Der französische Arzt Dr. Marcantoni war ein direkter Verbrecher, der Schwerkranke einsperren ließ, weil sie nicht arbeiten wollten."

**Marokko.** Der schwerste Schaden für die in Marokko befindlichen Kriegsgefangenen ist durch die mangelnde Sorgfalt des Sanitätsdienstes entstanden. Im französischen Sanitätsdienst herrschte die Auffassung, daß Marokko ein gesundheitlich günstiges Land sei, daß sich außerdem alle Gefangenen außerhalb der Sumpfgebiete befänden. Diesem Optimismus sind viele deutsche Soldaten, die an Malaria erkrankten, zum Opfer gefallen. Am Schwarzwasserfieber Erkrankte wurden in einem schlecht gefederten Krankenwagen den 20 Kilometer langen Weg nach Casablanca im Trab gefahren, auch wenn der Urin noch dunkel mit Blut vermischt war. Die Folge dieses rücksichtslosen Transports war stets eine Verschlimmerung der Krankheit, in vielen Fällen sogar der Tod.

Aus **Tunis** kam der Notschrei eines deutschen Gefangenen: "Wir sterben hier mit der Zeit noch alle am Fieber." Das Sanitätsjournal des deutschen Sanitätsgefreiten Grohmann zeigt die hohen Fiebertemperaturen und die vielen Todesfälle unter den Gefangenen.

**Militärgefängnis Avignon.** Die ärztliche Fürsorge ist unzureichend. Vergünstigungen, die der Arzt befohlen hat, werden obendrein vom Kommandanten wieder entzogen. Wer als krank befunden wird, bekommt Hungerdiät.

**Lazarette:** Das Ansehen, welches die französische Chirurgie in Friedenszeiten in deutschen Gelehrtenkreisen genoß, wurde aufs tiefste erschüttert durch die Erfahrungen, welche mit den aus französischer Gefangenschaft zurückkehrenden Deutschen gemacht wurden. Es kann unmöglich für diese chirurgischen Mißerfolge und Schädigungen die Hast der Kriegsversorgung verantwortlich gemacht werden. Auch dafür bestanden schon in Friedenszeiten gewisse Regeln, denen leicht zu folgen gewesen wäre, wenn der ernste Wille und die genügende Vorbereitung dahinter gestanden hätten.

Das Prinzip der modernen Kriegschirurgie bestand vor allem für Extremitätenschüsse in der Anlegung eines sauberen Verbandes, guter Schienung und Ruhigstellung der Wunde und vor allem in gewissenhafter Nachbehandlung nach konservativer Methode. Welchen

Eindruck mußte es auf alle Beteiligten machen, als beim ersten Gefangenenaustausch aus französischen Gefangenenlagern 82 Prozent Amputierte und aus deutschen Lagern nur 48 Prozent Amputierte zurückkehrten. Die Rückkehr der verstümmelten Deutschen bot einen geradezu erschütternden Anblick. Sie waren in den verschiedensten Stadien der Verletzung amputiert worden, eine große Anzahl primär am ersten oder zweiten Tage nach der Verwundung. Auf Befragen gab von diesen eine ganze Reihe an, daß sie, ohne vorher über ihre Einwilligung befragt oder über die Schwere des Eingriffs verständigt worden zu sein, ohne daß sie selbst ihre Verletzung für aussichtslos hielten, das Glied noch warm und nicht abgestorben war, Finger oder Zehen noch bewegt werden konnten, auf den Operationstisch gelegt wurden und mit der Verstümmelung erwachten. Man hatte den Eindruck, als ob grundsätzlich jeder Versuch unterblieben war, die Extremität zu erhalten. Wenn nach den Worten des großen Chirurgen Volkmann jede Amputation eine Bankerotterklärung unserer ärztlichen Kunst darstellt, dann hat sich die französische Chirurgie bei der Behandlung der Gefangenen recht oft frühzeitig bankerott erklärt. Als Beleg hierfür dienen die Aussagen einiger persönlich darüber vernommenen Amputierten.

Vizewachtmeister Rosner, Drag.-Regt. 8, sagt aus: "Ich wurde am 26. September 1914 durch Querschläger am rechten Arm verwundet und am 29. September gefangen nach St. Menehould in ein Lazarett gebracht; am 30. September wurde ich amputiert, ohne vorher gefragt oder irgendwie aufgeklärt worden zu sein. Ich hatte bis dahin weder Fieber, noch war von einer Infektion der Wunde das geringste zu bemerken. Ich bin fest überzeugt, daß mein Bein erhalten worden wäre, wenn deutsche Ärzte mich behandelt hätten. Daß ich nach der Amputation eine schwere Infektion bekam und noch einmal über dem Knie amputiert werden mußte, führe ich nur auf die unsaubere Arbeit des französischen Arztes zurück, denn ich wurde vor der Operation nicht einmal meiner vom Schützengraben her verschmutzten Uniform entledigt."

Leutnant Melcher, Inf. -Regt. 57: "Ich wurde am 25. Oktober 1917 am linken Oberarm schwer verwundet, der Knochen war zertrümmert, der Blutverlust jedoch unbedeutend. Die Finger konnte ich zum Teil noch gut bewegen, Gefühl war noch vollkommen vorhanden. Ich hatte die Hoffnung, daß mir der Arm erhalten werden könne. Am gleichen Tage nach Viercy abtransportiert, bat ich dort, mir den Arm zu erhalten; ich wurde aber, ohne davon vorher verständigt zu sein, exartikuliert. Meine Einwilligung hätte ich nicht gegeben."

Unteroffizier W. Halmer, Inf.-Regt. III, sagt aus: "Am 23. Oktober 1917 vormittags wurde ich am rechten Oberarm verwundet und kam zwei Stunden später in Gefangenschaft. Der Schuß hatte die Muskeln, aber nicht die Knochen verletzt. Die Finger waren beweglich und warm, das Gefühl vollkommen erhalten. Am 24. Oktober, abends acht Uhr, wurde ich auf den Operationstisch gelegt, ohne daß man mir vorher ein Wort gesagt oder meine Einwilligung zu einer Operation eingeholt hätte. Nur in der Narkose hörte ich das Wort: Operation. Als ich erwachte, war mein rechter Arm amputiert. Ich habe stets starke Hoffnungen gehabt, daß er erhalten werden könne."

Unteroffizier E. Röhm, Ers. Inf.-Regt. 67: "Ich wurde am rechten Oberarm verwundet und gleich darauf gefangengenommen. Der französische Arzt, der mich zuerst untersuchte, meinte, daß der Arm sicher erhalten werden könne. In einem anderen Lazarett wurde mir, aber trotz meiner Weigerung, der Arm amputiert. Die Finger waren noch beweglich gewesen, das Fieber, das am ersten Tag bestanden hatte, sank am zweiten Tage zur Norm."

Musketier H. Wendling, Inf.-Regt. 41: "Ich kam am 25. Juli 1915 unverwundet in Gefangenschaft. Nach zweijähriger Dauer derselben wurde ich am 22. Juni 1917 nachts, in der zweiten Etage des Gefangenenlagers, durch Gewehrschuß verwundet. Der Schuß kam aus der Wachstube, die unter uns zu ebener Erde lag, und ging durch beide Fußböden und durch den Strohsack in meinen rechten Arm. Ich hatte ganz entschieden den Eindruck, daß mein Glied erhalten bleiben könne, denn ich konnte die Finger noch gut bewegen. Ohne aber um meine Einwilligung gefragt worden zu sein, wurde ich am 24. Juni amputiert."

Nach Aussagen von zurückgekehrten Gefangenen, wurden im Hôspital Lycée Marceau in **Chartres** im Winter 1914/15 von einem Dr. Kaplan nahezu alle Extremitätenverletzten amputiert und von ihnen sind die meisten gestorben. Nahezu alle Amputierte kamen ohne reguläre Krücken an, die meisten mußten getragen werden, viele hatten sich notdürftig aus Besenstielen und kleinen Querhölzern Krücken hergestellt. Im Gegensatz hierzu wurden aus deutschen Lagern ausnahmslos alle Amputierten mit einfachen, aber tragfähigen Krücken entlassen. Eine ungewöhnlich große Zahl von Schußfrakturen kam mit Knochenfisteln zurück, die durch ihre oft jahrelange Eiterung die Kräfte erschöpft hatten... Mit ganz geringen Ausnahmen war mit den zahlreichen Nervenverletzten gar nichts geschehen. Der größte Teil der Kieferverletzten kehrte ohne Prothese zurück. Die Leute befanden sich in einem meist außerordentlich elenden Zustande, da ihre Ernährung nur durch Flüssigkeiten und Brei unterhalten werden konnte, weil das Kauen vollständig versagte. Dagegen trugen alle aus deutschen Lagern entlassene Gefangene Gleitschienen, intermeditäre Prothesen oder völlige Ersatzstücke, und bei nur ganz wenigen hatte die orthopädische oder operative Behandlung noch zu keinem Ziele geführt. Die große Zahl der nichtoperierten Empyme war in einem derartigen Zustande, daß sie ohne Zweifel dem baldigen Tode verfallen war; nur ein einziger Fall eines deutschen Offiziers kam mit einem guten Resultat der Ausheilung zurück.

Während ein großer Teil der Mißerfolge bei den aus der Gefangenschaft zurückgekehrten deutschen Verwundeten auf die angewandte oder die unterbliebene Methode zurückzuführen ist, trägt zu einem andern Teil die mangelhafte Nachbehandlung, wie sie fast durchweg in den französischen Gefangenenlagern geherrscht hat, die Schuld. Die Angaben der Leute decken sich in jeder Beziehung und zu allen Zeiten der Kriegsdauer, daß die kurative Behandlung der Wunden eine äußerst oberflächliche war. Die Kranken bekamen oft wochenlang keinen Arzt zu sehen, oder der Arzt ging alle paar Tage über die Abteilung, ohne die Wunden zu besichtigen. Meist waren sie völlig ungeübten oder unsauberen Händen überlassen, oder den Verletzten wurde von Zeit zu Zeit ein Stück Watte auf das Bett geworfen, womit sie selber den Verband erneuern sollten. So kam es, daß Sekundärinfektionen hinzutraten, die Eiterungen unterhielten, die längst hätten abgelaufen sein sollen. Das kam besonders zum Vorschein in den Internierungslagern der Schweiz, wo die Ärzte mit der allergrößten Sorgfalt arbeiteten, um noch zu retten, was zu retten war. In vielen Fällen kam eine schnelle Wendung, nach der die Wunden der Heilung entgegengingen. Wie leicht wäre alles dies zu vermeiden gewesen, wenn das rechte Verantwortungsgefühl vorhanden gewesen wäre, das jede ärztliche Tätigkeit, auch dem Feinde gegenüber, leiten soll.

**Hospital Lisieux:** Das Hospital Lisieux war untergebracht in zwei Fabrikgebäuden. Die Unterbringung läßt sehr zu wünschen übrig, die Heizung ist völlig ungenügend. Im Winter sind die Wände so feucht, daß sich Schimmel und Pilze ansetzen. Das Essen wird den Bettlägerigen durch Gesichts- und Hautkranke gebracht. Diese müssen auch die Wäsche ihrer Kameraden waschen. Ein Saal ist für die Lungenkranken bestimmt, wird aber regelmäßig auch mit Rheumatikern belegt. Die Urintöpfe stehen oft den ganzen Tag im Raum, ohne entleert zu werden. Die Holzdielen haben breite Ritzen, aus denen ein dumpfer, muffiger Geruch aufsteigt. So haben die Lungenkranken ständig unter der schlechten Luft zu leiden. Desinfiziert wird der Lungenkrankenraum in acht Monaten nur einmal. Die Schwindsüchtigen erhalten dieselbe Nahrung wie die anderen. Der Auswurf der Lungenkranken wird in der Waschküche in eine Rinne geschüttet und schwimmt von dort in dem offenen Rinnstein durch den Hof, der als Bewegungsraum für die anderen Gefangenen dient. Als eine Schweizer Reisekommission angekündigt wird, erscheint vorher eine französische Kommission, die veranlaßt, daß die Rheumatiker von den Lungenkranken getrennt werden, aber kaum haben die Schweizer Ärzte das Lager verlassen, werden Tuberkulöse und Nichttuberkulöse wieder zusammengelegt.

Neutralen Besuchern gegenüber wird also nur der Schein gewahrt. Das Wohl der kranken Kriegsgefangenen ist Nebensache. Das kommt sogar in den Erlassen des französischen Kriegsministeriums zum Ausdruck, wo darauf hingewiesen wird, daß bei Besuchen neutraler Kommissionen Vorbereitungen getroffen werden sollen, damit sie einen günstigen Eindruck bekommen und der französische Sanitätsdienst nicht in Mißkredit komme.

Über die Behandlung der Kranken durch das Personal des Hospitals Lisieux liegt eine Reihe ernster Klagen vor. Die Arrestzellen werden fast niemals leer, da die Gefangenen bei der geringsten Kleinigkeit bestraft werden. Jeder Grund ist dazu recht, um sie zu bestrafen. (Folgen Beispiele, ferner Beispiele von Mißhandlungen.)

**Rouen – Hospital Mixte.** Geklagt wird über das rohe und gehässige Verhalten einer Krankenschwester, namens St. Pierre, die im Saal 17 des Hospitals tätig gewesen ist. Sie hat sich Mißhandlungen und Brutalitäten den deutschen Verwundeten gegenüber zuschulden kommen lassen. Leutnant der Reserve Späthe berichtet darüber folgendes: "Während ich schwerkrank daniederlag, kam die Schwester jeden Morgen mit der Zeitung an mein Bett und las mir in prahlerischer Weise von den großen französischen Siegen vor. Manche Ohrfeige habe ich von der Schwester bezogen, und ich wurde täglich von ihr und den Wärtern beschimpft. Die Behandlung der Wunden von seiten der Schwester war die denkbar unsauberste. Sie benutzte dieselben Instrumente ungereinigt bei allen Verwundeten."

Ein genaues Bild von dem Verhalten dieser Krankenschwester hat man sich in Deutschland erst im Jahre 1917 machen können, als mit dem Schwerverwundetenaustausch eine Anzahl Kriegsgefangener zurückkam, die dieser Peinigerin in die Hände gefallen waren. Wenn die Schwester St. Pierre dem schwerverwundeten Soldaten Otto Lux (sein rechtes Bein ist ganz, das linke unterhalb des Knies amputiert) den Verband entfernen sollte, so weichte sie die Gaze nicht auf, sondern riß sie mit zwei Pinzetten mit einem Ruck ab. Als Lux bei dieser Quälerei einmal stärker aufschrie, schlug sie ihm mit einem Handtuch mehrere Male derb ins Gesicht.

**St. Yrieix.** In St. Yrieix haben von September 1914 bis März 1915 etwa 1800 verwundete deutsche Kriegsgefangene gelegen, unter Verhältnissen, die allen Vorschriften des Völkerrechts und aller Menschlichkeit Hohn sprechen. Die leeren Räume einer Infanteriekaserne wurden ihnen zur Verfügung gestellt, in denen weder Betten noch Strohsäcke vorhanden waren. Es wurde nur loses Stroh geliefert, auf dem die Verwundeten, darunter zum Beispiel mindestens dreißig mit komplizierten Knochenbrüchen, sozusagen auf dem blanken Steinfliesenboden liegen müssen. Die ärztliche Leitung liegt in den Händen eines Arztes, der sich nicht im geringsten um die Patienten bekümmert, außer um die Elsässer und Polen. Die Wunden der eingebrachten Gefangenen sind infolge der nachlässigen Behandlung alle infiziert, viele sogar schwer infiziert. Erst nach zwei bis drei Wochen, nachdem die Kantinenpächterin Kisten für Schienen überlassen hat, können die Knochenbrüche geschient werden. Material zu Gipsverbänden wird nicht geliefert.

Für eine Station von 150 Mann werden täglich ausgegeben: zwei Pakete weiße Watte, zwei Pakete gelbe Polsterwatte (zu je ein Kilogramm), ein Paketchen Gaze, fünf Binden. Zum Desinfizieren gibt es nur Calium permanganatum und Creosol. Vaseline und Salben sind erst nach wochenlangem Drängen der deutschen Ärzte zu haben. Dabei ist der Empfang aller dieser Sachen äußerst unregelmäßig. Wochenlang gibt es überhaupt keine Watte, Gaze, Binden, Drains, Thermometer usw. Um dem furchtbaren Mangel an Verbandzeug abzuhelfen, zertrennen die deutschen Krankenschwestern, die im Lazarett sind, ihre Hemden und machen Binden daraus, die immer und immer wieder gewaschen und benutzt werden müssen. Öfters sehen sich die deutschen Ärzte gezwungen, den Verband bei Sterbenden sitzen zu lassen, um für diejenigen zu sparen, die Aussicht haben, gesund zu werden. Die Verbände, die nur alle fünf bis sechs Tage, manchmal auch vierzehn Tage erneuert werden können, wimmeln nur so von Maden. An Instrumenten ist vorhanden: Eine alte Säge, ein Amputationsmesser, zwei verrostete Nadeln, eine anatomische, eine chirurgische Pinzette und vier Peans. Hammer und Meißel, wie sie die Bildhauer gebrauchen, müssen in der Kantine von den deutschen Ärzten gekauft werden. Für die massenhaften ruhrartigen Durchfälle wird lediglich Opium zur Verfügung gestellt, besondere Diät gibt es nicht. Nur durch Ankauf von Reis, Haferflocken usw. durch die deutschen Ärzte, kann dem Mangel an Krankenkost in bescheidenem Maße abgeholfen werden.

Bei solchen Verhältnissen hat der Tod natürlich schon fürchterlich unter den Gefangenen gewütet. Über 30 Verwundete gehen allein am Wundstarrkrampf zugrunde, da Tetanusserum nicht zur Verfügung steht. Ruhr und Typhus grassieren in weitem Umfange und natürlich tritt bei den ungünstigen Verhältnissen in St. Yrieix auch die Wundrose in vielen Fällen auf. Der Tiefstand der allgemeinen Hygiene ist geradezu erschreckend. Es gibt weder Eimer noch Stechbecken oder sonstiges Material für die Verwundeten, trotzdem 300 bis 400 von ihnen ihr Lager nicht verlassen können. Diese müssen zur Erledigung ihrer Bedürfnisse ihre Stiefel nehmen oder entleeren ihren Kot im Zimmer oder auf dem Flur. Verwundete mit Beinschüssen kriechen auf allen Vieren nach draußen, um die Latrinen dort, die vor Schmutz starren, benutzen zu können. Irgendeine Bade- oder Brausegelegenheit haben die Gefangenen nicht. Wohl befindet sich in einem Pavillon neben der Kaserne eine vollständige Brauseeinrichtung, aber die Benutzung wird vom Kommandanten streng verboten. Auch Waschgelegenheit für Hemden, Strümpfe ist nicht vorhanden, Seife wird nicht geliefert, warmes Wasser ist nur unter den größten Schwierigkeiten zu erlangen. Da außerdem in der ersten Zeit den Gefangenen überhaupt keine Wäsche geliefert wird, nimmt die Läuseplage entsetzlich zu, auch Krätze verbreitet sich. Brennmaterial wird nur sehr wenig ausgegeben, das Essen ist ganz außerordentlich schlecht. Es gibt morgens nicht einmal einen ganzen Trinkbecher voll Kaffee, mittags und abends meist eine Brotsuppe. Fleisch wird kaum ausgegeben. Enthält die Suppe irgendwelche Fleischstücke, wie Lunge, Leber, Gefäße, so sind sie größtenteils ungenießbar. Kennzeichnend für die Art der Zubereitung ist es, daß die Gefangenen zum Beispiel ein Darmstück mit halbverdautem grünem Kot, Tieraugen, eine Maus in der Suppe fanden. Der Reis ist nicht gesäubert und schwärzlich wie ein Linsengericht, auch werden Maden in ihm gefunden. Erst als deutsche Gefangene die Küche übernehmen, verbessert sich die Zubereitung, aber die Menge der gelieferten Nahrung bleibt noch ungenügend. Die Verwundeten sind oft so vom Hunger gepeinigt, daß sie in den Abfalleimern Nahrung unter den von den Franzosen weggeworfenen Überresten suchen. Ein Teil der zahlreichen Todesfälle in St. Yrieix ist auf die Unterernährung zurückzuführen.

Daß bei all den geschilderten Mißständen der Mangel an Vorbereitung nicht als Entschuldigungsgrund gelten kann, geht daraus hervor, daß innerhalb eines halben Jahres von den deutschen Ärzten keine Besserung erreicht werden kann. Beschwerden werden bestraft.”

Der Kommandant, der sich für die in dem letzten Bericht geschilderte Engelmacherei an deutschen Soldaten vor seinem Gewissen zu verantworten hatte – denn vor einem französischen Gericht wird er es nie nötig haben – hieß Coubère; die Stadt St. Yrieix liegt nicht etwa dicht am vormaligen Kampfgebiet, sondern weit hinten in friedlich, freundlicher Gegend, zwischen Limoges und Brive.

Aus dem Buche *Über die Behandlung verwundeter und gefangener deutscher Soldaten in Frankreich* von Dr. jur. et. med. M. H. Göring:

**Feldlazarette bei Chaulnes:** “Mitte Oktober 1916. Die Unterbringung im zweiten Feldlazarett war unsauber, die Verpflegung zu knapp. Die Ärzte waren roh. Leutnant I., der einen schweren Kieferschuß hatte, wurde ohne Narkose operiert. **Feldlazarett 18:** In diesem Lazarett ereignete sich folgendes: Drei Soldaten mit hohem Fieber lagen mit Leutnant I. in einem Raum. Der eine hatte einen Bauchstreifschuß, der andere einen nicht besonders schweren Kopfschuß, dem dritten war ein Fuß amputiert worden. Als sie etwa acht Tage im Lazarett waren, bekamen sie an zwei oder drei verschiedenen Tagen je eine Einspritzung in den Oberschenkel, ungefähr um 4 oder 5 Uhr. Alle drei starben am Tage der Einspritzung, abends zwischen acht und neun Uhr. Die Einspritzung erfolgte mit einer Spritze, die sicher viele Kubikzentimeter faßte; der Kolben der Spritze ging hin und her wie der Kolben einer Lokomotive."

**Reims, Kathedrale:** Eine große Anzahl Verwundeter war in der Kathedrale eingesperrt. Die Eingänge waren von Posten besetzt, die auf jeden schossen, der heraus wollte. Mehrere Verwundete wurden auf diese Weise ohne Grund getötet. Als die Kathedrale zu brennen begann, schrie das Volk, man solle die "Boches" verbrennen lassen. Dem Eingreifen eines französischen Pfarrers ist es zu verdanken, daß die deutschen Verwundeten nicht umkamen. Er ging an ihrer Spitze zu einer Seitentür hinaus und forderte die auf Posten stehenden französischen Soldaten auf, erst auf ihn, dann auf die Deutschen zu schießen.

Es ist einwandfrei festgestellt worden, daß französische Geschütze gleich hinter der Kathedrale standen, obwohl vom Turm die Rote-Kreuz-Flagge wehte.

**Amiens. Gemischtes Hospital. (Hôtel Dieu.)** Die Ärzte waren nicht unfähig, benahmen sich aber skandalös. Als Leutnant H. am 25. September, morgens 8 Uhr, in den Operationssaal gebracht wurde, empfing ihn der Arzt mit unglaublichem Gelächter. Er wurde auf den Operationstisch mehr geworfen als gelegt. Der Arzt griff in die handtellergroße Oberschenkelwunde und schmiß Lt. H. lachend Knochensplitter ins Gesicht. "Dieses deutsche Schwein wird später einmal einen schönen Exerziermarsch machen können!" rief er dabei. In dem Raum, in dem Hauptmann G. lag, starb ein Feldwebelleutnant, an der Leiche sagte der Arzt: "Dieses Schwein ist tot, hoffen wir, daß es nicht das letzte ist." Im Operationssaal sagte er bei einer Hodenoperation: "Das ist die beste Operation für die deutschen Schweine!" Dabei hielt er die abgeschnittenen Hoden hoch unter dem Gelächter der Wärter und Schwestern. Bei Leutnant Mi. wurden große Einschnitte in den linken Oberarm und die Brust gemacht, ohne irgendwelche Betäubung; als Grund für diese Behandlungsweise gab der Arzt an, Leutnant Mi. sei freiwillig für den deutschen Kronprinzen in den Krieg gegangen, jetzt solle er dafür büßen. Die Bestrafungen waren äußerst hart. Leutnant S. wurde aus folgendem Grund bestraft: Dr. Coudron hatte ihn Schwein genannt und mit *"tu"* angeredet, daraufhin fragte Leutnant S.: "Hast Du das zu mir gesagt?", worauf Dr. Coudron anordnete, daß er sofort in eine Arrestzelle der Zitadelle verbracht wurde, obwohl die Wunde noch eiterte. Erst nach fünf Tagen kam ein Infirmier zum Verbinden, er war freundlich und kam jeden zweiten Tag wieder. Er wollte Leutnant S. in das Hospital zurückverlegen, der weigerte sich aber, da er den Beleidigungen des Dr. Coudron sich nicht wieder aussetzen wollte. Erst als nach acht Tagen hohes Fieber eintrat und ein hinzugezogener Arzt die Überführung ins Lazarett anordnete, kam Leutnant S. in das gemischte Hospital zurück, aber nicht zu Dr. Coudron auf den zweiten Stock, sondern auf den ersten; dieses hatte der Arzt, der ihn auf der Zitadelle besucht hatte, durchgesetzt. Es wurde sofort eine Operation durch den Chefarzt vorgenommen, aber ohne jede Betäubung, trotzdem der Eingriff sehr schmerzhaft war; auf Vorhalt erklärte der Chefarzt, daß er bei Lappalien nicht anästhesiere. Als Leutnant S. sich nach der Operation beim Chefarzt bedankte, erwiderte dieser, das sei überflüssig, er tue, was ihm befohlen sei, von einem deutschen Soldaten wolle er keinen Dank; die Deutschen seien der Abschaum der Menschheit.

In demselben Lazarett wurde ein deutscher Soldat, der wegen eines Kopfschusses nicht zurechnungsfähig war, von Infirmiers aus dem Bette gerissen, mit Fäusten geschlagen und, weil er schrie und sich wehrte, mit Ketten ans Bett gefesselt.

**Belle Isle, Militärhospital.** Dem Leutnant T. war ein teures Medikament verschrieben worden, das er aber selbst bezahlen sollte. Als kurz darauf ein Paket für ihn ankam mit Zigarren, erklärte der Chefarzt Dr. Gilbert, er würde ihm das Medikament gratis geben, wenn er ihm die Zigarren dafür schenken wolle. Leutnant T. bot ihm daraufhin eine Kiste von 50 Stück einfacher Qualität an, doch der Chefarzt meinte, er ziehe die andere Kiste, in der 25 Importen waren, vor, und eignete sie sich an.

**Grenoble, Hilfshospital Knabenlyzeum.** Oberleutnant L., der wegen Dysenterie mit 40 Grad Fieber eingeliefert worden war, erhielt während der ersten drei Tage von einem Studenten im zweiten Semester täglich ein Brechmittel mit den Worten, die *"boches"* äßen alle zu viel. Ein Arzt kam einmal etwa nach drei Wochen, der Pfleger zeigte auf das Bett des Leutnants und sagte, er sei aktiver Offizier, darauf gab der Arzt dem Bett einen Fußtritt und ging weiter. Der Student behandelte auch alle deutschen Soldaten. Beim Verbandswechsel mußten sich die meisten ganz ausziehen, auch wenn es nicht notwendig gewesen wäre. Dazu kamen dann die weiblichen Wesen des Hospitals, etwa 20, fast regelmäßig. Ein Lungenkranker mußte im Dezember zu einer Untersuchung splitternackt über den Hof laufen; eine französische Schwester warf einen auf der Bahre liegenden deutschen Offizier mit Steinen.

**Limoges, Hospital Kaserne Jourdan.** Die ärztliche Behandlung war gemein. Alle Mannschaften, an deren Aufkommen die Franzosen zweifelten, wurden in einen Pferdestall gelegt, der verschlossen wurde; nach 48 Stunden nahm sich auf den Lärm hin, den ein Soldat an der Tür machte, eine katholische Krankenschwester der Leute an. Das schwerverletzte Auge des Leutnants F. wurde überhaupt nicht behandelt. Pflegerin bei den Offizieren war die Frau eines Kommandanten; ihr Morgengruß war: "Ich verabscheue Sie!" Den Ärzten und anderen Pflegepersonen gegenüber äußerte sie, wie später eine von ihnen erzählte, sie betrachte es als ein gottgefälliges Werk, wenn möglichst vieler ihrer Pflegebefohlenen umkämen, dann würde Gott ihre Söhne an der Front besser beschützen. Diese Pflegerin gab einem deutschen Leutnant, der einen schweren Lungenschuß hatte, täglich als Gesamtnahrung nur ein viertel Liter Milch mit dem Bemerken, es gäbe nicht mehr und andere Nahrung dürfe er nicht essen. Dem Leutnant D. steckte sie die Drainröhren, die sie auf den Boden hatte fallen lassen, ungereinigt wieder in die Wunden. Bei einem sehr schwer verwundeten Leutnant wechselte sie acht Tage lang nicht den Verband. Als er dann starb, waren seine Wunden über und über mit Maden durchfressen. Für sieben Offiziere besorgte sie erst auf andauerndes Drängen nach einigen Monaten einen

Kamm; sie gab ihn zuerst einem Offizier, der eine offene Kopfwunde hatte und an Starrkrampf erkrankt war, was die anderen aber erst nach seinem Tode erfuhren.

**Rouen, Hotel Dieu.** Der Soldat T. wurde mit einem Schulter- und Wadenschuß fieberfrei eingeliefert, ersterer heilte nach 14 Tagen. Bald darauf trat Fieber ein, das zwischen 39 und 40 Grad schwankte; bei flüssiger Kost fiel, bei fester stieg die Temperatur. Ein Arzt erschien zunächst nicht. Eines Sonntags kam der Chefarzt, der den Kranken vorher nie gesehen hatte und erklärte, das Bein müsse abgenommen werden. Dies geschah auch. An der Operationswunde war keine wesentliche Reaktion zu bemerken. Trotzdem wich das Fieber nicht. T. starb; Hauptmann F. fragte die Krankenschwester, ob T. nicht vielleicht Typhus gehabt habe, worauf sie erwiderte, das sei wohl der Fall gewesen.

Aus dem Buche *Gegenrechnung* von Dr. A. Gallinger:
Über das **Lager Blaye bei Bordeaux** berichtet Walter von Ihring, Kaufmann aus Hamburg, an die Chirurgische Klinik in München: "Ankunft etwa 11. September 1914. Zeit der Behandlung Mitte Oktober 1914. Aus dem Unterschied zwischen Ankunft in Blaye und Zeit der sogenannten Behandlung geht hervor, daß eine Wundbehandlung der schweren Verletzung etwa sechs Wochen durch oberflächliche Spülungen fachunkundiger Kameraden stattfand, weil die Ärzte sich damit begnügten, ab und zu in die Zimmer zu kommen, Zigaretten zu rauchen und uns dabei zu verhöhnen. 'Haben Sie Hunger? – Singen Sie Deutschland, Deutschland über alles, dann werden Sie satt!' Zeugenangabe auf Wunsch. Bei der endlich stattfindenden ersten Behandlung, welche auf Drängen eines französischen Korporals stattfand, wurde die Wunde oberflächlich gespült. Der Zustand war vollständige Vereiterung und mehrwöchige Verunreinigung durch Würmer. Wundbehandlung fand im Stehen statt. Zweck der Behandlung waren politische Gespräche. Da ich aus meiner Gesinnung kein Hehl machte und dem Verlangen des Arztes, zu sagen, der Kaiser sei ein Lump, nicht entsprach, stieß mich derselbe mit der in der Wunde befindlichen Spitze

des Irrigators in die Wunde, so daß die am Verbandsplatz von deutschen Ärzten angebrachten Nähte platzten und zum Teil durch Fleischteile hindurchgingen. Bei Wiederholung der Stöße brach die Spitze ab."

Oberarzt Arthur Krüger, Berlin:

"Im Mai 1919 kam ich mit zwei anderen deutschen Ärzten an das Kriegsgefangenenlazarett **Fleury sur Aisne,** wo etwa 300 innere und chirurgisch Kranke bis zu unserer Ankunft von einem französischen Arzt versorgt waren. Dann erschien auf der Bildfläche noch der Oberarzt Stillmunkes, und damit begann ein trauriges Leben für unsere ernsten Kranken. Wir hatten eine ganze Anzahl schwer an Hungerödem Erkrankter unter uns, auch übrigens ein Zeichen für die 'menschliche' Behandlung der Gefangenen durch das Kulturvolk. Diese Leute waren durchweg bei ihrer Gefangennahme kräftige, gesunde Soldaten gewesen; sie waren im Laufe von wenigen Monaten durch übermäßige Anstrengung bei unerhört schlechter Unterbringung und Hungerverpflegung zu Skeletten abgemagert, mit starken Schwellungen an den Beinen und so großer Schwäche, daß sie kaum noch mühsam einige Schritte zu schleichen vermochten. Besonders erinnere ich mich an einen Mann von etwa dreißig Jahren, der durch die schlechte Behandlung und Verpflegung innerhalb ganz kurzer Zeit zu einem lebenden Skelett geworden war, zu schwach, um sich noch erheben zu können, der sich nicht mehr von einer Seite auf die andere ohne Hilfe legen konnte. Es war nicht möglich, für diesen Unglücklichen angemessenes Essen zu bekommen. Herr Stillmunkes tat nichts dafür, obwohl es in seiner Macht gelegen hätte. Da wir Deutschen nur wenig für den Unglücklichen tun konnten, starb er langsam den Hungertod. Denn auch in diesem sogenannten Lazarett gab es unter Stillmunkes in der Hauptsache nur Bohnen, die hart und unverdaulich waren und den Kranken mehr schadeten als nützten. Die den Schwerkranken zustehende Milch war derartig verdünnt, daß sie nur noch schwach weißlich gefärbt war, und sie hatte außerdem einen so eklen Geschmack, daß zu ihrem Genuß selbst bei starkem Hunger eine große Überwindung gehörte.

Haarsträubend war, daß die große Anzahl von Kranken mit offener Lungentuberkulose mitten unter den anderen Kranken lagen; dabei standen die Krankenbetten eng aneinander. Sie bildeten eine furchtbare Gefahr für ihre anderen Kameraden, die, durch Krankheit und Hunger geschwächt, um so empfänglicher für die Tuberkulose waren. Trotzdem wir wiederholt darum vorstellig wurden, daß diese Lungenkranken von den anderen getrennt werden sollten, wies das Stillmunkes jedesmal ab. Dabei stand eine große Anzahl von Sälen leer. Wir versuchten auch vergeblich, den Austausch dieser Unglücklichen über die Schweiz zu erreichen; vielleicht wäre dem einen oder anderen doch noch zu helfen gewesen. Erst im Juli wurden die am schwersten Erkrankten nach Bar le Duc gebracht, angeblich, um ausgetauscht zu werden. Ein großer Teil von ihnen war aber schon so heruntergekommen, daß ein Abtransport nach Deutschland nicht gewagt werden konnte, einige von ihnen sind noch bei uns gestorben, drei oder vier ruhen in Bar le Duc. Einer dieser Unglücklichen, der an einer tuberkulösen Gehirnhautentzündung starb, war von dem Unmenschen in dem kalten Winter 1918/19 wochenlang eingesperrt worden, in einem ungeheizten Raum, ohne Bett und Pritsche mit Steinfußboden. Natürlich verließ der arme Mensch nach wochenlanger Qual seinen Kerker nur, um im Lazarett nun seinem sicheren Tode entgegenzugehen; er ruht mit vielen anderen Opfern französischer Rachgier auf dem Friedhof des Lazaretts in Fleury sur Aisne, wenn nicht gallische Vertiertheit ihren hysterischen Zorn auch noch an den Gräbern ihrer Beute ausgetobt hat.

Auch damit mußte man rechnen. Konnte doch im August 1919 unwidersprochen in einer französischen Zeitschrift etwa folgendes geschrieben werden über die deutschen Kriegerfriedhöfe in Frankreich, auf denen bekanntlich neben den Deutschen auch viele der Gegner in durchaus würdiger Weise bestattet worden sind: 'Wir wollen den Boches gestatten, den Boden *de la douce France* zu düngen mit ihren Leichen; sechs Fuß in die Länge und sechs Fuß in die Tiefe sollen ihnen bewilligt sein, nicht aber sechs Fuß in die Höhe!' Also mit anderen Worten, dieser typische Franzose fordert zur Zerstörung der Grabstätten unserer

Gefallenen auf. Dieses Schmutzwerk erschien in einer vielgelesenen wissenschaftlichen Zeitschrift, der *Presse Médicale,* und hatte zum Verfasser einen französischen Oberstabsarzt, der übrigens in demselben Artikel zugeben muß, daß die Grabstätten der in Deutschland während des Krieges gestorbenen Franzosen in guter Ordnung sind.

Doch zurück zu Herrn Stillmunkes. 'Ah, diese Schweine! Sie stinken wie die Affen!' war eine beliebte Begrüßung unserer Kranken, die unter dieser Art seelischer Therapie nicht wenig litten. Am tollsten aber war es, daß keine Visite vorüberging, in der er nicht den einen oder anderen schlug, wobei er auch vor Schwerkranken nicht halt machte. So schlug er eines Tages einen älteren Mann an den Kopf, der mit schwerer Lungentuberkulose im Bett lag und hohes Fieber hatte, weil er sich nicht schnell genug aufrichtete, wozu er aus Schwäche nicht imstande war...”

Professor Dr. Veit, Marburg:

**"Durchgangslager in Rouen.** Am 10. Dezember, mittags, verließen wir vier Sanitätsoffiziere das Lazarett in Vineuil und wurden nach Rouen gebracht. Hier konnten wir zu Hunderten die armen verhungerten Gestalten studieren, wie wir sie als Kranke und Sterbende eingeliefert bekommen hatten. Die armen Jungens konnten sich kaum noch auf den Beinen halten, im Dreck der Küchenabfälle wurde herumgestöbert, um einige Kartoffelschalen oder Rübenschnitzel der französischen Küche herauszusuchen. Es war ein schrecklicher Anblick. Dabei faßten die Franzosen, anscheinend auf Befehl des französischen Oberleutnants, scharf zu und verhinderten solche 'Bereicherungen' der Verpflegung. Ein französischer Offizierstellvertreter, der fließend deutsch sprach (er hatte zwei Jahre in Bonn studiert), klagte uns sein Leid, so etwas mit ansehen zu müssen, er würde aber wohl bald versetzt werden, er sei zu gut zu den Deutschen. Interessant war es, zu beobachten, wie die Franzosen, die aus deutscher Gefangenschaft entlassen waren und sich auf dem Kasernenhof nebenan befanden, sich verhielten. Diese Leute steckten unseren Jungens durch den Zaun Zigaretten und Brotstücke usw. zu, soweit sie irgend konnten. Wollte einer von den Posten dies verhindern, so fuhren sie los: 'So behandelt man keine Gefangene, sie wären in Deutschland streng, aber gerecht behandelt worden. Man hätte sie nicht verhungern lassen.' Es soll in den nächsten Tagen nach unserer Abreise noch zu ganz anderen stürmischen Auftritten der französischen Heimkehrer zugunsten der verhungerten Deutschen gekommen sein, wie uns Offiziere erzählten, die nach uns das Lager Rouen passierten. Wer solche Mannschaftslager mit eigenen Augen gesehen hat, kann sich nur wundern, daß überhaupt noch Deutsche lebend aus der französischen Gefangenschaft herausgekommen sind... Ich habe Frankreich hassen und verachten gelernt!"

Über "die Zivilisation in den Lazaretten" schrieb der freiwillige Oberkrankenpfleger Dr. Levides Pericles, Dozent an der Universität Athen, das folgende:

"Es war zu Kriegsbeginn. Täglich wuchs der Strom der edlen Opfer ihrer hingebenden Pflicht an das Vaterland, niemand hatte das Recht, untätig zu bleiben, jeder mußte herbeieilen, um, soweit es in seinen Mitteln stand, derartige Leiden zu mildern.

Als Ausländer wohnte ich seit 15 Jahren in Paris; im Augenblick der Kriegserklärung befand ich mich in Trouville und ich eilte, um meine Kräfte dem Lazarett zur Verfügung zu stellen. Ich wurde begeistert empfangen und mit Dank überhäuft. Den Franzosen steht ja in bewunderungswürdiger Weise die Redegabe zur Verfügung, und sie bedienen sich ihrer geradezu künstlerisch, wenn ihre Interessen auf dem Spiele stehen. Mein Aufenthalt in diesem Lazarett war nur von kurzer Dauer. Im folgenden kann man lesen, warum ich mit Zorn und Widerwillen schied.

Es war ein deutscher Soldat vom Infanterie-Regiment....., Karl Patz hieß er; er war am rechten Oberschenkel verwundet. Kaum hatte der Unglückliche die Halle des Lazaretts durchschritten, als ein einziges Wort von aller Lippen kam: 'Der Boche, der schmutzige Boche, was bringt man den hierher? Man müßte diese Sau auf der Stelle kalt machen!' So empfing man einen tapferen verwundeten und waffenlosen

Soldaten. Der Chefarzt selbst kam herbeigeeilt und ließ den Boche in ein enges Loch ohne Luft und Licht hineinbringen, das sonst als Rumpelkammer diente, und wo sich zufällig ein ungemachtes und unsauberes Bett befand. Dort ließ man den Unglücklichen allein von sechs Uhr abends bis zum folgenden Tage fünf Uhr abends, ohne Nahrung, ohne Pflege, ohne Krankenpfleger und ohne Licht. Jedem war es strengstens verboten, sich dem Unglücklichen zu nähern, und um die Sicherheit noch zu erhöhen, wurde seine Tür mit dem Schlüssel verschlossen. Am folgenden Tage, also gegen fünf Uhr nachmittags, 23 Stunden nach der Ankunft des Verwundeten, betrat der edle und menschliche Chefarzt das Gelaß des Deutschen, wobei ihm wohl an die zehn Neugierige folgten.

Er warf schnell einmal einen Blick auf seine Wunde (diese genaue Prüfung dauerte nicht zwei Sekunden) und befahl darauf seinen Untergebenen: 'Geben Sie diesem schmutzigen Ungeheuer zu essen. Morgen lassen Sie ihn in den Operationssaal bringen, der Oberschenkel wird amputiert.' Dieser Befehl ist wörtlich wiedergegeben.

Ich war zugegen und mußte schweigen, ich wagte keinen Einwurf zu machen, aber mein Zorn und meine Entrüstung ließen mich zittern. Man brachte also dem unglücklichen deutschen Soldaten einige Stunden später feste Nahrung, und dabei sollte er am nächsten Tage seine schwere Operation überstehen. Er aß, weil er ja nicht wußte, was ihm bevorstand.

Ich nahm an der Operation teil. Es war die reinste Schlächterei. Gehen wir mit Stillschweigen darüber hinweg, daß die Operation nicht notwendig war, daß die Wunde gut heilbar war. Der menschenmordende Haß, der die Seele des operierenden Arztes erfüllte, gab sich durch harte Bewegungen kund, durch Verziehen des Gesichtes, durch Beleidigungen, die er dem wehrlosen Opfer entgegenschleuderte. Endlich war das Glied vom Körper gelöst. Der Henkersknecht warf es mit Entsetzen in die Ecke und sagte grinsend: 'Die Hunde werden sich zum Abend ein gutes Mahl aus dem Gliede ihres Bruders machen. Diese Schweinerei ist gar nicht wert, daß man sie erst begräbt.'

Ja, das ist eben das Volk, das mit lauter Stimme der Welt hat schreiend verkünden können, daß es an der Spitze der Zivilisation einherschreitet. Nach dieser verbrecherischen Operation wurde der unglückliche Karl Patz in denselben Winkel gebracht, wo er hergekommen war. Man ließ ihn von neuem in vollkommener Einsamkeit ohne Heilmittel, ohne Pflege. Es war elf Uhr morgens. Während des ganzen Nachmittags, der ganzen folgenden Nacht blieb er allein in der Dunkelheit. Kein Krankenpfleger nahte sich ihm oder brachte ihm etwas, dessen er bedurfte. Der Leser wird sich kaum die Folgen einer solchen Grausamkeit vorstellen können. Möge er sich mit Mut wappnen, um das Folgende zu lesen.

Am folgenden Tage, acht Uhr morgens, konnte ich nicht mehr an mich halten. Ich entschloß mich, den Befehl zu durchbrechen, um zu sehen, was aus diesem armen, gepeinigten menschlichen Geschöpfe geworden war. Entsetzlich! Ich fand ihn auf der Erde liegend in einer Pfütze von Blut. In den Zuckungen seines Todeskampfes war er aus dem Bett gefallen. Das Blut hatte Laken und Matratze durchtränkt. Über all dem lag ein betäubender Geruch. Der Amputierte hatte alle feste Nahrung, die man ihm vor der Operation gereicht hatte, wieder von sich gegeben. Karl Patz starb einige Stunden später; er war ermordet worden. Sein Mörder war ein französischer Sanitätsoffizier.

Zwei Tage später gab ein anderer deutscher Soldat in unserm Lazarett seinen Geist auf. Er war tödlich verwundet, und als man ihn uns brachte, war er ohne Besinnung. Er erlangte sie auch nicht und so war es nicht möglich, seinen Namen festzustellen. Drei Tage später starb er, und es wurde befohlen, die Leiche in den Keller hinabzutragen und sie bis zur Beerdigung dort zu lassen. Man warf sie auf die Erde in irgendeine Ecke; etwa 24 Stunden später wollte man sie wieder zur Beerdigung heraufholen. Man kann mir vielleicht einwerfen, was ist denn daran so schrecklich? Es folgt.

Eine Krankenpflegerin, ebenfalls Ausländerin, eine junge Frau, die den besten Schichten ihres Landes angehörte, holte mich und sagte mir: 'Bitte gehen Sie und sehen Sie sich an, in welchem Zustande sich die Leiche befindet.' – 'Warum?' frage ich. – 'Kommen Sie bitte mit', sagte sie darauf. Sie führte mich zu den sterblichen Überresten des jungen deutschen Soldaten. Ich schaudere zurück. Das Gesicht war unkenntlich. Es waren weder Nase, noch Augen, noch Ohren vorhanden! Entsetzt bat ich eine Krankenpflegerin um Aufklärung, die mit gierigen Augen diesen herzergreifenden Anblick betrachtete. Sie lachte nur roh und antwortete mir: 'Die Ratten des Lazaretts haben heute nacht ein gutes Abendbrot gehabt. Nur schade, daß sie nicht den ganzen Boche gefressen haben. Sie hätten uns dann wenigstens die Mühe erspart, dieses Schwein zu begraben.'

Am selben Abend verließ ich das Lazarett, um es nie wieder zu betreten."

Dr. Levides Pericles schloß das Vorwort zu seiner Broschüre, in der er diese und noch andere unmenschliche Dinge erzählte, mit den Worten: "Meine Leser werden vor Entsetzen zittern; haben sie diese Schrift zu Ende gelesen, können sie eigentlich nur mit Entrüstung ausrufen:

**"Ja, das sind doch die wahren Barbaren!"**

# 8

## Französische Justiz

Die französischen Militärgerichte zeichnen sich schon durch eine bemerkenswerte Härte den eigenen Heeresangehörigen gegenüber aus. Bedenkt man dazu, daß der Deutsche im Weltkrieg weniger als ein Verbrecher in Frankreich galt, so kann man ermessen, was den deutschen Kriegsgefangenen bevorstand, die sich eines Vergehens, sei es auch nur eines angedichteten, schuldig gemacht hatten. Da mußten Lügen, falsche Zeugnisse und durch mittelalterliche Druckmittel erzwungene Geständnisse herhalten, um den Deutschen wie ein Freiwild zur Strecke zu bringen.

Mancher sonst menschliche und gerechte Richter hat da aus Rücksicht auf die Wünsche der Regierenden in Paris ein unfaßbar hartes Urteil oder gar ein Fehlurteil fällen müssen und damit den deutschen Angeklagten obendrein einem System überliefert, wie es in dieser brutalen Weise unter den zivilisierten Völkern nur noch Frankreich traurig auszeichnet: dem Strafvollzug in den französischen Gefängnissen und Zuchthäusern, ausgeübt von brutalen Bütteln.

Die im März 1922 in Paris erschienene Zeitschrift *Cahiers des Droits de l'Homme* gab folgende "Verbrechen" bekannt, wofür deutsche Kriegsgefangene bestraft wurden:

Sieben Jahre Zwangsarbeit: Verbrechen: Der Gefangene hatte keine Rockknöpfe mehr. Er schnitt sich die Knöpfe von einer abgelegten französischen Uniform ab und nähte sie sich an: militärischer Diebstahl.

Fünf Jahre Zwangsarbeit und fünf Jahre Gefängnis für "versuchten einfachen Diebstahl": Der Verurteilte hatte Ausweispapiere und Lebensmittel gestohlen, um zu fliehen. Trotz teilweisen Straferlasses kann er erst 1936 entlassen werden.

Zehn Jahre Gefängnis für vorbedachte Gewalttat und Diebstahl zum Schaden des Staates. Um in einem Lastauto mehr Platz zu haben, hatte der Gefangene die Reste eines alten zerbrochenen Rades fortgeworfen.

Fünf Jahre Gefängnis für "versuchten Diebstahl": Er "wollte" Kognak stehlen.

Fünf Jahre Gefängnis für qualifizierten Diebstahl: Er hat einen sauren Hering und ein paar Kartoffeln gestohlen.

Fünf Jahre Gefängnis für einfachen Diebstahl: er hat nach dem Abladen von Säcken mit Zucker auf dem Bahnhof Limoges in dem Wagen drei Pfund Zucker aufgelesen, die sich später in seiner Lebensmittelkiste fanden.

Die zwei schwersten Fälle sind: Ein zu lebenslänglicher Zwangsarbeit und ein zu zwanzig Jahren Zwangsarbeit Verurteilter.

Der erste war bei seiner Gefangennahme im Besitz einer Marschroute, in denen er die Kriegsereignisse, an denen er teilgenommen hatte, eingetragen hatte! Er wurde deshalb wegen gemeinschaftlichen Raubes, Erbrechen von Türen, Gewalttat gegen Personen und absichtlicher Brandstiftung von Wohnhäusern verurteilt.

Der zweite war im Besitze einer französischen Uhr. Beide beteuern ihre Unschuld, und ein Kamerad des zweiten hat unter seinem Eide ausgesagt, er habe ihm die bei ihm gefundene Uhr gegeben.

Der Verfasser des Aufsatzes, Professor Camille Lemercier, führte dazu u. a. aus:

"Ich kenne wenige gleich grausame Dokumente unerbittlicher maßloser Härte des Militärstrafgesetzbuches und der Militärgerichte.

Vergehen und Strafe stehen in schreiendem Mißverhältnis. Fünf bis zehn Jahre Zwangsarbeit für Ungehorsam, fünf Jahre Gefängnis für 'versuchten Diebstahl'. Welches bürgerliche Gericht verführe wohl ebenso streng mit berufsmäßigen Dieben und Dieben im Rückfall!"

Viele Todesfälle, Körperverletzungen, Nervenzusammenbrüche und Geisteskrankheiten waren die absichtlich herbeigeführten Erfolge einer brutalen Anwendung physischer und seelischer Marterungen, wie sie nur das Mittelalter kannte.

Dr. Baracs-Deltour schilderte in seinem Buch: *Pariser Selbsterlebnisse* sein Martyrium in den französischen Gefängnissen. Bekannt ist auch die Willkür der französischen Justiz aus dem Krupp-Prozeß aus dem Jahre 1923, wo zehn Direktoren von Krupp, darunter Krupp v. Bohlen und Halbach selbst, mit zehn bis zwanzig Jahren Gefängnis bestraft wurden, weil – eine Gruppe französischer Soldaten 13 Arbeiter von Krupp durch Gewehrschüsse getötet hatte!

Ich gebe im folgenden den Fall der **"Patrouille Schierstädt"** wieder, der zugleich einer der klassischen Repressalienfälle im Anfang des Krieges gewesen ist.

Am 6. September 1914 wurde eine deutsche Kavalleriepatrouille fast 80 Kilometer vor die Front vorgetrieben. Als sie nach glücklich vollzogenem Auftrag wieder zurück wollte, sah sie sich, da das deutsche Heer inzwischen den Rückmarsch an der Marne angetreten hatte, plötzlich im Rücken der französischen Armee. In ständigen Zusammenstößen mit dieser verlor die Patrouille bald ihre Pferde. Drei Wochen lang versuchte sie vergeblich, die deutsche Front zu erreichen.

"Wir kamen", erzählte der Gardeleutnant Graf Strachwitz, der mit dem Gardeleutnant v. Schierstädt die Patrouille führte, später in einem Briefe, "bis zur Marne, konnten diese aber nicht passieren. Immer hofften wir, daß die Deutschen die Marne wieder überschreiten würden, und so lebten wir drei Wochen dahin. Am Tage versteckten wir uns in den Wäldern und nachts marschierten wir. Oft dachten wir, es ginge nicht mehr, da die meisten von uns schon barfuß waren, da wir keinen trockenen Faden mehr am Leibe hatten und nichts zu essen. Tagelang lebten wir von dem gefundenen Obst; manchmal gingen wir auch in den Häusern betteln. Man hielt uns für Engländer und gab uns oft Brot und Kartoffeln. In den letzten Tagen wurde ich krank, bekam Fieber, aber wir mußten vorwärts, öfter verfolgt von den Bauern, die mit Schrot auf uns schossen. So ging es bis zum 26. September, wo wir in einem Walde lagen und von Franzosen überrascht wurden, die auch sofort heftig auf uns schossen. Wir hatten uns gerade gesonnt und die Sachen trocknen lassen. Schierstädt wurde verwundet. Einer nur im Hemd, ohne Schuhe, liefen wir im Walde direktionslos, da wir keine Karte und keinen Kompaß mehr hatten.

Schierstädt konnte bald nicht mehr und wollte, mußte sich ergeben. Aber an wen? In die Dörfer konnten wir nicht, da die aufgeregte Bevölkerung uns mit Stöcken fortgejagt hätte. Er mußte mit weiter. Wir nahmen für ihn dann einen Wagen und Pferde, um ihn zum nächsten Posten zu fahren. Das geschah. Wir selbst stiegen aber kurz vorher ab. Da wir aber sehr nahe an der Marne waren und bald nicht mehr vorwärts noch rückwärts konnten, wurden wir alle gefangen, in Chalons vor das Kriegsgericht gestellt und wegen Plünderung (Obst und Wasser!) und Zerstörung feindlichen Eigentums zu fünf Jahren Gefängnis verurteilt."

Das Strafurteil lautete genauer bei v. Schierstädt auf *"5 ans de travaux forcés et à la déportation"*, bei Graf v. Strachwitz sowie den übrigen auf *"5 ans de réclusion et à la dégradation"*. Nach französischem Recht bedeutet die Verurteilung zu dem *"travaux forcés"* Deportation in eine Arbeitsanstalt der Kolonien, außer Algerien. Die Verurteilung zur *"réclusion"* führte ins Zuchthaus *(Maison de force)*.

In der Sache v. Schierstädt hatte der Gerichtshof – wie Detloff v. Schierstädt in seinem Buche: *Patrouille Schierstädt* erzählt – über folgende Fragen zu beschließen gehabt:

**1.** Frage: Ist Leutnant Detloff von Schierstädt von den Gardekürassieren der deutschen Armee schuldig, sich vom 6. September 1914, an welchem Tage er sein Regiment verloren hat, bis zum 27.

September 1914, dem Tage seiner Gefangennahme, der Plünderung in Banden mit Waffen auf französischem Gebiet hingegeben zu haben? – Antwort: Ja.

2. Frage: Kann derselbe betrachtet werden als Anstifter der Plünderung in Banden? – Antwort: Ja.

3. Frage: Ist derselbe schuldig, sich verkleidet (v. Sch. hatte bei dem Überfall im Walde seine Kleidung eingebüßt und sich einen alten abgetragenen Cut verschafft) in die Kantonements der französischen Armee eingeschlichen zu haben? – Antwort: Nein.

4. Frage: Ist derselbe schuldig, zu einem verwerflichen Zweck Verteidigungsmittel in Gegenwart des Feindes zerstört zu haben? – Antwort Nein.

Nachdem das Urteil verkündet worden war, wurde die Degradation vorgenommen, trotzdem ein Staat in dieser Beziehung keine rechtmäßige Gewalt über die Angehörigen eines fremden Staates hat und sich lächerlich macht, wenn er sie sich anmaßt. Dem Grafen Strachwitz wurden von einem Offizier die Achselstücke abgerissen, den übrigen der oberste Knopf. Da ich selbst in Zivil war, konnte man mir kein militärisches Abzeichen entreißen und ließ mich ungeschoren."

Damit begann dann ein Martyrium für die Leute der Patrouille, besonders für die beiden Offiziere, deren hoher Adel den französischen Gefängnisbütteln besten Anlaß bot, die berüchtigten Quälereien und Sitten in diesen Instituten im reichsten Maße an ihnen anzuwenden. Das *"passez à tabac"*, das ist das brutale Traktieren mit Faustschlägen und Fußtritten, gleich, wohin es traf, durch herkulische Wärter, ist bei v. Schierstädt, der dadurch geisteskrank wurde, besonders gern angewandt worden. Während des monatelangen Austausches der Noten zwischen Deutschland und Frankreich über seinen Fall hat man den tapferen deutschen Offizier in einer unmenschlichen Art seelisch und körperlich gemartert, bis er schließlich zusammengebrochen ist.

Ein anderer Fall, der auch sofort zu Repressalien führte, ist der des **Leutnants Erler.**

Bei einem Kampf in Creil hatte Leutnant Erler auf Befehl seines Kompanieführers ein Haus, aus dem Einwohner geschossen hatten, anzünden lassen. Dies hatte er seinem Tagebuch anvertraut, das dann die Franzosen nach seiner Gefangennahme bei ihm fanden. Das französische Kriegsgericht verurteilte ihn am 16. Juli 1915 wegen vorsätzlicher Brandstiftung zu 20 Jahren Zwangsarbeit und militärischer Degradation. Zur Verbüßung der Freiheitsstrafe wurde er in das Zuchthaus zu Avignon überführt.

Sachlich ist folgendes zu sagen (Meurersches Gutachten): "Wird durch die Ausführung eines Befehls in Dienstsachen ein Strafgesetz verletzt, so ist dafür der befehlende Vorgesetzte allein verantwortlich. Nur dann trifft den gehorchenden Untergebenen die Strafe des Teilnehmens, wenn er entweder den Befehl überschritten hat oder ihm bekannt gewesen ist, daß der Befehl des Vorgesetzten ein Verbrechen oder ein Vergehen bezweckte (MstGb. § 47). Daß aber Häuser, aus denen geschossen wurde, durch Feuer vernichtet werden, entspricht vollkommen dem Kriegsbrauch.

Für die Art der Kriegführung trägt der Staat allein die volle Verantwortung, wie das auch im Landkriegsabkommen der zweiten Haager Konferenz, Art. 3, ausgesprochen ist. Die kriegsgerichtliche Verurteilung des Leutnants Erler war daher zu Unrecht erfolgt und die Degradation eine Überschreitung der Zuständigkeit."

Im Militärgefängnis zu Avignon befanden sich Ende Juni 1918 1096 deutsche Unteroffiziere und Mannschaften zur Verbüßung von Strafen für meist ganz geringfügige, oft genug erfundene Vergehen. Das Beschädigen einer Granate war mit zehn Jahren Gefängnis, grober Ungehorsam mit fünf Jahren und Gehorsamsverweigerung mehrfach mit acht bis zehn Jahren Zwangsarbeit bestraft worden. Jeder Kriegsgefangene wußte, daß er bei einer Flucht riskieren konnte, wegen Diebstahls der nötigsten Lebensmittel (auch wenn er sie in Wirklichkeit von gutwilligen Bauern gekauft oder geschenkt bekommen hatte), zu

Gefängnis- oder Zuchthausstrafe verurteilt zu werden, wie ja auch der Fall Schierstädt schon zeigte.

Verbrecher im wirklichen Sinne waren unter den Avignonern kaum vorhanden, im Gegenteil, hier saß die eigentliche Garde der Kriegsgefangenen, tapfere, aufrechte Deutsche, die den für sie verlorenen Kampf mit Waffen zu einem Kampf ohne Waffen gegen den Feind gemacht hatten: *"Têtes carrées"* (Dickschädel) nannte sie der Franzose und bezeichnete sie auch so in ihren Pässen.

Nach der Entlassung der deutschen Kriegsgefangenen aus Frankreich im Frühjahr 1920 blieben noch rund 350 zur Verbüßung des Restes ihrer Strafen in Avignon zurück. Auch in anderen französischen Gefängnissen befanden sich entgegen den Berner Vereinbarungen noch verurteilte Kriegsgefangene. In zähem Kampfe gegen die französische Regierung haben dann einige Deutsche, in erster Linie der Essener Rechtsanwalt Prof. Dr. Grimm, der auch die deutschen Angeklagten im Rhein- und Ruhrkampf gegen die französischen Richter vertreten hat, die Freilassung der Avignoner erwirkt. Am 1. Februar 1923 kam der letzte dieser Tapferen heim, Otto Reuter aus Ehrenfriedersdorf – "begnadigt" von Poincaré.

# 9

## Die Leiden der Kolonialdeutschen

Auf der Geschichte Frankreichs wird die Behandlung der wehrlosen Deutschen in Nord- und Westafrika stets als einer der schwärzesten Punkte haften bleiben. "Erschwerend fällt vor allem ins Gewicht, daß es sich um fernes Tropenland handelte, daß also eine Entschuldigung für Kriegsnotwendigkeiten nicht vorlag", schrieb der Schweizer Arzt und Forscher Prof. Dr. Forel in seinen Einführungsworten zu einem Buche über dieses traurigste Kapitel französischer Gewaltherrschaft in Afrika. Die Gemeinheit der Franzosen lag aber vor allem darin, daß sie im Augenblick der Kriegserklärung bei allen Deutschen den Diener zum Herrn machten, die Schwarzen bewaffneten und sie gegen ihre früheren Herren aufhetzten. Natürlich hatte das den Zweck, den Einfluß der Deutschen in diesem Gebiet für alle Zeiten zu untergraben.

Im Sultanat Marokko, wo Frankreich nur ein Protektorat hatte, mußte es nach dem Pakt der "offenen Tür" den Deutschen volle Freiheit lassen, allerhöchstens konnten die Deutschen des Landes verwiesen oder nach einem neutralen Hafen geschafft werden. Der Generalresident Liauthey, von Poincaré als der "heimliche König von Marokko" bezeichnet, hatte auch verschiedentlich Deutschen gegenüber sein Ehrenwort gegeben, daß das letztere geschehen würde. Dieses "Ehrenwort" galt nicht mehr als die ganze französische "Humanität", wie die erschütternden Berichte der Marokkodeutschen beweisen.

Ich gebe zuerst den Erlebnisbericht von Fräulein Else Ficke in seinen wesentlichsten Teilen wieder, wie er 1918 im fünften Heft der Zeitschrift *Meereskunde* veröffentlicht wurde, nachdem der Vater Fräulein Fickes, der Konsul und bekannte deutsche Großkaufmann Heinrich Ficke aus Marokko, an den die Bitte gelangt war, einen Vortrag über seine Gefangenschaft zu halten, inzwischen an den Folgen der barbarischen Behandlung verstorben war.

"Am 26. Juli 1914 fand sich ein großer Teil der deutschen Kolonie von Casablanca zum Tennis im Garten eines Landsmanns ein. Die Stimmung war recht fröhlich, und niemand ahnte den kommenden Schrecken. Der nächste Tag, der 27. Juli, brachte dem österreichischen Konsul die telegraphische Nachricht von der Mobilmachung Österreich-Ungarns gegen Serbien.... Die am Sonnabend nach und nach veröffentlichten Depeschen veranlaßten den Verweser des Kaiserlichen Konsulats, auf Grund der aus Berlin drahtlos vorliegenden Nachrichten, daß die Mobilmachung bevorstände, die auf der Reede liegenden deutschen Dampfer 'Tetuan', 'Picador' und 'Energie' mit etwa dreißig wehrfähigen Deutschen nach Cadiz zu senden. Die Bestürzung im internationalen 'Anfa-Club', dem Treffpunkt der angesehen Kaufleute und Beamten Casablancas, war groß, als diese Maßnahmen langsam bekannt wurden. Für die noch zurückgebliebenen Wehrpflichtigen hatte das Konsulat den Dampfer 'Oldenburg' zurückbehalten. Alle diese Dampfer haben glücklicherweise ihre Bestimmungshäfen noch erreicht. Weniger glücklich war der deutsche Dampfer 'Gibraltar', der sich zur Zeit des Kriegsausbruchs in Magador befand. Er wurde von den französischen Behörden genommen und in 'Mogador' umgetauft. Er mußte dann einen Teil der deutschen Kolonie in die Gefangenschaft nach Oran bringen.

Sonntag, den 2. August, morgens um 11 Uhr, wird im Depeschensaal der 'Vigie' eine Mobilmachungsordre Frankreichs angekündigt.

Nachmittags wird den versammelten Konsuln mitgeteilt, daß die Polizeigewalt auf die Militärbehörden übergegangen sei, einige Augenblicke später erhält das deutsche Konsulat die amtliche Depesche aus Berlin über die deutsche Mobilmachung.

In der Stadt herrscht lebhafte Bewegung. Am Dienstag, dem 4. August, morgens, wird von den französischen Behörden die deutsche Dampfmühle mit ihren Getreidevorräten mit Beschlag belegt. Am Nachmittag erscheint der französische Konsul, begleitet von dem *'Chef du service diplomatique'* von der Generalresidentur in Rabat, im deutschen Konsulat, um die Kriegserklärung zu überbringen. Die deutsche Flagge mußte eingezogen werden, und wir mußten uns 'zwecks unserer persönlichen Sicherheit' bis sieben Uhr abends im Privathause von Carl Ficke versammeln. Die französische Regierung forderte uns gleichzeitig auf, innerhalb 24 Stunden Marokko zu verlassen. Solange mußten wir in dem erwähnten Hause meines Onkels verbleiben. Nach und nach stellten sich die noch etwa hundert Köpfe zählenden Mitglieder unserer deutschen Kolonie im Hause meines Onkels ein, der auf eine Beköstigung und Unterbringung so vieler Menschen nicht vorbereitet war. Wir richteten uns für die Nacht ein, die Damen und Kinder möglichst in den Zimmern, die Herren in der Halle und auf den Korridoren, wo sie auf den Teppichen schliefen. Die Wache aus Senegalesen, unter einem Leutnant, zieht auf und besetzt die Gartentore, wird auch an die Umfassungsmauer gestellt mit dem Befehl, jeden niederzuschießen, der sich der Mauer nähere. Hiermit beginnt eine endlose Kette von Gemeinheiten, der empörendsten Behandlung, die uns auferlegt wurde, und von Beschimpfungen. Was die raffinierteste Bosheit nur ersinnen konnte, wurde an uns ausgeübt.

Am nächsten Tage, am 5. August, verbrennt das Kaiserliche Konsulat seine Codes und übergibt das Archiv dem italienischen Konsul. Während des Tages treffen verschiedene Herren aus Marrakesch ein. Am 6. August, nachmittags, kommt der französische Konsul mit einem Artilleriehauptmann zu uns und erklärt, daß wir alle als Kriegsgefangene betrachtet würden und sämtliche Waffen an den Hauptmann zu übergeben seien. Wer nach 6 Uhr in der Stadt angetroffen würde, würde vor ein Kriegsgericht gestellt werden. Am 7. August erhalten wir zum erstenmal von der Militärbehörde etwas Verpflegung, rohes Fleisch, Trinkwasser und Soldatenbrot. Bis dahin hatte mein Onkel die Beköstigung aus seinen Vorräten liefern müssen. Die von den Franzosen gelieferten Nahrungsmittel reichten aber nicht aus. In den Zimmern, namentlich da, wo kleine Kinder schliefen, war in der Nacht wiederholt das elektrische Licht angedreht worden, was als Lichtsignale ausgelegt wurde. Abends um neun Uhr mußte in der Folge alles Licht gelöscht sein, sonst würde auf die betreffenden Fenster geschossen. Am nächsten Tag treffen drei höhere Offiziere ein und teilen mit, daß mein Onkel, weil er nachts Lichtsignale gegeben habe, auf Befehl des Generalresidenten verhaftet und in das Militärgefängnis abgeführt werden würde. Unsere Klarstellungen über den Sachverhalt wurden schroff zurückgewiesen und mein Onkel abgeführt.

Allmählich trifft die deutsche Kolonie aus Fez und Rabat ein, die über die ihr widerfahrende Behandlung entsetzlich klagt. Endlich, am 12. August, wird uns mitgeteilt, daß von uns 50 Herren mit dem auf der Reede liegenden Dampfer 'Mogador' eingeschifft werden sollten, während die übrigen, etwa 150, an Bord des französischen Viehtransportdampfers 'Turenne' gehen sollten, um nach einem neutralen Hafen befördert zu werden; dazu würde sich mein Onkel ebenfalls anschließen. Jeglicher Verkehr mit Außenstehenden auf dem Wege zum Hafen sei streng untersagt. Kurze Zeit darauf kommt mein Onkel zu uns. Gleich nach Mittag wird nochmals alles Gepäck untersucht, dabei wieder alles aus Kisten und Koffern herausgeworfen. Notdürftig zusammengepackt, wird es auf die unmittelbar vor dem Garten haltenden Eisenbahnwagen verladen. Bald darauf besteigen wir den Zug. Soldaten mit aufgepflanztem Bajonett begleiten uns. Wir werden bei dicht verhangenen Fenstern und fest verschlossenen Türen zum Bahnhof gefahren. Dieser ist zum Teil durch Truppen abgesperrt, hinter denen eine große Volksmasse, meistens aus Eingeborenen bestehend, lautlos verharrt. Mit welchen Gefühlen wir Marokko, das Feld unserer langjährigen Tätigkeit, das vielen von uns eine zweite Heimat geworden war, verließen, wo uns Haus, Hof und aller Besitz brutal entrissen wurde, läßt sich nicht beschreiben.

In Leichterfahrzeugen, die für den Gütertransport benutzt werden, wurden wir, ohne Rücksicht auf die Kranken, zusammengepfercht und an den Dampfer befördert. Hier war in keiner Weise für uns gesorgt. Lebensmittel wurden uns nicht verabreicht, man stellte uns aber frei, uns auf unsere eigenen Kosten zu enormen Preisen zu verpflegen. In der einzigen kleinen Kajüte wurden die kleinsten Kinder und die Mütter untergebracht. Die größeren Kinder und die Erwachsenen mußten sich in den vor Schmutz starrenden Laderäumen, die Damen hinten, die Herren vorne, Platz suchen. Den Damen wurden einige schmutzige Strohsäcke hinuntergeworfen. Decken gab es überhaupt nicht. Am nächsten Morgen liegen wir noch auf derselben Ankerstelle. Erst gegen 12 Uhr setzte sich der Dampfer in Bewegung, Dampfer 'Mogador' mit den übrigen Gefangenen folgt, ferner ein Truppentransportdampfer und zwei französische Kreuzer.

Gegen sechs Uhr desselben Tages treffen wir in Rabat ein und fahren nach kurzem Aufenthalt mit Kurs nach Norden weiter. Am 14. August passieren wir frühmorgens Tanger und beobachten mit banger Erwartung den Kurs, der uns nach einem neutralen Hafen führen sollte. Aber schon bald, indem wir Gibraltar passieren, wird uns klar, daß man uns wieder einmal schändlich betrogen hat, und daß man uns, allen Versprechungen zuwider, nach Oran oder Algier transportiert. Der Dampfer nimmt Kurs auf die afrikanische Küste.

Früh am Morgen des 15. August treffen wir in Oran ein, ohne zu ahnen, welche Ereignisse uns noch am selben Tage bevorstehen. Nachdem unser Schiff am Kai festgemacht hat, müssen wir mit unserm Handgepäck an Deck antreten. Den glühenden Sonnenstrahlen ausgesetzt, ohne Nahrung, ja selbst ohne Wasser, müssen wir bis drei Uhr daselbst ausharren. Zuerst wird unseren Herren befohlen, an Land zu gehen. Sie sollen zu Fuß durch die Stadt zum Bahnhof gehen, die

Damen, Kinder und Kranken den Weg dahin mittels Wagen zurücklegen.

Ich lasse hier den Bericht eines unserer Herren, namens Gustav Fock, ziemlich wörtlich folgen. (Nach dem Buche: Gustav Fock: *Wir Marokkodeutsche in der Gewalt der Franzosen.* Herausgegeben von Ludwig Brinkmann, Berlin 1916.)

»Wir Männer ergriffen das Handgepäck und begaben uns zum Kai hinab, wo wir zu vieren, etwa sechzig Mann, aufgestellt wurden. Der Oberleutnant, der den Transport von Casablanca nach Oran begleitet hatte, zählte uns und gab uns dann an einen Sergeanten ab, der uns zum Bahnhof zu geleiten hatte. 16 Zuaven mit aufgepflanztem Bajonett gaben uns das Geleit; je vier wurden hinten, vorne und an die Seiten des Zuges verteilt.

Der Sergeant, der auffälligerweise überhaupt nicht umgeschnallt hatte, keinen Dienstanzug trug und mit einem marokkanischen Ehrensäbel, als einziger Waffe herumfuchtelte, den er aus dem Handgepäck eines unserer Mitgefangenen, des Legationsrats Moraht, entwendet hatte, erhielt von dem erwähnten Oberleutnant den Befehl, uns nicht durch die Hauptstraßen der Stadt direkt zum Bahnhofe, wie es doch das Natürlichste gewesen wäre, und auf welchem Wege man nachher auch die Gefangenen der 'Mogada' geleitete, zu führen, sondern durch die elenden und verrufenen Vororte Orans. Mit satanischem Lächeln machte der Oberleutnant ihn dafür verantwortlich, daß wir 'richtig' ankämen. Dabei zwinkerte er dem Sergeanten zu, und dieser nickte verständnisvoll.

Der Zug setzte sich in Bewegung. Zuerst liefen nur einige Kinder neugierig hinter uns her, dann schlossen sich auch Erwachsene an, und es wurden immer mehr, je weiter wir kamen; Neugierige, Nichtstuer, die in jeder Stadt der Welt einem so seltsamen Zuge gefolgt wären, um zu gaffen, die aber ganz friedfertig erschienen. Da fühlte sich unser Sergeant, der ganz zweifellos ein *agent provocateur* und gedungener Mörder war, berufen, die Leute einmal richtig in hetzerischer Weise über uns aufzuklären, und seine Belehrungen fielen auf keinen unfruchtbaren

Boden. Besonders ein frecher Bursche von etwa zwanzig Jahren, der barhäuptig nebenher lief und dessen Maulwerk nicht einen Augenblick zum Stillstehen kam, bedachte uns mit ehrenden Zurufen, wie: 'Verfluchte Boches, Hunnen, Kinder- und Frauenmörder!' Und behauptete schreiend, wir wären alle gefangengenommen, weil wir deutsche Spione seien, weil wir versucht hätten, in Marokko Brunnen und Mehlvorräte zu vergiften, um die französischen Soldaten zu töten. Der Lümmel ist ebenfalls ein gedungener und gestellter Provokateur gewesen. Die nebenherlaufende Menge blieb noch ziemlich friedlich. Da brachte der Sergeant Schwung in die Sache. 'Wenn ihr Männer wäret', rief er den Leuten zu, 'und keine feigen Memmen, so dürfte nicht einer von diesen deutschen Hunden lebendig zum Bahnhof kommen! Alle müssen totgeschlagen werden.' Und uns schrie er ins Gesicht: 'Ihr müßt nicht glauben, daß ihr lebendig zum Bahnhof kommt! Heute sollt ihr das französische Volk in seinem Hasse kennenlernen! Und wenn ihr jetzt davon kommt, morgen werdet ihr doch alle erschossen! Ich bin dazu kommandiert, ich bin derjenige, der morgen 'Feuer' kommandieren wird.' Da bestand für uns kein Zweifel mehr, daß unsere Aufseher mit unserer Ermordung beauftragt waren.

Aber die Menge blieb immer noch ruhig. Da sahen wir von der Stadt her eine Droschke auf uns zukommen, in der mehrere Herren saßen. Kurz vor uns hielt der Wagen an und der Kutscher fragte den Sergeanten, was wir für Leute wären. Seine Antwort war: 'Gefangene Boches, die versucht haben, französische Soldaten zu vergiften und morgen erschossen werden!'

Da nahm der Kutscher seine Peitsche und schlug sie weit ausholend dem nächsten Gefangenen über den Kopf. Dieser hielt zum Schutze seinen Arm hoch und versuchte dem Schlage auszuweichen. Ein Leidensgefährte, der rechts neben mir ging, ein Mechaniker aus Rabat, namens Kuppler, rief ihm zu: 'Mensch, seien Sie doch kein Feigling, warum weichen Sie aus! Zeigen Sie ihm, daß wir Deutsche sind, die keine Angst haben, aber auch gar keine! Sie dürfen nicht mit der Wimper zucken, und wenn Sie in Stücke gehauen werden!' Der schurkische

Sergeant schrie jetzt: 'Habt ihr eben gehört, was der da von euch gesagt hat? Ich kann deutsch und habe es verstanden! Ihr wäret alle Schweinehunde! *Chiens de cochons* hat er gesagt, und das laßt ihr euch bieten?'

Der Kutscher, der vermutlich auch bestellte Arbeit leistete, hatte das Zeichen und Beispiel gegeben, der Sergeant ihn gedeckt; nun gab es für die Menge kein Halten mehr. Ich sah, wie plötzlich ein baumlanger Kerl an Kuppler heransprang, und, ehe ich es verhindern konnte, weit ausholend ihm mit der geballten Faust einen fürchterlichen Schlag zwischen die Augen versetzte. Taumelnd, die Arme weit ausstreckend, ließ Kuppler seine Handtasche fallen und brach zusammen. Ich griff ihm von rechts unter die Schulter; ein Leidensgefährte unterstützte ihn von der anderen Seite, und so schleppten wir ihn mit uns, damit er nicht auf der Straße liegenblieb. Jetzt faßten auch andere Mut, als sie sahen, daß wir uns nicht wehren konnten und für sie keine Gefahr dabei war, und von rechts und links setzte es Faustschläge und Fußtritte.

Wir kamen an ein paar Haufen Steine vorbei, mit denen die Straße ausgebessert werden sollte. Mit lautem Jubel stürzte sich die Menge darüber her, und faustdicke Kiesel regneten von allen Seiten auf uns hernieder. Die Situation wurde kritisch; die Soldaten taten nichts, den Ausschreitungen des Pöbels Einhalt zu gebieten. Das Gebrüll um uns wurde immer stärker und unheimlicher; die Menge schwoll immer mehr an. Da tauchten, durch den Lärm angelockt, aus einer Seitengasse drei französische Sanitätssoldaten auf, die das Rote-Kreuz-Abzeichen auf dem Ärmel trugen; ein paar Augenblicke gingen sie ruhig in der Reihe der Soldaten neben dem Zuge her und betrachteten uns, so daß wir schon zu hoffen anfingen, daß sie gekommen wären, um uns zu helfen. Da sprangen plötzlich, erst der eine, dann auch die beiden anderen in unsere Reihen hinein und entrissen den Gefangenen Spazierstöcke. Erbarmungslos schlugen sie damit auf uns ein, auf Kopf und Rücken und ins Gesicht, wohin es traf. Ihr Beispiel erweckte Nacheiferung.

Wir verließen die steile Chaussee, und umjohlt von der brüllenden Menge, wälzte sich unser Häufchen von mißhandelten Gefangenen durch die Straßen und Gäßchen der verrufensten Stadtteile Orans.

Hier war die Hölle los. Ein derartiger Lärm setzte ein, daß man sein eigenes Wort nicht mehr verstehen konnte. Pfeifen, Johlen, Hohnrufe wie *Espions! Assassiens! A la guillotine! Allemagne kaput! Mort à Guillaume le fou!* Ein französischer Offizier, auch einer der Helden der Grande Nation, eilte herbei, reizte die Menge zu immer bestialischeren Greueltaten auf und schlug mit seiner Reitgerte immerfort auf die Gefangenen ein. Er stellte sich dann sogar persönlich an die Spitze des Zuges. An jeder Straßenecke ließ er halten, damit möglichst viel Pöbel herbeiströmen konnte und hielt an das Volk aufreizende Ansprachen, währenddem das Gesindel von allen Seiten mit Fäusten, Knüppeln und Flaschen auf uns eindrosch.

Unsere Lage wurde immer ernster. Verschiedene von uns waren schon von Schmerzen und Ermattung so von Kräften, daß sie sich nicht mehr auf den Füßen zu halten vermochten und von den Leidensgefährten, die selbst meist am Ende ihrer Leistungsfähigkeit angelangt waren, weitergeschleppt werden mußten. Von den am Ende des Zuges Marschierenden waren schon drei Herren, Krake, Habermehl und Carl Ficke, liegengeblieben. Sie waren von der Menge rücklings niedergerissen worden, ohne daß wir es bemerkt hatten. Erbarmungslos trampelten die Nachdrängenden den am Boden Liegenden mit ihren schweren Stiefeln ins Gesicht, während die uns begleitenden Soldaten die Unglücklichen mit dem Kolben in die Rippen schlugen und mit dem Bajonett in die Seiten stachen, was freilich nicht das geeignetste Mittel war, ihre entschwindenden Lebensgeister wieder zu wecken. Habermehl wurde endlich von einem mitleidigen Spanier unauffällig in einen Hausflur gezogen und so vor der wütenden Menge gerettet, Ficke und Krake wurden zum Bahnhof hinaufgetragen; ersterem waren sämtliche Vorderzähne aus dem Munde getreten worden.

Inzwischen hatte die Wut der Menge ihren Höhepunkt erreicht. Wir verloren immer mehr die Kraft; von der furchtbaren Glut, dem langen Weg, den steilen Berg hinan, dem Lärm, den schmerzenden Wunden und dem Staube versagten unsere Nerven. Kaum konnte einer noch aufrecht gehen; wir wankten und schleppten uns nur mühsam weiter mit dem Gefühl, wir werden einfach so lange in den Gassen herumgeführt, bis der Pöbel uns umgebracht hat. Da ertönt plötzlich von vorne der Ruf: Aushalten, der Bahnhof ist da! Jeder rafft aufatmend seine letzten Kräfte zusammen, um auch diese kleine Strecke noch zu überwinden. Das Gesindel fürchtet jetzt, wir könnten ihm entrinnen. Alles verläßt uns plötzlich und eilt zum Bahnhof, wo die Treppen besetzt werden. Dort erwarten uns die Bestien in Menschengestalt und nochmals geht es über uns her.

Taumelnd schleppten wir uns in die Bahnhofshalle, wo wir ermattet auf die Steinfliesen niedersanken. Draußen johlte noch immer die Menge, die die Eingänge zu stürmen suchte, aber von Soldaten, die endlich, vielleicht auf höhere Weisung, wahrscheinlicher aber aus eigener Initiative ihre Pflicht zu tun anfingen, und vom Bahnhofspersonal zurückgedrängt wurde. Wer weiß, ob es ihr nicht doch noch gelungen wäre, einzudringen, wenn nicht gerade noch zu rechter Zeit weitere Soldaten, ebenfalls Zuaven, angerückt wären, die uns ins Innere begleiten sollten. Die griffen endlich energisch ein, besetzten die Eingänge und schafften Ruhe.

Erst jetzt, wo die größte Gefahr vorüber schien, trat bei den meisten ein gänzliches Versagen aller Kräfte ein. Die Nerven, die aufs äußerste angespannt waren, brachen auf einmal zusammen. Viele hatten die Augen geschlossen, lagen langgestreckt auf dem Boden und kümmerten sich um gar nichts mehr. Mochte kommen, was da wollte, viel schlimmer konnte es doch nicht werden. Andere blickten mit starren Augen vor sich hin, ich selbst gehörte zu den wenigen, die verhältnismäßig gut davongekommen waren und erhob mich, um zu sehen, ob ich irgend jemand helfen könnte. Ein junger Mann aus Marrakesch lag stöhnend da und hielt sich jammernd den Kopf. Er hätte so gräßliche Schmerzen, es sei sicher etwas entzwei. Ich gab ihm Wasser zu trinken und legte ihm meine Handtasche unter den Kopf. Leider war dem armen Menschen nicht mehr zu helfen. Er fiel bald darauf in Ohnmacht und mußte in Oran zurückgelassen werden, wo er bereits am nächsten Tag an seinen Wunden gestorben ist.

Drei andere Leidensgefährten fielen in Krämpfe und bekamen Tobsuchtsanfälle, schauerlich erklang ihr Geschrei in der weiten Halle. Der erstere wurde von mehreren mitleidigen Soldaten gehalten, die vergebens versuchten, ihn zu beruhigen und ihm Wasser einflößten. Mit Händen und Füßen wehrte er sich dagegen und schlug wie wild um sich. 'Ich will nichts von euch, ihr seid Mörder, ihr wollt mich vergiften!' schrie er. Auch die zwei anderen konnten nur mit äußerster Mühe durch kräftige Fäuste niedergehalten werden; immer gellender wurde ihr Geschrei. – Am Eingang des Bahnhofs legte man Ficke, Krake und Habermehl nieder, die, wie ich schon erzählte, von uns in den Straßen blutüberströmt zurückgelassen waren. Alle drei lagen bewußtlos da.

Da ertönte plötzlich draußen wiederum lautes Geschrei und Gejohle; schon fürchteten wir, daß der Pöbel noch einmal versuchen würde, in die Halle einzudringen, und über uns herzufallen, als wir Frauenstimmen und Kindergeschrei am Eingang des Bahnhofes vernahmen. Unsere Angehörigen waren angekommen. Aber zu uns durfte keine von ihnen. Sie wurden in einen Wartesaal geführt, wo sie uns nicht mehr sahen.

Daß es ihnen unterwegs nicht ebenso ergangen war wie den Männern, hatten sie nur dem Umstande zu verdanken, daß sie nicht zu Fuß, sondern im Wagen den Weg zurücklegten. Auch sie wurden bald von einer schreienden Menge umringt und die gemeinsten Schimpfworte wurden ihnen zugerufen.

In den Straßen schlugen einige ganz brutale Gesellen mit Peitschen und Knüppeln in die Wagen hinein. Die Frauen versuchten, die Fenster zu schließen; jedoch machten die Soldaten, als die Menge dagegen protestierte, die Fenster wieder auf und befahlen den Frauen, sie geöffnet zu lassen. Am gemeinsten führte sich auch diesmal die weibliche Bevölkerung auf; sie versuchten die Männer beiseite zu drängen und an die Wagen zu gelangen, um hineinzuschlagen und zu spucken. Einige riefen: 'Reißt ihnen die *bébés* weg, diese deutschen *bébés,* und zerreißt sie vor ihren Augen!'

Ein Trupp Sanitätssoldaten kam an unter Führung eines Sergeanten und eines Unterarztes. Lachend und höhnend betrachtete letzterer, die Hände in den Taschen seiner weiten Hose, das armselige Häufchen der am Boden Liegenden und begrüßte es mit den Worten: 'Das habt ihr Boches verdient! Man hat euch zu gut behandelt! Viel schlimmer hätte es kommen müssen!' So brachten wir von Anfang an dieser Bestie in Menschengestalt wenig Vertrauen entgegen. Während die Soldaten den Verwundeten ihre Wunden abwuschen und das Blut vom Gesicht entfernten, indem sie der Einfachheit halber jedem von uns so lange Eimer Wasser über den Kopf gossen, bis das Blut einigermaßen beseitigt war, nahm der Arzt selbst die drei in Krämpfen Liegenden in 'Behandlung'. Der eine beruhigte sich bald wieder und hörte zu schreien auf, der zweite schlug wie toll um sich und konnte nicht gehalten werden. Da ließ ihm der Arzt von vorne seinen Mantel als Zwangsjacke überziehen und ihn mit einem dicken Strick einschnüren. 'Den wollen wir schon ruhig bekommen', meinte er höhnisch und ließ dem armen Kranken, der wie ein Bündel wehrlos jetzt am Boden lag, Eimer um Eimer über den Kopf gießen. Als er trotzdem nicht zu schreien aufhörte, rief er ihm höhnisch zu: 'Du hast eine solch prächtige Stimme. Ich habe nie gedacht, daß ein Boche so schreien kann! Jetzt singst du sofort die 'Marseillaise', sonst lasse ich dich verprügeln!' Und richtig fing der Kranke in seinem Irresein an: *'Allons enfants, de la Patrie, le jour de gloire est arrivè!'* War er mit dem Liede fertig, fing er sofort wieder von vorne an, ohne aufzuhören, ohne eine Pause zu machen, sang er mit lauter Stimme immer wieder die Strophe. Ein gräßlicher Anblick. Und der Arzt stand dabei und schüttete sich vor Lachen aus. Auch so ein Musterexemplar der 'Großen Nation'.

Auch den armen dritten nahm er sich auf ähnliche Weise vor. Er ließ ihn mit Stricken fesseln und mit Wasser überschütten. Als alles nichts half und er nicht zu schreien aufhörte, wurde der Arzt wütend, er ließ den Kranken zu Boden sinken, hielt ihm seinen Fuß übers Gesicht und rief: 'Wenn du jetzt nicht gleich stille bist, zertrete ich dir den Kopf mit meinem Stiefel.' Ruhig hatte der deutsche Arzt, Dr. Küppers, den

Franzosen bisher gewähren lassen. Dies schien ihm aber zu viel zu sein; er stellte sich als Kollege vor und bat um die Erlaubnis, daß er versuchen dürfe, den Kranken zur Ruhe zu bringen. Der Franzose erlaubte es. Nach kurzer Zeit gelang es denn auch dem deutschen Arzt, die beiden Unglücklichen zu beruhigen und das Schreien hörte auf.

Dann ertönte der Befehl: Aufstehen und wieder in Reih und Glied stellen! Wir nahmen das wenige Gepäck, das wir noch besaßen, zur Hand und begaben uns auf den Bahnsteig, wo unser Zug hielt. Wiederum rief man uns mit Namen auf und die Aufgerufenen mußten in einen Viehwagen einsteigen. Als niemand mehr hineinging, wurde abgeschlossen und ein zweiter Wagen gefüllt, dann noch ein dritter.«

Soweit dieser Bericht. Die Damen und Kinder wurden in Personenwagen, unter Bedeckung, eingepfercht. Nach sechs Stunden kamen wir in Tlemcen an.

Hier wurden wir in einer Kavalleriereitbahn untergebracht, wo wir auf dem Boden, bestehend aus Lohe, Erde und Pferdemist, schlafen mußten; als Nahrungsmittel erhielten wir vor- und nachmittags eine Wassersuppe, worin etwas Gemüse schwamm und etwas Soldatenbrot. Bei unserer Ankunft im Reitstall bot sich uns ein schrecklicher Anblick. Unsere Herren, welche etwa zwei Stunden vor uns dort angekommen waren, lagen blutüberströmt, mit zerfetzten Kleidern auf dem Boden umher, teils schlafend, teils teilnahmslos vor sich hinstarrend und völlig erschöpft. Und nun folgten herzzerreißende Szenen des Wiedersehens unter den verschiedenen Familienmitgliedern. Kaum waren wir in der Reitbahn, erschien ein höherer Offizier und teilte uns mit, daß bis auf weiteres die Türen geschlossen würden. Selbst, wenn Feuer ausbräche, würden sie nicht geöffnet.

Trotz aller Aufregung und Strapazen fanden wir keinen Schlaf, die Kinder weinten, die Verwundeten stöhnten und wir Frauen waren der Verzweiflung nahe. Gegen vier Uhr morgens wurde der 'Turenne'-Transport alarmiert, um, auf Lastautos eingezwängt, nach Sebdou weiterbefördert zu werden; der 'Mogador'-Transport folgte nachmittags.

Sebdou liegt 920 Meter über dem Meeresspiegel. Der Ort ist ein Dorf von 400 Einwohnern, Spanier, Araber und Hebräer, und nur zehn Franzosen als Behörden, sowie ein Fort mit geräumigen Kasernen, Ställen, Magazinen, ein Hospital, eine Apotheke und so weiter. Unmittelbar neben dem Dorfe befindet sich ein großer viereckiger Platz, eingeschlossen von einem Graben und einem Erdwall, der mit einem Gitter aus jungen Baumstämmen gekrönt ist. Inmitten befinden sich 15 einstöckige Steinbaracken mit Steinfußböden und Pfannensatteldächern. Ohne Unterschied des Geschlechts wurden wir in diesen Baracken zusammengepfercht; Räume, die für 18 Mann Militär vorgesehen waren, wurden mit 32 von uns belegt. Aus Stoff haben wir uns dann schleunigst getrennte Abteilungen gemacht.

Unterstellt waren wir einem Unterleutnant, zwei Sergeanten und etwa 60 Zuaven, letztere fast alle Hebräer. Die Küche besorgten in der ersten Zeit die Zuaven, die Speisen waren schmutzig und ungenießbar; in der Suppe schwammen Kaffeebohnen, im Kaffee Kohlblätter. An Nahrung wurde uns verabreicht: Morgens ganz früh sehr dünner, etwas angesüßter Kaffee, gegen elf Uhr eine Wassersuppe mit Gemüse, oder Linsen, Erbsen, Bohnen; um diese Hülsenfrüchte weich zu kochen, wurden große Stücke Soda hineingeworfen, was bei sehr vielen von uns Ausschlag hervorrief. Nachmittags gegen fünf Uhr dieselbe Suppe, dazu täglich ein halbes Soldatenbrot.

Bei unserer Ankunft in Sebdou war mein Vater infolge seiner Krankheit, der Strapazen und der nichtswürdigen Behandlung bewußtlos. Der erbetene Arzt stellte sich erst am nächsten Tage ein; dieser ließ meinen Vater sofort in das Hospital tragen. Auf meine Bitten erhielt ich die Erlaubnis, täglich einige Stunden bei ihm verweilen zu dürfen. Sein Zustand war äußerst bedenklich; es war fast keine Hoffnung vorhanden, ihn am Leben zu erhalten. Er ist noch weitere 13 Tage bewußtlos gewesen und wurde nach 40 Tagen, noch sehr schwach, aus dem Hospital entlassen. Die Behandlung seitens der Hospitalangestellten war äußerst nichtswürdig; in seinen Fieberphantasien hatte mein Vater das Bestreben, aufzustehen, dann wurde er mit Faustschlägen und

Schimpfworten bedacht. Die Pflege war sehr minderwertig und es war nur gut, daß ich ihn etwas pflegen durfte; sonst wäre er sicher dem Tode verfallen gewesen.

Nach acht Tagen wurde uns erlaubt, unser Gepäck, das bis dahin inmitten des Lagers auf einem freien Platz, von Militär bewacht, der heißen Sonne ausgesetzt war, in Empfang zu nehmen. Sehr viel war auf dem Transport durch die rohe Behandlung verlorengegangen oder auch gestohlen. Die Empfangnahme war aber nicht leicht; jedes Gepäckstück mußte in ein Zimmer des Leutnants gebracht und geöffnet werden. Dann wurde der Eigentümer hinausgeschickt. Der Leutnant durchsuchte selbst und ließ alles, was ihm gefiel, auch Geld und Wertsachen, unter einem großen Sofa verschwinden. Darauf wurde der Inhaber des Gepäcks wieder hereingerufen, ihm ein Schriftstück zum Unterzeichnen vorgelegt des Inhalts, daß er seine Sachen richtig erhalten habe. Er hat sich auf diese Weise so viel zusammengehamstert, daß er damit gut einen Laden hätte eröffnen können. Einige Monate später ist die Sache ruchbar geworden, und die französischen Behörden konnten nicht umhin, die Sachlage zu untersuchen, worauf der Leutnant bestraft wurde. Damit haben wir unser Eigentum allerdings nicht zurückerhalten.

Eine schreckliche Quälerei war das Zählen. In den ersten acht Tagen wurden wir fast jeden Morgen zusammengerufen, auf einem freien Platz. Hier mußten wir stundenlang in der größten Hitze stehen, einerlei, ob gesund oder krank, und dann fingen der Leutnant und die beiden Sergeanten an uns zu zählen. Aber jedesmal, wenn sie am Ende ankamen, stimmte die Rechnung nicht, immer waren einer oder zwei zu viel oder zu wenig. Alles Bitten der Kranken, wenigstens in den Schatten treten zu dürfen, wurde schroff abgewiesen, erst wenn sie ohnmächtig hinfielen, durften sie in die Baracken getragen werden.

Eine nicht geringe Aufregung und Unruhe verursachte es jedesmal, wenn der Kommandant von Tlemcen seinen Besuch angesagt hatte, wozu er gewöhnlich den Sonntag wählte. Dieser, ein ganz ungebildeter brutaler Deutschenfresser, traf eines Sonntags wieder ein. Wie gewöhnlich, ließ er auch diesmal zum Appell zusammenblasen. Und er erklärte uns, daß wir alle genötigt seien, sämtliche Gelder bis auf 200 Francs für die Person abzuliefern und das sogleich. Wenn nach der Ablieferung und der darauf folgenden Untersuchung sich bei irgend jemand eine weitere Summe finden sollte, so würde der Betreffende füsiliert werden. Die Gelder würden in Tlemcen deponiert und erst dann wieder ausgeliefert, wenn wir Algerien verließen. Das ist dann auch geschehen. Aber wo wir Gold, Silber und Noten der Bank von Frankreich abgeliefert haben, sind uns minderwertige algerische Banknoten zurückgegeben worden. – Während meine Leidensgefährten ihre Gelder abliefern mußten, befand ich mich im Hospital bei meinem Vater. So kam ich um die Ablieferung unserer Banknoten herum, die ich stets in einem Säckchen bei mir trug. Damit bei einer etwaigen Untersuchung kein Geld bei mir gefunden würde, kamen wir beide auf den Einfall, die Banknoten unter dem Futter meines Hutes zu verbergen.

Wir unterstanden den Militärbehörden, die Herren wurden ganz, die Damen teilweise als Kriegsgefangene behandelt. Für die Herren wurde im Sommer um halb fünf, im Winter um sechs zum Aufstehen geblasen. Eine halbe Stunde nach dem Wecken wurde zum Appell geblasen. Hier wurden die verschiedenen Kolonnen zu den verschiedenen Arbeiten zusammengestellt: Reinigen und Fegen des großen Lagers, Fegen der Dorfstraßen, manchmal zusammen mit eingeborenen Sträflingen, Fällen von jungen Bäumen und Tragen bis zu sechs Stück zum Lager von den umliegenden Bergen, Fällen von abgestorbenen Bäumen, Roden der Wurzeln und Zerkleinern für Feuerholz, Bearbeiten des Offiziergartens und des Küchengartens. Strafen, und schwere Strafen, in den meisten Fällen ganz willkürlich, wurden für jede Kleinigkeit verhängt, so daß die Zellen fast nie leer wurden. Im Winter wurden diese natürlich nicht geheizt, die Pritsche war aus Stein, dabei wurde nur eine dünne Decke erlaubt.

Die unwürdige und unmenschliche Behandlung sowie der Mangel eines einigermaßen befähigten Arztes hatte verschiedene Todesfälle zur Folge. Eine etwa drei Monate verheiratete junge Frau mußte bereits während unseres Aufenthaltes in Tlemcen ins Hospital gebracht werden, wo sie nach wenigen Tagen starb. Ihr Mann mußte mit uns nach Sebdou weiterfahren; er wurde nach einigen Tagen nach Tlemcen zurückberufen, wo seine Frau im Fieberwahn im Hospital umherlief; sie erkannte ihn nicht mehr und verschied einige Stunden später.

Das zweite Opfer war ein junger, hoffnungsvoller Mann. Er litt bereits seit längerer Zeit; da sein Fieber aber noch nicht 40 Grad erreicht hatte, so nahm ihn noch nicht einmal der Militärarzt in Behandlung. Erst nachdem das Fieber 40 Grad überschritten hatte, fand er Aufnahme im Hospital. Selbstverständlich erkannte der Arzt die Krankheit nicht, verschrieb indes große Dosen Chinin sowie Chinineinspritzungen, bekümmerte sich auch ebensowenig um ihn wie um seine übrigen Kranken. Er lebte nur noch wenige Wochen.

Ein drittes Opfer war unser langjähriger Arzt in Casablanca, der indes keine Praxis mehr ausübte. Man hatte ihn auf eine lächerliche Anklage hin vor das Kriegsgericht in Casablanca geschleppt. Die barbarische Behandlung während dieser Zeit, der Aufenthalt in unterirdischen Kerkern, die Anstrengungen der Reise und alle ausgestandenen Leiden haben den Einundsechzigjährigen bald nach seiner Freisprechung und Rückkehr nach Sebdou dahingerafft. Wir begruben ihn am Tage vor unserer Abreise. Außerdem starb das Kind eines Österreichers, das sehr leicht hätte am Leben erhalten werden können. Auch hier hatte der Arzt die Krankheit verkannt und gar nicht weiter beachtet. Unter uns befand sich ein zweiter Arzt aus Casablanca, der sich erst vor kurzem da ansässig gemacht hatte. Dieser durfte uns nicht behandeln; wo er es getan hatte und es bekannt wurde, wurde er mit 14 Tagen Arrest bestraft.

Am 27. September, morgens in aller Frühe, wurden die Herren durch Blasen zum Appell gerufen. Nachdem alles versammelt war, erschien der Leutnant mit einer Abteilung Zuaven mit aufgepflanztem Bajonett. Er benannte dann elf mit Namen, die vor die Zuaven treten mußten. Nun erklärte der Leutnant, daß die elf nach Oran transportiert werden würden, um sich einem Verhör zu unterwerfen. Es wurde ihnen erlaubt, das Notwendigste zu packen und mitzunehmen, wozu ihnen etwa zehn Minuten unter Begleitung eines Soldaten Zeit gegeben wurde. Den Älteren und Schwächlichen wurde erlaubt, auf einem Karren Platz zu nehmen. Die anderen mußten den Weg bis Tlemcen in der Sonnenglut zu Fuß zurücklegen. Mit der Bahn sind sie von da weiter nach Oran befördert und haben einige Tage in unterirdischen Gefängniszellen schmachten müssen. Der Sergeant vom Lager, der die elf begleitet hatte, erzählte bei seiner Rückkehr triumphierend, daß die Männer zu zweien und dreien gefesselt zusammen mit drei unserer Leidensgefährten, die bereits derzeit in Oran gehalten waren, an Bord eines französischen Dampfers gebracht wären, um in Casablanca vor ein Kriegsgericht gestellt zu werden.

Einige Zeit nach unserer Ankunft in Sebdou wurde uns erlaubt, unseren Angehörigen in der Heimat Mitteilung über unseren Verbleib zu machen. Selbstverständlich waren diese Mitteilungen einer strengen Zensur unterworfen, und zwar in Sebdou, Oran und Frankreich, und so mußten wir uns jedesmal auf wenige Schilderungen beschränken. Unsere ersten Briefe, die frankiert werden mußten, fanden wir nach einiger Zeit zerrissen, der Marken beraubt, im Wallgraben unseres Lagers liegen.

Die ersten Nachrichten erreichten die Unseren gegen Ende September. Man kann sich denken, welche Angst und Sorge diese bis zum ersten Lebenszeichen von uns durchlebt haben. Im Verlauf unserer Gefangenschaft sind verschiedentlich unsere Briefe wochenlang zurückgehalten worden oder, wie Telegramme, unterschlagen worden. Auch Briefe aus der Heimat wurden zurückgehalten. So kamen am Tage vor unserer Abreise etwa 800 Briefe zur Verteilung.

In der zweiten Hälfte des Oktobers traf ganz unerwartet die Erlaubnis zur Abreise ein. Gleichzeitig wurde uns gesagt, daß die Rückreise in Gruppen zu je fünf Personen anzutreten und aus eigenen Mitteln zu bestreiten sei, die Reihenfolge habe der Leutnant zu bestimmen.

Am 28. war die Reihe an uns; meine Tante, zwei Dienstmädchen, mein Vater und ich sollten am nächsten Morgen um fünf Uhr abreisen. Abends hatten wir unser Gepäck bereits aufgegeben und von unseren Leidensgenossen Abschied genommen. Dann spät aber lief vom Kommandanten in Tlemcen eine Depesche ein, des Inhalts, alle weiteren Abreisen zu verbieten. Dieser Schlag traf uns schwer, denn wir hatten unsere Abreise in der Heimat bereits angekündigt. Vor allem aber wurde es uns nun unmöglich, für unsere Angehörigen, die vor das Kriegsgericht gestellt werden sollten und in Casablanca im Kerker schmachteten, in der Heimat einzutreten, um sie vor dem Schlimmsten zu bewahren. Seitdem lastete auf uns ein Druck, und die Tage flossen langsam und in Betrübnis dahin, als uns gegen Mitte November die Schreckensnachricht von der am 5. November in Casablanca erfolgten Erschießung unseres Schicksalsgenossen, des Postbeamten Seyfert, erreichte, die uns wie ein Keulenschlag traf, harrten doch weitere dreizehn der Unglücklichen des Urteils durch das Kriegsgericht.

Endlich, in den ersten Tagen des Dezembers, wurde bekanntgegeben, daß die in den Listen Angeführten sich zur Abreise bereitzuhalten hätten. Diejenigen, die im Besitz von Mitteln seien, hätten die Reisekosten selbst zu bestreiten, für die Mittellosen würden die Behörden eintreten. Einige Frauen mit Kindern wollten ihre Männer nicht verlassen; sie blieben und haben es später bitter bereut.

Am 8. Dezember, früh sieben Uhr, fing man mit dem Verladen des Gepäcks an, um neun Uhr wurden wir, fast siebzig Gefangene, wie die Heringe eingepökelt, abtransportiert. Abends fuhren wir in Tlemcen ein.

Der Hafen war mit Truppen angefüllt, die betrunken lärmten und wüste Szenen aufführten. An Bord unseres Dampfers wurden 800 von ihnen untergebracht, die vorläufig auf Deck blieben. Ein Teil stellte sich an die offenen Salonfenster, verhöhnte und beschimpfte uns in der gemeinsten Weise. Seit früh hatten wir nichts genossen, bekamen aber erst auf wiederholtes Bitten eine Tasse Tee zu ein Francs das Stück. Essen sollten wir erst bekommen, sobald der Dampfer um sechs Uhr in See ginge. Man spekulierte dabei auf die Seekrankheit, und mit Erfolg, denn eben in die freie See gelangt, spürten wir die Wucht des Unwetters; der

Dampfer rollte und stampfte gleichzeitig und arbeitete schwer in dem Sturm. Eine See schlug eine Eingangstür neben dem Salon ein und das Wasser schoß die Treppe hinab, die zu den Kabinen führte, so daß in diesen und in den Gängen über ein Fuß hoch Wasser stand. Wir hatten alle die Seekrankheit und konnten uns nicht erheben, ergaben uns in unser Schicksal. Unsere vielen Bitten um etwas Tee oder Suppe blieben unbeachtet. In dieser Verfassung blieben wir 48 Stunden, bis wir unter Land kamen, die See sich etwas beruhigte und wir aufstehen konnten.

Kurze Zeit darauf liefen wir in Marseille ein; dort wieder Aufstellen und Namen verlesen, dann wurden wir den Landbehörden übergeben. Diese führten uns an Land und in ein – wie der betreffende Beamte sich ausdrückte – 'anständig und gleichzeitig billiges Hotel' in der Nähe des Hafens. Wir fanden aber eine berüchtigte Spelunke vor, wo erst einmal eine ganze Anzahl zweifelhafter Kerle aus den Betten geholt werden mußten, und diese uns dann übergeben wurden, so wie sie waren. Einige von uns fanden keinen Platz, mein Vater darunter, meine Tante und ich. Wir fanden dann Unterkunft in einem Gasthof, der in der Nähe gelegen war und wenigstens reinlich und anständig war, auch keine allzu teuren Preise nahm. Wir sind dann über die Schweiz, wo wir gut aufgenommen und bewirtet wurden, nach Deutschland gefahren. An der Grenze hatten sich Kinder mit der deutschen Fahne aufgestellt, die Häuser waren beflaggt und alles winkte uns Willkommensgrüße zu.

Dann lief unser Zug in Singen ein. O himmlische Freiheit, nach vier Monaten, nach all den ausgestandenen Drangsalen!

Damit endete unsere Leidensgeschichte, ein Wort aber noch über unsere Angehörigen in Casablanca. Trotz aller Anstrengungen und Bemühungen war es nicht möglich, meinen Onkel zu retten; am 11. Januar wurde er vom Kriegsgericht mit seinem Geschäftsteilhaber, Herrn Gründler, zum Tode verurteilt, angeblich wegen Aufreizung der Eingeborenen gegen die französischen Behörden, obwohl keinerlei Beweise dafür vorlagen und die beiden Verteidiger daher Freisprechung beantragten. Am 28. Januar fand die Vollstreckung unter dem Aufgebot aller Truppen von Casablanca statt. Man hatte ein großes Schaugepräge von der Erschießung dieser beiden Unschuldigen gemacht. Als ein ganzer Deutscher, fest, ohne mit der Wimper zu zucken, ist mein Onkel in den Tod gegangen. In dem stolzen Gedanken an unsere deutschen Helden, die sich für das Vaterland opfern, ist er gestorben. 'Tausend Unschuldige sterben in diesem Augenblick; ich werde ein Opfer mehr sein!' So waren seine letzten Worte."

Über die Läger Tlemcen und Sebdou brachte das Meuersche Gutachten Einzelheiten, die ein noch schwärzeres Bild ergeben.

"Die Gefangenen wurden wie das gemeinste Volk behandelt. Die Räume in Sebdou waren schmutzig und voller Wanzen. Für 350 Gefangene wurden täglich nur 1¾ Hammel als Fleisch verwandt. Der Sergeant Charnot war unverschämt; er beschimpfte die Frauen mit den unflätigsten Ausdrücken und redete selbst die Konsuln mit "Du" an, machte sich ein Vergnügen daraus, gerade diese zu den schmutzigsten Arbeiten heranzuziehen. Visitierende Offiziere brachten vielfach ihre Damen mit. – Das Lazarett war schmutzig und verwahrlost. Es kamen mehrere Geburten vor, bei denen keine weibliche Hilfe zugelassen wurde. Der Kommandant zog Soldaten mit zur Hilfe heran. Dem deutschen Arzt Dr. Küppers wurde die Behandlung der Kranken bei Strafe verboten; er erhielt Gefängnis, als er einmal nur einen Rat erteilt hatte und mußte die Aborte reinigen."

In dem Bericht von Fräulein Ficke wurde unter anderem auch der österreichische Konsul Brandt erwähnt, der auf Grund einer erfundenen Anklage (ein Kabyle, der in seiner Firma angestellt war, sollte ihn der Spionage verdächtigt haben) in Oran zum Tode verurteilt wurde. Das Urteil wurde nicht sofort vollstreckt, weil ein Gnadengesuch an den Präsidenten der Republik auf Veranlassung des amerikanischen Konsuls die Strafe zu mildern suchte. Sie wurde dann in eine zehnjährige Zuchthausstrafe umgewandelt. Brandt kam nach **Berrouaghia,** obwohl man ihm versprochen hatte, ihn wegen seines schlechten Gesundheitszustandes in ein Militärlazarett zu schaffen. Er selbst gab nach seiner Rückkehr nach Deutschland vor der Militäruntersuchungsstelle des Berliner Kriegsministeriums über seine Erlebnisse einen beeidigten Bericht, aus dem wir den Teil, der Berrouaghia betrifft, hier wiedergeben.

"Endlich gelangte ich am 17. März nach Berrouaghia, wo ich meine zehnjährige Zuchthausstrafe verbüßen sollte. Es gilt dieses als das schrecklichste Gefängnis in Nordafrika, das Klima ist im Sommer glühend und im Winter sehr kalt; Schnee und Eis gab es bis Ende April, dabei ungeheizte Baracken, einfach mit Pfannen bedeckt und in einem Raume lagen 70 Gefangene. Wasser war schlecht und die hygienischen Verhältnisse ganz unglaublich. Es gab in der Ecke einen offenen Abort, der natürlich fürchterlichen Geruch verbreitete, was bei dem Fehlen jeden Luftzuges ziemlich unerträglich war. Baden war nie, zum Waschen kaum Gelegenheit gegeben, da in jedem Barackenraum nur ein Faß mit Wasser stand, das zwar täglich gefüllt wurde, aber zum Trinken und Waschen für 70 Menschen absolut unzureichend war. Man denke sich, wenn 70 Gefangene mit ihren Bechern das Wasser herausschöpfen, in welchem Zustande das wenige Wasser und wie schnell es verbraucht war. Hier, wo Europäer mit Eingeborenen (Arabern und Negern) zusammengebracht waren, darunter das gräßlichste Gesindel, Räuber, Mörder, wörtlich genommen, spottete das Ungeziefer jeder Beschreibung. Ich lag mit Tuberkulosen- und Syphiliskranken nebeneinander. Unter diesem Auswurf der Gesellschaft, Franzosen und Arabern, herrschten alle Laster, die ohne alle Scham betrieben wurden. Als ich am Mittag des 17. März ankam, wurden wir mit Stockschlägen empfangen und im Hof zusammengetrieben, unsere Zivilkleider uns entrissen, und wir einen Moment unter die Dusche getrieben, dann wurde mir der Strafanzug, Hemd und Stiefel zugeworfen, und mit Stockschlägen wurden wir wieder zum schnellen Anziehen gezwungen, was mir bei der Gebrauchsunfähigkeit meines linken Armes besonders schwierig wurde. Hier möchte ich noch bemerken, daß ich das Hemd oftmals drei Wochen lang tragen mußte, beim Wechseln war das neue Hemd meist noch feucht und voll Ungeziefer.

Jetzt wurde mir mein Strohsack und meine Decke zugewiesen im Raum und ich erhielt meine Nummer. Am folgenden Tage fand die ärztliche Untersuchung zwecks Arbeitsbestimmung statt.

Die Arbeitseinteilung ist nach Klassen 1, 2 und 3, je nach Gesundheitszustand. Die Zuteilung wurde auf Grund der Untersuchung des Arztes vorgenommen und ich wurde infolge meines steifen Armes und des übrigen schlechten Gesundheitszustandes zu Abteilung Nr. 4 erklärt, welche von der Arbeit befreit sein soll. Die Verpflegung bestand um halb elf in heißem Wasser mit Brotstückchen darin und 600 Gramm Brot pro Tag. Am Donnerstag und Sonntag war ein Stückchen Fleisch in der Suppe. Am Abend um etwa fünf Uhr eine Gamelle mit zweimal wöchentlich Pferdebohnen, dreimal Kichererbsen und zweimal Reis, stets steinhart, oft wurmig und ungenießbar. Ich habe selten etwas hinunterwürgen können, besonders wirkten die Bohnen entsetzlich und verursachten die größten Verdauungsstörungen. Diese *Penitentiaire Agricole* ist ein landwirtschaftliches Unternehmen, das vom Staat an einen Unternehmer, namens Gay, verpachtet ist: derselbe sucht durch Ausnutzung der Gefangenen, durch minderwertiges Essen und ungenügende Bekleidung möglichst großen Gewinn zu erzielen; unterstützt wird er durch die gewissenlosen Wärter, größtenteils Korsen, welche durch eine Geldgratifikation von seiten des Richters die Gefangenen durch Prügel, Mißhandlungen zu unmenschlichen Leistungen antreiben, und ist diese Wirtschaft eine schlimmere, als sie zur Zeit der trübsten Sklavenwirtschaft geherrscht hat.

Nachdem ich bei der ärztlichen Untersuchung zur Nichtarbeit bestimmt war, wurde ich doch sofort zum Matten- und Körbeflechten bestimmt, obgleich mir diese Arbeit mit meinem linken Arm unmöglich war. Diese Arbeit mußten wir in einem unterkellerten Raum sitzend auf Steinboden verrichten. Täglich elf bis zwölf Stunden bei der Kälte im Raum stillsitzend, da erfroren einem die Glieder, und Rheumatismus und Durchfälle waren die Folge. In den Sommermonaten wurde ich dann zum Ausbreiten des Mistes gebraucht, zum Ährensammeln, wo man mich mit besonderer Freude von einem Ende zum andern jagte und hier eine Ähre, da eine Ähre schleunigst aufsammeln ließ; bei dem Sonnenbrand eine schwere Qual für mein Alter (60 Jahre). Ebenso wurde ich zum Steineklopfen geholt. Auf meine Beschwerde beim Arzt erklärte er manchmal, ich könne leichtere Arbeiten tun, dies war immer im Beisein des Chefs der Fall; ein andermal sagte er, Kategorie 4 brauche nicht zu arbeiten, was mir aber wenig half.

Bald nach meiner Einlieferung kam Mr. Hasseltine mit zwei anderen Herren der amerikanischen Botschaft aus Paris, um mich zu sehen. Er versprach mir, daß ich mein Unterzeug erhalten sollte, ebenso die Erlaubnis zur Benutzung der Kantine, was mir noch nicht erlaubt war, das heißt, sechs Sous pro Tag. Beides wurde mir dann ungefähr einen Monat später zusammen mit den anderen mit mir eingelieferten Gefangenen erlaubt. So hatte dieser Besuch, wie auch ein späterer von Mr. Mason, amerikanischer Konsul von Algier, dem größte Rücksichtsnahme auf meinen Gesundheitszustand versprochen war, wenig Erfolg. So blieb meine Behandlung abwechselnd, je nach Laune des Chefs, arbeitend, gehetzt, beschimpft, geschlagen, und dann wieder einmal kurze Zeit in Ruhe gelassen, das heißt, man ließ mich auf der Straße elf bis zwölf Stunden sitzen, ohne daß ich aufstehen durfte. Diese ganze Behandlung brachte mich körperlich und seelisch so herunter, daß ich im Dezember 1915 mit meinen Kräften zu Ende war, und wenn ich nicht fortgekommen wäre, ich sicher nicht weitergelebt hätte. Um einen Beweis über Mißhandlungen anzuführen, so wurde ich bei einer Verpflegungsverteilung von einem Wärter, Le Fleury, mit Faustschlägen ins Gesicht und Fußtritten in den Leib traktiert, so daß sowohl Franzosen wie Araber empört waren. Alle meine Versuche, durch Vermittlung des ersten Wärters, also instanzenmäßig, beim Direktor mich zu beschweren, mißlangen. In zynischer Weise fragte mich ein anderer Wärter, aus welchem Tor ich wieder hinaus wollte, doch wohl nur aus dem, wo der Kirchhof wäre. Schmähungen, Drohungen, Beleidigungen gab es täglich, immer wurde mir von den Wärtern vorgeworfen, ich hätte in Sardinenbüchsen Patronen für die Eingeborenen eingeführt und in Casablanca das Mehl vergiftet.

Im Mai/Juni 1915 kamen 60 kriegsgefangene deutsche Soldaten, die in Marokko gewesen waren und, wohl zum großen Teile schuldlos, wegen Diebstahls bis zu zehn Jahren verurteilt waren. Von Anfang an wurden diese armen Kerls zu den schwersten Arbeiten gezwungen, den Wein zu behacken u. dgl. Natürlich immer von den Wärtern getrieben, ohne Grund an den Händen gefesselt und geprügelt. Bei der schweren Arbeit und völlig unzureichenden Ernährung wurden viele sehr krank und krank weiter zur Arbeit getrieben. Ich sah selbst mit an, wie ein Sachse mit 41 Grad Fieber mit Fußtritten zur Arbeit getrieben wurde, obgleich ihm der Arzt Ruhe verordnet hatte. Während der Arbeit brach er natürlich zusammen und starb am folgenden Tage. Vielen anderen erging es ähnlich, wohin die Schläge trafen, war den Wärtern ganz egal. Noch schlimmer war es, wenn einer in die Zelle kam, dort wurden sie in vielen Fällen systematisch zu Tode geprügelt.

Viele der französischen Soldaten hatten als Schreiber oder Vorsteher eine gewisse Macht und nutzten diese aus, um sich die deutschen Soldaten in perversester Art zu Willen zu machen. Da sich die Deutschen natürlich weigerten und sich nicht dazu hergeben wollten, wurden sie verprügelt. Alle Beschwerden blieben erfolglos. Ich sah selbst, wie ein deutscher Soldat, dessen Schußwunde am Arm noch offen war und der heute noch wegen dieser Wunde im Hospital liegt, zu schweren Arbeiten getrieben wurde. Es wird mir immer eine schreckliche Erinnerung sein, wie ein Gefangener beerdigt wurde, wo ich zum Tragen der Leiche dabei sein mußte. Wie ein Hund wurde der arme Kerl eingescharrt, und nur mit Mühe gelang es mir, ein stilles Gebet am Grabe zu sprechen.

Die ärztliche Behandlung war völlig unzureichend, auch nicht genügend Medikamente vorhanden. Es sind infolge der Mißhandlung, der schweren Arbeit im afrikanischen Klima, der schlechten Ernährung und geringen Fürsorge innerhalb acht Monaten von 60 Kriegsgefangenen

22 gestorben, ohne daß irgendeine Epidemie herrschte. Und es würden wohl kaum irgendwelche übrig geblieben sein, wenn sie länger dort hätten bleiben müssen. Im Juli schlug für sie die Erlösungsstunde, und sie wurden zunächst nach Avignon und dann nach Ile d'Oleron gebracht, wo ich sie im September 1916 wieder vorfand.

Ende des Jahres 1915 war ich vollständig körperlich und geistig gebrochen, und da kam die Mitteilung, daß ich am selben Tage, am 31. Dezember, nach Maison Carré transportiert werden würde. Hier wurde ich in die Abteilung der *Correctionels* aufgenommen, Strafen bis zu einem Jahre. Gegen die Mördergrube Berrouaghia war Maison Carrée für mich eine Verbesserung, und besonders nach dem liebenswürdigen Besuch des spanischen Generalkonsuls in Algier war ich im Hospital untergebracht und blieb daselbst bis zu meinem Fortgang, 12. August 1916. Hier war ich in ärztlicher Behandlung, Arzt ein Araber, der alles tat, um mein Los zu verbessern. Am 12. August wurde ich zusammen mit Herrn Nehrkorn, der sich die ganze Zeit in der Abteilung der *Traveaux forcés* in Maison Carré befunden hatte, nach dem Gefängnis Barberausse in Algier-Stadt gebracht. Dort trafen wir mit Herrn Kästner, Hermann und Suns zusammen. Am 31. August wurden wir an Bord eines Dampfers gebracht und nach Marseille befördert, noch immer geketted. Bei dieser Fahrt hatten wir fürchterliches Wärterpersonal. Wir wurden in einem kleinen Loch unter Deck untergebracht, ohne Licht und Luft, Wasser bekamen wir nur durch Vermittlung französischer Gefangener, da die Wärter erklärten, für die Boches kein Wasser zu haben."

Am 15. November 1916 wurde Brandt in Freiheit gesetzt und sah seine deutsche Heimat wieder.

Aus den amtlichen deutschen Akten über **Berrouaghia:**
"Die zu längerer Strafe kriegsgerichtlich verurteilten Leute aus Marokko und Algier wurden nach Berrouaghia geschafft, das, tief im Süden Algeriens liegend, am Rande der Wüste ein bekanntes algerisches Fieberloch ist. 60 Prozent der Zivilinternierten hatten Malaria. Die

ärmeren Zivilgefangenen sind in Berrouaghia buchstäblich durch die Unterernährung in einen solchen Zustand allgemeiner Entkräftung geraten, daß die herausgekommenen Leute schwerkrank in Deutschland angekommen sind und in einzelnen Fällen noch später, in Jahren besserer Ernährung, an Entkräftung gestorben sind.

Eine auffallende Zahl von Todesfällen ist unter den Gefangenen in der Zeit vom August 1915 bis Mai 1916 zu verzeichnen. Während des Jahres 1915 war Singen verboten, Sprechen nur mit halblauter Stimme gestattet. Der amerikanische Konsul in Algier hatte unter dem 31. Juli 1915 einen ernsten Bericht über das Zivilgefangenenlager Berrouaghia gesandt."

Sowohl in der deutschen amtlichen Denkschrift als auch in der vom *Deutschen Tageblatt* im Jahre 1920 herausgegebenen "Gegenliste französischer Kriegsverbrecher" sind die Beamten des Lagers Berrouaghia als Schuldige an der bestialischen Behandlung und dem Tode vieler Deutscher bezeichnet und angeklagt. Von einer Bestrafung hat man nichts gehört, also billigte die französische Regierung ihre schändlichen Taten.

Ein hervorragender Engländer sagte nach dem Kriege treffend: "Wir haben während des Krieges gelernt, die Leiden anderer geduldig zu ertragen."

Und nun das Glanzstück französischer "Ritterlichkeit" in Westafrika: **Die Behandlung unserer Kamerun- und Togodeutschen.** Ich folge bei diesem erschütternden Tatsachenbericht der Darstellung im Gutachten Meurer.

Während Deutschland die in Duala tätigen Engländer nach Kriegsausbruch in ihren Wohnungen beließ, ja sie sogar noch ihren Geschäften weiter nachgehen ließ, wurden die Deutschen nach der Einnahme von Kamerun von der Straße weg verhaftet, wobei auch Missionare nicht ausgenommen wurden, und in einer haarsträubenden Unterkunft auf den Dampfern fortgeschafft. Meist wurde ihnen noch nicht einmal Zeit gelassen, die notwendigsten Habseligkeiten einzupacken. Die englischen und französischen Offiziere haben die Mißhandlungen durch schwarze Soldaten nicht bloß geduldet, sondern sich auch an ihnen beteiligt.

Während aber England dann die Kolonialdeutschen in England internierte, hat sich Frankreich deutsche Kriegs- und Zivilgefangene noch von England ausliefern lassen, um sie – etwa 400 an der Zahl – in sein ungesundestes Gebiet von Westafrika, nach Dahomey, zu verschleppen. Die französischen Beschönigungen können keinen Eindruck machen. In Dahomey wurden die Kolonialdeutschen an Plätzen, die wegen Malaria, Dysenterie und Gelbfieber verrufen sind, bei ungenügender Unterkunft, schlechter Verpflegung, dürftiger Bekleidung, in schwerem Frondienst, unter Aufsicht von brutalen Schwarzen den Einwirkungen des Tropenklimas schonungslos ausgesetzt. Es wurden an ihnen unmenschliche Mißhandlungen in Form von Prügeln, Gefängnis und Folterstrafen verübt. Die Berichte der deutschen dritten Denkschrift geben entsetzliche Kunde von den gequälten Opfern. Einzelfälle von Mißhandlungen Seite 29 bis 31 so wie 121 bis 126. Die Belege in den 33 Anlagen, Seite 35 bis 177 sind die entsetzlichste Anklage, die vielleicht jemals erhoben worden ist. Es ist nicht möglich, auch nur annähernd ein Bild von dem widerlichen Sadismus zu geben, man muß die Anlagen selbst lesen.

## Dahomey

Drei Wochen nach der Übergabe von Kamina in Togo an die unter englischem Oberbefehl stehenden englisch-französischen Truppen am 18. September 1914, haben die Engländer etwa 180 deutsche Männer aus Togo den Franzosen auf den vor Lome liegenden Dampfer "Obuasi" zur Verschleppung nach Dahomey ausgeliefert. Mit 13 deutschen Frauen, die ihren Männern in die Gefangenschaft folgten, und als Kriegsgefangene behandelt wurden – nach anfänglicher Trennung wurde das Zusammenbleiben erlaubt – wurden die gefangenen Männer in Cotonou unter dem Höhnen und Drohen der Bevölkerung ausgeschifft und unter Wellblechschuppen untergebracht, die ohne Lüftung waren und nur einen während der Nacht verschlossenen Ausgang hatten. Die Gefangenen mußten ihre Notdurft in Petroleumtonnen verrichten, in deren nächster Nähe sie ihr Lager auf hartem Steinboden hatten, der nur ungenügend mit Strohmatten bedeckt war. Die Luft war verpestet und bei der Tropenhitze so unerträglich, daß alsbald Schwächeanfälle eintraten.

Das unsauber und schlecht zubereitete und ungenügende Essen mußte die Mehrzahl mit den Händen zu Munde führen; auch dem Gouverneur, der trotz Bitten drei Tage lang nicht einmal ein Glas Wasser bekam, wurde kein Besteck gegeben.

Die Aufsicht war roh und erniedrigend. Auch Offiziere und Unteroffiziere der Kaiserlichen Schutztruppe, die nach dem Fall Garuas als Kriegsgefangene in Cotonou untergebracht waren, erfuhren dieselbe Behandlung.

Der große Teil der Togodeutschen mußte noch weiter nach Norden, nach dem 520 Kilometer von Savé – bis hierher Bahnfahrt – entfernten Gaya am Nil im französischen Sudan marschieren. Auf erhobene Vorstellungen antwortete der Generalgouverneur von Dakar: "Der Marsch nach dem Innern ist unter allen Umständen durchzuführen, koste es, was es wolle!"

Am 22. und 23. September wurde von Savé in zwei Abteilungen abmarschiert. Täglich mußten Strecken von 20 bis 35 Kilometer, in einer Hitze von 30 bis 50 Grad, in der Sonne 80 Grad, zurückgelegt werden. Trotzdem die Märsche nachts um zwei Uhr begannen, war die Tageshitze nicht zu vermeiden, da die Sonne schon um acht Uhr morgens stark brannte und die Kranken sich nur langsam vorwärts schleppen konnten. Nicht für solche Märsche ausgerüstet, mußten die Gefangenen, deren dünn besohlte Stiefel bald zerrissen waren, auf dem glühenden Boden barfuß gehen. Haussandalen aus hartem ungegerbtem Leder, zu denen man als Ersatz griff, scheuerten die Füße wund. Mit nüchternem Magen mußte der Marsch angetreten werden und bis in den Mittag hinein ohne ausreichendes Wasser fortgesetzt werden. Aus schmutzigen Pfützen wurde, ohne Rücksicht auf die Gefahren, getrunken; das bereitgehaltene Wasser war schmutzig und übelriechend. Das von Negern zusammengekochte Essen, das meist nur halb gar und mit Ungeziefer durchsetzt war, genügte in keiner Weise. Oft waren die Gefangenen so müde, daß sie sich, ohne zu essen, in den schmutzigen Negerhütten, die des Moskitoschutzes entbehrten, einfach auf die Erde warfen, unbekümmert, ob die Hütten mit Wasser voll liefen.

Die Gefangenen verloren bis zu sechzig Pfund an Körpergewicht. Die Zahl der an Malariafieber und Dysenterie Erkrankten oder durch Erschöpfung und Fußwunden Marschunfähigen wuchs bis auf 50 täglich. An einzelnen Tagen mußten auch die Kranken marschieren. Marschunfähige wurden durch Kolbenstöße weitergetrieben. Als selbst ein französischer Truppenführer Gewissensbisse bekam und erklärte, die Verantwortung für den unmenschlichen Transport nicht weiter tragen zu wollen – man war erst in Parakou – wurde er abgelöst. Nachdem so 380 Kilometer in 20 Tagen einschließlich sechs Rasttagen zurückgelegt waren, und die Erschöpfung der Gefangenen den Weitermarsch absolut nicht mehr zuließ, wurde in Kandi ein 14tägiges Halt gemacht. Infolge neuer Erkrankungen an Malaria und Dysenterie erhoben die Deutschen abermals Protest gegen den Weitermarsch, aber der neue Transportführer, Kapitän Bosch, erklärte, **die Gefangenen ständen außerhalb des Völkerrechts.** Am 26. Oktober wurde der Weitermarsch nach Gaya beschlossen.

Der deutsche Arzt, der die Gefangenen begleitete, gibt an:

"Wenn man bedenkt, daß der Europäer den Gefahren des Tropenklimas nur unter Anwendung besonderer Schutzmaßnahmen zu begegnen vermag, so bedeutet dieser Marsch der an Kleidung und Schuhzeug auf das mangelhafteste ausgerüsteten Gefangenen einen Gewaltmarsch, der auf Leben und Tod ging."

**Gaya,** 800 Kilometer von der Küste entfernt, ein Dorf mit 500 Einwohnern, ist durch seine Malaria- und Dysenteriegefahr berüchtigt. Die 20 Strohhütten der Gefangenen, die auf enger Fläche errichtet waren, schützten weder vor der Glut der Trocken- noch vor der Regenzeit und den Gewittern. In der Trockenzeit herrschte im Innern eine Temperatur von 40 bis 60 Grad, die auch nachts kaum abnahm. Die Hütten hatten weder Bett noch Tisch, weder Stuhl noch Waschschüssel. Es war nichts als der nackte Boden vorhanden, auf den sich die Gefangenen mit ihrer Strohmatte legen mußten. Da sie für ihre zerfetzte Kleidung und Wäsche in Gaya keinen Ersatz fanden, liefen sie zum Teil nackt herum und barfuß. Die Offiziere wurden, obwohl sie nach der LKO. Art. 6 von Arbeiten befreit sind, wie die Mannschaften gehalten; sie mußten selbst kochen und waschen, auch Hütte und Geschirr in Ordnung halten. Die Verpflegung war mangelhaft, einförmig und ungenügend; Zutaten zu kaufen war verboten, obschon Nahrungsmittel reichlich und billig zu haben waren. Gesuche um Verbesserung wurden vom Verwalter mit der Begründung abgelehnt, die französische Regierung habe befohlen, die Gefangenen "**ohne Milde**" zu behandeln. Später erst wurde es etwas besser.

Die Zahl der Kranken war sehr hoch; sie betrug täglich 35 bis 50. Im ganzen erkrankten an Dysenterie 70 Prozent der Gefangenen, an Malaria war jeder von ihnen ein oder mehrere Male krank; auch kamen acht Fälle von Schwarzwasserfieber vor. Ferner waren Magen- und Darmerkrankungen außerordentlich häufig. Es mangelte an entsprechenden Arzeneien, vor allem an Dysenteriebekämpfungsmitteln und Chinin. Instrumente fehlten monatelang fast vollständig, so daß Abszesse mit dem Taschenmesser geöffnet werden mußten. An dem ungesunden Platz war eine Gesundung nicht zu erwarten.

Ähnliche Zustände herrschten in **Kandi.**

Die Krankenziffer war in Kandi sehr hoch. Sie betrug in der Zeit vom 17. Oktober 1914 bis zum 10. Mai 1915 an

Malaria                          89 Prozent,
Schwarzwasserfieber      12 Prozent,
Dysenterie                     60 Prozent,
schwerem Darmkatarrh 45 Prozent.

Im Laufe der Monate März bis Mai 1915 wurden die Gefangenenlager Kandi und Gaya allmählich aufgelöst, und die Mehrzahl der
Gefangenen wurde nach dem Süden in das Lager Abomey überführt,
in dem auch Togodeutsche aus dem Krankenhause Cotonou sowie die
Kamerundeutschen, nachdem sich Duala am 29. September 1914 hatte
ergeben müssen, untergebracht worden waren, so daß die Gefangenen-
zahl schließlich auf 300 stieg.

**Abomey** liegt südlich von Savé in einem regenreichen, heißen und
ungesunden Flachland, das stark von Malaria, Dysenterie, sowie in
der Regenzeit fast alljährlich von Gelbfieber heimgesucht wird. Als
Gefangenenlager diente das Hauptgehöft des ehemaligen Dahomey-
Häuptlings Behanzin, das sich in einem völlig verwahrlosten Zustande
befand. Das Gehöft und die nächste Umgebung waren von hohem
schilfartigem Gras überwuchert, die Hütten bis auf ruinenhafte Mauer-
reste verfallen.

Abomey war die Hölle. Die Gefangenen waren wieder in Lehmhüt-
ten untergebracht, deren Halbdunkel den Aufenthalt von Moskitos
und sonstigem Ungeziefer begünstigte. Moskitonetze gab es aber erst
gegen Ende der Gefangenschaft. Die Unglücklichen lagen auf der
bloßen Erde, jeder hatte nur einen Platz von etwa 60 Zentimeter Breite
zur Verfügung. Den offenen Abort mußten sie vor den Augen schwarzer
Weiber mit den schwarzen Soldaten und anderen Eingeborenen teilen.
(Grundriß Seite 14 der Denkschrift 3.)

Lagerkommandant war der Major **Beraud,** unterstützt von
dem Adjutanten **Venère** (einem früheren Zuchthausaufseher in der
Verbrecherkolonie Neukaledonien), dem Sergeanten **Castelli,** dem
Gefreiten **Dianzelli** und eingeborenen Soldaten. Lagerarzt war der
französische Stabsarzt Dr. **Longharé.**

Alle Kriegs- und Zivilgefangene hatten – ohne jegliche Bezahlung –
schwere Arbeiten zu leisten. Sie mußten im Lager die meterdicken,
steinharten Lehmmauern mit schweren Hacken umlegen, außerhalb

des Lagers Wege bauen, Flächen ebnen, Ackerland und Plantagen roden, das Land von Dornengestrüpp und Schilfgras reinigen. Die Gefangenen waren weder gegen die Sonnenstrahlen noch gegen die häufigen Gewitterregen geschützt. Neue Sachen wurden nicht geliefert, obschon die nötigen Vorräte vorhanden waren. Viele mußten die zum Schlafen ausgehändigten Decken als Hüfttuch tragen. Einige liefen barfuß. Die massenhaften Sandflöhe fanden so unter den Fußnägeln einen willkommenen Schlupfwinkel; schmerzhafte Schwellungen und Eiterungen waren die Folge.

Die Nahrung war ungenügend, unsauber und geschmacklos. Das Trinkwasser war schmutzig, mit Insekten und Larven vermischt und mußte umfiltriert getrunken werden. Im Dezember 1914, als Venère eintraf, begann eine regelrechte Hungerkur, die bis in den April 1915 anhielt. Die Gefangenen suchten in den Abfallkörben nach Eßwaren. Beim Felderroden war das Aufrichten des Körpers oder das Niedergehen in die Kniebeuge verboten, desgleichen das vorübergehende Ausruhen und Abtrocknen des Schweißes. Die Mittagspausen und Sonntage wurden damit ausgefüllt, daß die Gefangenen schwere Lasten von der einen Kilometer entfernten Feldbahn abholen mußten. Mit Gewehr und Holzkeule bewaffnete schwarze Soldaten sowie Weiße, die mit Flußpferdpeitschen ausgerüstet waren, führten eine unbarmherzige Aufsicht. Kolbenstöße, Fausthiebe, Fußtritte, Keulenhiebe, Drohungen und Schimpfworte trieben unausgesetzt zur Arbeit an. Wer in der Sonnenglut infolge Überanstrengung zusammenbrach, wurde unter Beschimpfungen und Schlägen zur Weiterarbeit gezwungen. Die Grausamkeiten des weißen Aufsichtspersonals, vor allem des Adjutanten Venère, übertrafen selbst die Roheit der Schwarzen. Zu keiner Stunde, selbst nicht zur Nachtzeit, waren die Gefangenen vor Arrest, Faustschlägen, Peitschenhieben, Fußtritten und Bedrohungen der Weißen sicher. Das Arrestlokal war stets überfüllt und die Arreststrafe dadurch verschärft, daß die Bestraften auf schmale Kost gesetzt waren und die Ausleerungen von Dysenterieerkrankten mit bloßen Händen aus dem Eimer genommen werden mußten.

Venère schlug die Gefangenen aus Laune und in der Trunkenheit mit seinem Ochsenziemer, versetzte ihnen Faustschläge und trat auf ihnen herum, wenn sie am Boden lagen. Mit Peitschenhieben trieb er sie oft ins Arrestlokal oder auch in sein Arbeitszimmer, um sie dort weiter zu verprügeln. Fingerdicke Striemen waren oft noch lange zu sehen. Selbst Kranke und Genesende wurden mit der Peitsche zur Arbeit getrieben.

Eine Spezialität in Abomey war die **Daumenschraube,** die tagtäglich zur Anwendung kam. Es wurden die beiden Daumen in die Öffnung dieses Folterinstruments gesteckt, dann wurde durch Anziehen der Schraube ein Stück Eisen auf die Daumen gedrückt. Diese Marterung dauerte stundenlang, ja ganze Nächte. Oft platzten die Daumen und die Gemarterten brachen bewußtlos zusammen. Die Wehrlosen in der Daumenschraube pflegte Venère durch Peitschenhiebe und Faustschläge noch weiter zu quälen. Eine Verschärfung dieser Marter bestand darin, daß zwei Gefangene, denen Daumenschrauben angelegt waren, sich gegenüberstellen mußten und durch eine an den beiden Daumenschrauben befestigte Kette miteinander verbunden wurden. In dieser Stellung mußten sie stundenlang einen etwa zwei Kilo schweren, in der Mitte der Kette hängenden Holzklotz mit ausgestreckten Armen über den Boden in der Schwebe halten. Ließen die Gefangenen die Arme sinken, so wurden sie so lange geschlagen, bis sie die Arme wieder erhoben.

Die Vorgesetzten schritten nicht ein, beteiligten sich vielmehr an den Mißhandlungen und wiesen dazu an. Dr. Longharé war mit im Bunde; er sah den Mißhandlungen ruhig zu und schickte ernstlich Kranke zur Arbeit. Als ihm eines Tages ein bei der Arbeit zusammengebrochener Gefangener im besinnungslosen Zustand gebracht wurde, setzte er seine Unterhaltung beim Wein ruhig fort mit dem Bemerken: "Auf dem Felde liegen Verwundete und Kranke recht lange ohne jede ärztliche Hilfe."

Er bevorzugte die Hungerkur und das Glüheisen und überließ die Krankenbehandlung schwarzen Heilgehilfen.

Das Vorbringen von Beschwerden war verboten und für strafbar erklärt. Deshalb, und weil Venère Verbesserungen in Aussicht stellte, unterließen es die Gefangenen, bei dem erstmalig im Januar 1915 erschienenen Kontrolloffizier Vorstellungen zu erheben. Eine spätere Beschwerdeschrift wurde durch Venère konfisziert; die Ende Februar und März 1915 erhobenen Beschwerden hatten Arrest, Arbeitserschwerung und Kostentziehung zur Folge.

Hinter hohen Lehmmauern waren die armen Gefangenen ihren Peinigern schutzlos ausgeliefert. Der gefangene Oberstabsarzt Prof. Dr. Zupitza, der Mitte März 1915 zur Unterstützung des französischen Arztes nach Abomey kam, schilderte Lager und Gefangene dort folgenderweise:

"Das Ganze machte einen unheimlichen Eindruck; man hatte das Gefühl, von aller Welt auf Nimmerwiedersehen abgeschnitten zu sein. Nun gar der erbarmungswürdige Anblick unserer Landsleute. Lebensmüde, abgezehrte, hagere Gestalten, wachsbleiche Gesichter mit tief in den breit umränderten Höhlen liegenden matten Augen, krummgebeugt, mit schlotternden Gliedern, schritten sie verschüchtert über den Hof einher! Andere standen, mit verstohlener Neugier nach dem Ankömmling spähend, im Hintergrund ihrer Hütteneingänge, um sich beim Annähern eines Franzosen scheu wie verschlagene Hunde in das Innere zurückzuziehen. Das waren die arbeitsfähigen Gesunden. Welches Elend sollte sich mir noch offenbaren, als ich am Morgen nach meiner Ankunft zum ärztlichen Dienst das Lazarett betrat."

Regimentsarzt Dr. Simon, der Ende Mai 1915 an Stelle des Prof. Zupitza von Kandi nach Abomey kam, berichtete über die Verhältnisse in Abomey wie folgt:

"Das Schlimmste war der entsetzliche Gesundheitszustand der Gefangenen. Obwohl ich als Tropenarzt an schwere Krankheitsfälle gewöhnt bin, erschrak ich beim Anschauen der Jammergestalten, die dort zu sehen waren. Schlecht ernährt, mit bleichen, hohlen Gesichtern, wie Gespenster, niedergedrückt und scheu wie geprügelte Hunde gingen die Leute ihrer Arbeit nach. Fieber und Krankheiten wüteten in ihren Reihen. Das Schauerlichste war das sogenannte 'Neue Lager', ein zweites Lager, wohin die chronisch Kranken und nicht mehr Arbeitsfähigen verbracht waren. Alles jammervolle, heruntergekommene Gestalten! Einen solch trostlosen Anblick habe ich als Arzt selten gesehen!" (Es folgen statistische Angaben.)

Auf die Übersendung des deutschen Anklagematerials durch Vermittlung der Schweiz an die französische Regierung antwortete die letztere in einer längeren Verteidigungsnote.

Aber die deutsche Denkschrift zog aus dem Verhalten Frankreichs den Schluß, daß das Deutschtum an der Westküste Afrikas ausgelöscht und die deutschen Pioniere selbst getötet werden sollten. Da den Franzosen der Mut fehlte, die Deutschen auf einmal hinzumorden, suchten sie den gleichen Erfolg durch langsames Foltern und Hinsiechenlassen zu erreichen.

Die französische Regierung hatte den Mut, im März 1915 gegenüber den dringenden Vorstellungen der deutschen Regierung zu behaupten:

*"Le traitement réservé aux prisonniers allemands dans les colonies françaises est entièrement conforme aux sentiments d'humanité que le Gouvernement de la Réublique tient à honneur, en toutes circonstances d'observer srupuleusement."*

Auf Deutsch: "Die Behandlung, die den deutscher Gefangenen in den französischen Kolonien zuteil wird, steht im vollen Einverständnis mit den Gefühlen der Menschlichkeit, denen unter allen Umständen gewissenhaft zu genügen, sich die Französische Regierung zur Ehrenpflicht macht." Ferner hat der stellvertretende Gouverneur von Dahomey Einrichtung und Betrieb des Lagers Abomey besichtigt und ausdrücklich gutgeheißen.

Erst Anfang Juli 1915 – unter dem Druck der Zwangsmaßnahmen der deutschen Regierung – wurde das Lager von Abomey aufgelöst und die Gefangenen von ganz Dahomey wurden zunächst nach Cotonou geschafft, wo dann aber die demütigende Behandlung weiter fortdauerte. Alle Gefangenen Abomeys litten an allgemeiner Körperschwäche, hochgradiger Blutarmut und schweren nervösen Störungen.

Fast ein Drittel waren so krank, daß sie die neun Kilometer lange Strecke nach der Station Bohikou nicht zu marschieren vermochten.

## Nordafrika

Die Leiden der Kolonialdeutschen hatten noch nicht ihr Ende erreicht; die Marterstation wurde nur verlegt, und zwar nach Nordafrika. (Vergl. die Denkschrift *Die Kolonialdeutschen aus Kamerun und Togo in französischer Gefangenschaft* vom Reichskolonialamt 1917.) Alle Kolonialdeutschen in Dahomey, auch die Frauen, wurden mit Ausnahme von hundert, die wegen Platzmangels zurückbleiben mußten, am 5. Juli 1915 auf dem Frachtdampfer "Asie" nach Nordafrika eingeschifft.

Das Ziel der Fahrt waren die **Lager Medea (Algerien) und Mediouna (Marokko).** Hier litten die aus den Tropen gekommenen Gefangenen in ihren dünnen Kleidern nun stark unter Kälte.

In **Medea** wurden der stellvertretende Gouverneur von Togo, die Offiziere mit ihren Frauen und die Ärzte gefangen gesetzt. Die Frauen wurden in Oran als Verbrecherinnen behandelt. Die Offiziere aus Kamerun erhielten als Unterkunftsraum zuerst eine Futterkiste zugewiesen, später, weil der Regen in dicken Strömen durch das Dach einströmte, einen Pferdestall, in dem das Pferd des Lagerkommandanten und die Araberwache hausten. Stühle, Schränke und Wascheinrichtungen fehlten; die Gefangenen mußten sich auch im Schneegestöber im Hofe waschen. Die Verpflegung war ungenügend und schlecht; die Krankenfürsorge war mangelhaft; Arzneimittel, insbesondere Chinin, wurden verweigert.

In **Mediouna** wurden die übrigen Kolonialdeutschen untergebracht, die Behandlung und Verpflegung war die gleich schlechte. Da, wie in Abomey, auch in Mediouna Fieberkranke zur Schwerarbeit gezwungen und ins Gefängnis geworfen wurden, nahm die Malaria vielfach die schwere Form des Schwarzwassers an. Nachdem schon in Dahomey vierzehn Deutsche an Schwarzwasserfieber gestorben waren, gingen hier sieben weitere an der gleichen Krankheit zugrunde. Die

allgemeine Behandlung war rücksichtslos und hart. Kriegs- wie Zivilgefangene mußten Steinbrucharbeiten verrichten und schwere Erdar-
beiten ausführen, auch Aborte entleeren. Harte Strafen waren an der
Tagesordnung. Eine dieser Strafen bestand darin, daß der Gefangene
unter eine niedere Zeltbahn kriechen und dort, ungenügend geschützt
gegen Wind und Wetter, bis zu dreißig Tagen liegen mußte. Und diese
Strafe wurde noch verschärft durch die Verbringung in das weiter im
Innern südöstlich von Medea gelegene Straflager El Boroudj, das als
Straflager für Kriegsgefangene eingerichtet war, die sich gegen die üble
Behandlung in Frankreich gewehrt hatten.

Unter dem Druck von Repressalien der deutschen Regierung wurden um die Mitte 1916 die Lager in Nordafrika geräumt und die
Gefangenen nach Frankreich überführt. Aber auch die Überfahrt bedeutete eine neue Leidensstation; die etwa 380 Dahomey-Gefangenen
lagen wieder im unerträglich heißen Laderaum des Schiffes auf dem
schmutzigen Boden, ohne sich ausstrecken zu können. Am Tage durften
sie zwar das Deck betreten, aber dort standen sie zusammengepfercht,
ohne Schutz gegen die Sonne. Die Verpflegung war schlecht und die
Behandlung durch die schwarze Bewachung brutal.

Aus den amtlichen Feststellungen von Mißhandlungen in Abomey,
aufgenommen vom Deutschen Reichskolonialamt.

"Der Gefangene L... aus Duala wurde von Venère derart ins Gesicht
geschlagen, daß er eine schwere Verletzung des Nasenbeins erlitt und
sein Gesicht dauernd entstellt ist. Dem Gefangenen S. wurden von
Venère zwei Zähne ausgeschlagen. Ein anderer mit gleichem Namen
wurde durch Schläge auf den Kopf so schwer verletzt, daß er bewußtlos in die Krankenstube getragen werden mußte und lange Zeit unter
Kopfschmerzen und Schwerhörigkeit auf dem linken Ohr litt. Am 17.
Dezember 1914 wurde der Gefangene L. auf Grund einer unwahren
Meldung des Dolmetschers durch Venère, Castelli und mehrere Einge-
borenensoldaten in Gegenwart des Kommandanten Beraud mittels
Faust-, Stock- und Peitschenhieben über Gesicht, Kopf und Rücken,

mittels Niederwerfen auf den Boden und Fußtritten in den Unterleib mißhandelt. Ferner wurden ihm Daumenschrauben so fest angelegt, daß die Haut platzte. Während der Mißhandlung wurde er von Venère auch noch mit Erschießen bedroht.

Der katholische Missionsbruder Alphons aus Kamerun, dem die Ausbesserung der Motorräder der französischen Beamten übertragen war, erhielt acht Tage Gefängnis, weil der Motor am Fahrrad des Lagerarztes sich entzündete. Beim Abführen ins Gefängnis wurde Alphons durchsucht, dabei fand Sergeant Vergnaud ein Stück Brot und ein Gebetbuch. Vergnaud warf das Brot fort, zerriß das Gebetbuch in kleine Fetzen und zerstreute sie. Am 1. Juli 1915 wurde ein Gefangener durch Venère mit der Peitsche über Kopf, Hände und Arme geschlagen und über Nacht in die Daumenschrauben gespannt, weil er versehentlich eine Lampe zerbrochen hatte. Dem Gefangenen L. wurde zunächst die Daumenschraube angelegt, dann peitschte Venère ihn mit dem Ochsenziemer und hielt ihm den Revolver an die Stirn. Beim Gefangenen P. wurden die Daumenschrauben so fest angezogen, daß er ohnmächtig wurde und in Herzkrämpfe fiel. Als er sich am Boden wand, versetzte ihm Venère außerdem noch Fußtritte. Am 5. Februar 1915 wurden zwei Gefangene aus Kamerun auf der Wache mit je 15 Peitschenhieben gezüchtigt. Nachdem ihnen sodann in der Wohnung des Venère Daumenschrauben angelegt waren, mißhandelte er sie durch Schläge ins Gesicht und durch Fußtritte. Zur Wache zurückgeführt, mußten die Gemarterten in die Kniebeuge gehen, worauf Venère dem einen mit dem Rufe: 'Revanche pour Duala!' ein Bajonett auf die Brust setzte. Alsdann wurden beide Gefangene durch eine an die Daumenschrauben befestigte Kette miteinander verbunden und in der Mitte der Kette ein zwei Kilo schwerer Holzklotz befestigt. Die Gefangenen mußten diese mit gestreckten Armen so straff halten, daß der Klotz nicht den Boden berührte. Sobald sie die Arme sinken ließen, wurden sie durch die sie beobachtenden schwarzen Soldaten mißhandelt. Diese Quälerei dauerte etwa zwei Stunden.

Eines Tages ließ Venère einen an Milzbrand verendeten Ochsen zerlegen, das Fleisch durch Gefangene in die Küche bringen und dort für sie verteilen. Obwohl die französischen Soldaten und Beamten nichts von dem Fleische essen wollten, verlangte Venère das von den Gefangenen. Sie taten es aber nicht auf den Rat des deutschen Arztes. Sechs der Leute, die damit zu tun gehabt hatten, erkrankten – einer davon lebensgefährlich – an Milzbrand. Als der deutsche Arzt den Venère bitten ließ, die Platte, auf der das Fleisch des Tieres zerschnitten war, zu verbrennen, wurde er von Venère mit Peitschenhieben bedroht und ihm geantwortet, er solle sich nicht in Sachen mischen, die ihn nichts angingen. Im November 1914 erkrankte der Gefangene L. an Malaria, Schwarzwasserfieber und Dysenterie. Es geschah fast nichts zu seiner Pflege, auch der französische Arzt kümmerte sich nicht um ihn. Als er so eines Tages mit 40 Grad Fieber daniederlag, kam Venère in seine Hütte und verlangte, daß er aufstehen und zur Arbeit gehen solle. Der Gefangene versuchte zu gehorchen, fiel aber sofort kraftlos zurück. Darauf riß ihn Venère von der Matte und schlug ihn unter Beschimpfungen mit dem Ochsenziemer. Schließlich gab er ihm noch Fußtritte und ging weg."

Die französische Regierung wußte, warum sie diesen "energischen Unteroffizier", wie man solche Leute etwas schamhaft im französischen Kriegsministerium zu nennen pflegt, als Büttel über die deutschen Kolonialer setzte. Sie wußte sehr gut, warum sie die Deutschen nach dem verrufenen Dahomey verschleppen ließ, ja noch weit ins Innere des Landes hinein, damit nur möglichst wenig wieder herauskämen. Nicht die Beraud, Venère und Longharé waren die Schuldigen, sondern die Pariser Regierenden allein, die angesichts solcher Unmenschlichkeiten noch heuchlerische Worte aufbrachten.

Noch ein paar Worte über die "Gegenmaßnahmen" der deutschen Regierung. In der *Norddeutschen Allgemeinen Zeitung* vom 10. Juni 1915 stand zu lesen:

"Schon im November vorigen Jahres hat die deutsche Regierung die Forderung gestellt, daß die deutschen Kriegs- und Zivilgefangenen aus Afrika in klimatisch einwandfreie Orte geschickt werden sollten. Diese Forderung ist durch die Amerikanische und auch durch die Spanische Botschaft verschiedentlich wiederholt worden.... Unsere Heeresleitung hat sich nun gezwungen gesehen, da alle Verhandlungen bisher erfolglos blieben, zu Taten, das heißt zu energischen Gegenmaßnahmen zu schreiten. Das mörderische Klima von Dahomey steht uns nicht zur Verfügung, auch auf dem Wege der Erniedrigung der weißen Rasse durch die Aufsicht von Schwarzen vermag Deutschland dem Kulturstaat Frankreich nicht zu folgen. Aber man wird kriegsgefangene Franzosen in ungefähr gleicher Zahl wie unsere Kriegs- und Zivilgefangenen in Afrika aus den schönen Gefangenenlagern zu Arbeiten in die Moorkulturen überführen. Wir wollen dadurch erreichen, was der Appell an die Menschlichkeit Frankreichs und langmütige Verhandlungen nicht erreicht haben."

Es sind dann einige hundert Franzosen, mit warmen Decken, gutem Schuhzeug und warmer Kleidung wohlausgerüstet, nach der Lüneburger Heide und nach Mitau geschickt worden. Hoffentlich haben sie sich in diesen gesunden Gegenden recht wohl befunden.

# 10

# Nach dem Waffenstillstand

Am Tage des Waffenstillstandes erklärte der französische Staatssekretär Ignace, daß sich Frankreich nun nicht mehr an die Berner Abmachungen, die getroffen waren, die gegenseitigen Repressalien an den Kriegsgefangenen auf ein erträgliches Maß zu bringen, halten werde. Damit waren die Deutschen in Frankreich der Brutalität ihrer Machthaber frei ausgeliefert, denn Deutschland hatte ja seine Kriegsgefangenen sofort beim Waffenstillstand freilassen müssen. Ein Druck konnte von hier aus also nicht mehr erfolgen.

Die letzte Phase der qualvollen Leidenszeit in Frankreich begann. Mit ihr verbunden war besonders das Lager Candor bei Noyon. Ich habe in meinem Erlebnisbuch *Prisonnier Halm* (verlegt bei v. Hase & Koehler, Leipzig 1929) die Zustände in diesem grauenhaftesten aller Mannschaftsläger in Frankreich ausführlich geschildert. Ich fasse hier noch einmal kurz zusammen.

Das Lager Candor galt offiziell nur als Auffangs- und Durchgangslager für die Massen von deutschen Gefangenen aus den letzten Wochen des Weltkrieges, um sie von hier aus zu Arbeiten auf den Schlachtfeldern einzusetzen. Die dazu notwendige Organisation schnell durchzuführen, war die französische Militärverwaltung aber nicht in der Lage, dagegen zeigte sie sich schnell wieder als Meister in der Einrichtung eines Systems sadistischer Quälereien an dem verhaßten deutschen Gegner, wie es im Lager Candor noch lange Monate nach dem Waffenstillstand bestand und nach der Auffassung Clemenceaus (es sind 20 Millionen Deutsche zu viel auf der Welt!) mit gutem Erfolge durchgeführt worden ist. Hier wurde ja alles darangesetzt, diese Zahl zu vermindern.

Das Lager bestand anfangs aus einem mit Stacheldraht umzogenen Pferch nach dem Muster von Souilly und anderswo. In Sturm, Regen und der früh einsetzenden Kälte mußten die Kriegsgefangenen hier wochenlang unter freiem Himmel kampieren. Die "Verpflegung" war die des "Hungerlagers". Warmes Essen gab es nicht. Als das Hauptlager mit Baracken versehen war, blieb das Hungerlager daneben weiter bestehen. Die neu eingelieferten Gefangenen wurden zuerst hier untergebracht. Da sie keine Zelte geliefert bekamen, gruben sie sich wie die Maulwürfe in die Erde ein. Nachts liefen sie im Kamp herum, um sich warm zu halten. Noch liegt mir dieser allnächtliche grauenhafte Klang des gruppenweisen Laufschritts in den Ohren, den die neuangekommenen Kameraden im Hungerlager in ihrer Verzweiflung stundenlang durchführten. Dazwischen stöhnten und jammerten die Kranken, bettelten durch den Zaun, der uns von ihnen trennte, um Brot, um Tabak, um einen Löffel warme Suppe. Sie starben dahin, und wir konnten ihnen nicht helfen.

Das Hauptlager war erst nach Monaten eingerichtet – soweit man bei einem französischen Kriegsgefangenenlager von einer "Einrichtung" überhaupt reden konnte. Es bestand aus sechs Abteilungen, die jede zwei Kompanien von je tausend Mann umfaßten. Baracken waren zwar vorhanden, boten aber nur Platz für je 200 Mann; mit 800 wurden sie "belegt"! Daneben gab es einige Spitzzelte, in die regulär 27 Mann hineingingen; bis zu 50 aber lagen darin. Die Zahl erhöhte sich noch, als der andauernde Regen einige Zeltbahnen zum Platzen brachte. Neue wurden dann nicht geliefert.

Die Lagerstätten in den Baracken, von französischen Pionieren nachlässig aus Holz und Maschendraht zusammengezimmert, brachen schnell zusammen. Mit Stangen, Brettern und Tragbahren, die sich die Gefangenen aus den Wäldern zusammensuchten, wurden sie notdürftig ausgebessert und die Anzahl der Liegestätten zugleich vermehrt, so daß diese schließlich fünfstöckig bis zur Decke hinauf reichten. Wer dort keinen Platz mehr fand, blieb auf dem Boden, in den Gängen liegen. Da für Öfen nicht gesorgt war, wurden überall Holzfeuer in Glut gehalten. Der Qualm sammelte sich unter der Decke. Die dort oben lagen, hatten fortdauernd gegen Erstickungsanfälle zu kämpfen.

Die deutschen Soldaten waren hinsichtlich des Essens in den letzten Kriegsmonaten wirklich nicht verwöhnt; der Fraß, den sie in Candor bekamen – anders konnte man die Verpflegung hier nicht bezeichnen –, gab manchem den Rest. Das Brot war grau, schimmlig und madig, das Fleisch von abgetriebenen, kranken, mit Geschwüren und Aussatz behafteten Pferden, die vor dem Lager abgeschlachtet wurden. Monatelang gab es nur Reis jeden Mittag, eine dünne Brühe, in der die Körner zu zählen waren. Die Gespräche nach dem Essen drehten sich nur immer darum, wer die meisten Reiskörnchen oder Stücke Kartoffelschalen in seinem Napf gehabt hatte, denn die Kartoffeln wurden ungewaschen und ungeschält in das Essen gekocht. Es waren Gespräche wie unter Irrsinnigen.

Bald wütete die Ruhr unter den Gefangenen und raffte einen nach dem anderen dahin. Lazarettreif wurden aber nur Sterbende erklärt, wenn sie überhaupt noch so weit kamen. Beim Appell brachen die Kranken regelmäßig im Glied zusammen, wurden von den Kameraden an die Spitzzelte gelehnt und vom Adjutanten kaltlächelnd als *malade* mitgezählt. Um ihr Schicksal bekümmerte er sich nicht. Jeden Morgen wurden dann wie zum Hohne die Leichen der Gestorbenen in Kisten an der Front entlang getragen, jeden Morgen ein Dutzend und mehr. Wo sie verscharrt wurden, das wußte und erfuhr niemand von uns. Wir haben ihre Gräber nie gesehen.

Trinkwasser gab es hier nicht. Für die 12.000 Kriegsgefangenen des Lagers waren nur zwei Pumpen vorhanden, die kaum das Wasser für das Essen herbeischaffen konnten. Wer sich waschen wollte, fing den Regen auf oder nahm den Kaffee dazu, der ohnehin nicht zu genießen war. Da keiner mehr als ein Hemd im Besitz hatte, trug man es monatelang auf dem Leibe, ohne es jemals waschen zu können. So kamen die Gefangenen im Dreck um, wurden von unzähligen Läusen zerfressen, starben – wenn nicht an der Ruhr – an Erschöpfung und an seelischer Apathie, die viele schließlich erfaßte und dahinraffte. Denn eine Hoffnung auf Befreiung gab es nicht, seit Clemenceau erklärt hatte, die deutschen Kriegsgefangenen würden nicht eher freigelassen, ehe sie nicht den letzten Stein im zerstörten Gebiet wieder aufgebaut hätten. Das bedeutete Knechtschaft fürs Leben.

Post wurde hier nicht ausgehändigt. Niemand erfuhr, wie es in der Heimat aussah; kein Liebesgabenpaket, kein Brief, keine Karte von den Lieben daheim gaben Trost und Zuversicht. Die Post nach Deutschland ging zwar durch, wehe aber dem, der auch nur die Andeutung einer Klage machte; er flog unweigerlich ins Prison.

Und dieses Prison war wieder ein Musterstück von Humanität nach französischer Auffassung. Es war ein Pferch unter freiem Himmel, der mit Stacheldraht überzogen war. Der andauernde Regen hatte den Boden in einen Schlammpfuhl verwandelt. Das war das Lager für die "Verbrecher", die sich vielleicht mehrfach krank gemeldet hatten, ohne nach Ansicht des Adjutanten krank zu sein, oder die vielleicht eine Kartoffel aus der Küche entwendet oder in ihrer Verzweiflung einen Fluchtversuch gemacht hatten. Denn auch hier genügte der kleinste Anlaß, Strafe zu bekommen.

Wer mit Prison bestraft wurde, mußte Mantel, Schuhe und Zeltbahn zurücklassen. Der Lagerbüttel, ein hünenhafter Elsässer, nahm ihn in Empfang und prügelte ihn erst einmal mit einem dicken Stock, den er stets bei sich trug, um das ganze Lager herum. Morgens, mittags und abends schlug er dann im Prison noch auf die Gefangenen ein, daß ihre Schreie über das Lager hinschallten. Die Verpflegung war noch auf die Hälfte herabgesetzt; warmes Essen gab es nicht. Wer das Prison überlebte, war reif für das Lazarett, wenn nicht gleich für die Totenkiste. Wiedergesehen wurde keiner von ihnen.

Der Friede ist schließlich auch ihnen gekommen; die deutschen Kriegsgefangenen sind heimgekehrt. Es war kaum zu fassen, dieses

Glück, nach dem Grauen der Knechtschaft in Frankreich noch einmal die Heimat wiedersehen und wiedererleben zu dürfen.

Doch wer das miterlebt hat, gehörte einer verschworenen Gemeinschaft an, die nur noch auf den Tag wartete, an dem alles Leid, das ihnen und den in der Gefangenschaft verbliebenen Kameraden angetan, einmal gerächt werden würde.

Und dieser Tag liegt nun hinter uns. Die junge deutsche Wehrmacht ist über das Land jenseits des Rheins dahingebraust wie ein Orkan und hat es endlich niedergerungen. Mag sich die französische Nation aber nun an Napoleons Wort erinnern: *"C'est plus q'un crime, c'est un faute"* – Dieses alles war mehr als ein Verbrechen, es war ein Fehler.

Die ehemaligen Candoraner werden sich noch der Weihnachtstage 1918 erinnern, und sie werden ihnen nie vergessen sein. Das Fest der Liebe wurde hier zu einem Fest der Hölle und des Hasses. Was alles an Schikanen und Brutalitäten nur ersonnen werden konnte, ließ der entmenschte Lagerkommandant an den Deutschen aus. Das Stöhnen und Wimmern der Kranken, das erschütternde "Mutter-, Mutter!"-Rufen der sterbenden jungen Kameraden, dazwischen die Flüche und Verwünschungen verbitterter Männer, die die Welt nicht mehr verstehen konnten, wo solches Leid geduldet wurde, das waren die Weihnachtsklänge in den Baracken. Mancher ist in dieser Heiligen Nacht hinübergeschlummert zu einem Frieden, um den ihn jeder Zurückgebliebene beneidete.

Weitere Bücher zu vielen, wenig bekannten Themen
zur deutschen Geschichte finden Sie bei
VersandbuchhandelScriptorium.com
sowie bei unserer Schwesterseite wintersonnenwende.com !

Mehr zum Thema "Kriegsgefangene":

• *Die Bestie im Weltkriege. Verbrechen an deutschen Volksgenossen.*
Heftreihe, herausgegeben von zwei Kriegsbeschädigten. Gersbach und
Sohn Verlag, Berlin ©1920.

• *Die Kriegsgefangenen in Deutschland. Wirklichkeitsaufnahmen aus
deutschen Gefangenenlagern.* Gegen 250 Wirklichkeitsaufnahmen aus
deutschen Gefangenenlagern, mit einer Erläuterung von Professor Dr.
Backhaus. In deutscher, französischer, englischer, spanischer und rus-
sischer Sprache. Verlagsbuchhandlung Hermann Montanus, Siegen,
Leipzig, Berlin ©1915.

Es werden regelmäßig weitere Titel
in Deutsch und Englisch aufgenommen.

Lightning Source UK Ltd.
Milton Keynes UK
UKHW021137290422
402257UK00009B/761